Richard Rohr
Mit Coautor John Bookser Feister

Hoffnung und Achtsamkeit

Spirituell leben in unserer Zeit

Aus dem Amerikanischen
von Bernardin Schellenberger

Herder
Freiburg · Basel · Wien

Titel der Originalausgabe:
Hope against Darkness –
The Transforming Vision of Saint Francis
in an Age of Anxiety.
St. Anthony Messenger Press, Cincinnati 2001.

Hinweis zur deutschen Übersetzung:
Dieses Buch basiert auf mündlichen Vorträgen Richard Rohrs,
die aufgezeichnet wurden. Die Übersetzung versucht nicht,
den Charakter des mündlichen Vortrags wesentlich zu verändern.

Erzbischof Desmond Tutu gewidmet,
dem Mann der Hoffnung,
inspiriert von Franz von Assisi.

Umschlaggestaltung: Finken & Bumiller, Stuttgart
Umschlagfoto: K. Michels

Alle Rechte der deutschen Ausgabe vorbehalten – Printed in Germany
© Verlag Herder Freiburg im Breisgau 2001
www.herder.de
Herstellung: fgb · freiburger graphische betriebe 2001
www.fgb.de
Gedruckt auf umweltfreundlichem,
chlor- und säurefrei gebleichtem Papier
ISBN 3-451-27584-8

Inhalt

Zur Einführung 7

Erster Teil: Das heutige Dilemma 11

1 Die Chance der Postmoderne 12
2 Jenseits der Opferrolle 33
3 Zeiten großen Erwachens 64
4 Umwandlung 103
5 Das „kosmische Ei", das Sinn schenkt 127
6 Eine ganz neue Einstellung zur Wirklichkeit 148

Zweiter Teil: Franziskus, der Mann des Wiederaufbaus . . 161

7 Franz von Assisi zeigt den Weg zum Wiederaufbau . 162

Dritter Teil: Der dritte Weg 181

8 Wie sieht Ihr Fenster zur Wirklichkeit aus? 182
9 Die große Kette des Seins 196
10 Die Kraft der Vergebung 202
11 Grenzen sind gute Lehrmeister 218
12 Leben mit Finsternissen 231
13 Heutige Menschen des Wiederaufbaus 246

Credo der Lebensarchitekten 254
Zum Schluss 255

Zur Einführung

In der heutigen Welt scheinen viele Menschen den Mut zu verlieren, weil sie sich verwirrt und ohnmächtig fühlen. Ein wichtiger Grund dafür ist die Erfahrung, erdrückenden Mächten ausgeliefert zu sein: Unser Leben wird maßgeblich bestimmt von Konsumrausch, Rassismus, Militarismus, Individualismus, patriarchalischen Strukturen und Konzern-Molochen. Diese „Mächte und Gewalten" scheinen alles fest im Griff zu haben. Das weckt in uns das Gefühl, unser eigenes Leben gar nicht mehr selbst wählen, gar nicht mehr normal leben und gar keinen übergreifenden Sinn mehr in alldem sehen zu können.

So befinden wir uns derzeit meiner Ansicht nach in einer tiefen Sinnkrise. Die Welt kommt uns ungeheuer komplex vor und wir fühlen uns darin furchtbar klein. Können wir denn mehr tun, als uns von den Wogen der Geschichte treiben zu lassen und dabei zu versuchen, einigermaßen den Kopf über Wasser zu halten?

Aber vielleicht können wir diese Geschichte doch etwas genauer anschauen und darin einige Denk- und Handlungsmuster erkennen oder Menschen, die diese Muster durchschaut haben. Darum soll es in diesem Buch gehen. Von daher ist es einerseits ein sehr auf die Tradition bezogenes Buch; allerdings führen andererseits viele heutige Muster zu revolutionären Schlüssen. Dabei möchte ich auch auf jenen Mann zu sprechen kommen, über den – im Vergleich zu anderen Persönlichkeiten der Geschichte – die meisten Bücher geschrieben worden sind: ein Italiener des 13. Jahrhunderts namens Franz von Assisi oder kurz Franziskus. Er muss über einen ganz besonderen Genius verfügt haben, wenn er eine solche Anziehungskraft auf so viele Kulturen und Religionen ausübte und auch heute noch, nach achthundert Jahren, mit vielen seiner Antworten hochaktuell ist.

Franziskus trat in eine Welt ein, die gerade durch die neu entstehende Marktwirtschaft von Grund auf umgeformt wurde. Er lebte in einer zerfallenden alten Ordnung, in der sein Vater habgierig die Ländereien seiner Schuldner aufkaufte und damit rasch in die neue Unternehmerklasse aufstieg. Die Kirche, die Franziskus vorfand, hatte anscheinend weithin den Kontakt zu den Massen verloren. Aber er vertraute auf eine innere Stimme und eine größere Wahrheit. Er suchte eine klare Mitte und machte sich von ihr aus auf den Weg.

Dieser eine eindeutige Mittelpunkt war für Franziskus Jesus, der Mensch Gewordene. Von diesem personalisierten Bezugspunkt her verstand er alles andere. In ihm erkannte er den einzigen archimedischen Punkt, an dem er festen Halt finden und von wo aus er seine Welt aus den Angeln heben konnte. Das tat er auf mindestens drei eindeutige Weisen.

Erstens erschloss er sich die Tiefen des Gebets seiner eigenen Tradition, statt nur alte fromme Formeln zu wiederholen. Zweitens suchte er Anleitung im Spiegel der Schöpfung selbst, statt von theoretischen Ansichten und vorfabrizierten Ideen und Idealen auszugehen. Und, was am radikalsten war, er befasste sich drittens intensiv mit der Unterschicht seiner Gesellschaft, der „Gemeinschaft aller, die leiden", um zu begreifen, wie Gott Menschen umwandelt. Mit anderen Worten: Er fand *Tiefe und Weite – und eine Lebensweise, darin zu bleiben.*

Die Tiefe bestand aus einem inneren Leben, in dem er sich allen Schatten, Rätseln und Widersprüchen in sich selbst und seiner Mitwelt stellte – einem inneren Leben, in dem sie wahrgenommen, angenommen und vergeben werden. Er glaubte, dass man nur in dieser Tiefe Gott in Fülle und Wahrheit begegnen könne.

Die Weite erlebte er in der tatsächlichen Welt als solcher, die er als sakramentales Universum verstand, nicht als ideale, kirchliche oder gedankliche Welt, sondern als unmittelbar vor Augen liegende, überall vorhandene, als *faktische, reale* Welt im Gegensatz zu einem Wunschbild von ihr.

Und schließlich lebte er eine Weise, wie man darin bleibt: indem er sich kühn in die Welt der menschlichen Ohnmacht hineinbegab. Er sah bewusst alles unter dem Aspekt dessen, was er als „Armut" bezeichnete, womit er genau so ansetzte wie Jesus zu seiner Zeit. So machte sich Franziskus daran, die Wirklichkeit mit den Augen und vom Standpunkt derer aus zu deuten, die „leiden und verachtet werden" – und am Ende als Auferstandene dastehen. Dies ist offensichtlich jene „privilegierte Sichtweise", die zur alles entscheidenden Einsicht verhilft, wie man sie auf keine andere Weise gewinnen kann. Es ist die spirituelle Lebenstaufe, mit der wir im Sinne Jesu getauft werden müssen (vgl. Markus 10, 39). Mein Angelpunkt in diesem Buch heißt, dass diese „Taufe" es ist, die uns zu neuen Menschen macht, nach Gottes Geist und Sinn. Sie überschreitet jede Religion oder Konfession. Der Geist Gottes erteilt sie uns direkt im wirklichen Leben.

Über die Kernbotschaft Jesu sind ganz unterschiedliche Lehrmeinungen vertreten worden. Nicht zu rütteln ist jedoch an der Tatsache, dass er arm gelebt und zur spirituellen Wahrnehmung der Wirklichkeit vorzugsweise die Sichtweise „von unten her" gewählt hat. Alle anderen noch so klugen Ausführungen kommen an dieser überwältigenden Gegebenheit nicht vorbei. Franziskus ließ sich ohne Wenn und Aber darauf ein. Dies wurde für ihn der Lackmustest jeglicher Rechtgläubigkeit und der ausschlaggebende Weg zur ständigen weiteren Umwandlung in Gott hinein. Wer außer Gott hätte auf eine solche Lebenstaufe der Umwandlung zu wahrem Menschsein kommen können?

Man kann bei Franziskus einen Dreischritt finden: Zuallererst gilt es, die Grundfrage „Wer bin ich?" für sich zu entdecken und für sich zu klären; hier geht es um das Finden des „wahren Selbst" auf dem Weg des Gebets. Hierauf gilt es zu erkennen, dass man in einem von großem Sinn erfüllten Kosmos lebt (also den sakramentalen Charakter des Universums zu entdecken). Und schließlich muss man ganz arm werden (um die konkrete Wirklichkeit von der Seite der eigenen Ohnmacht und der endlosen Fürsorge Gottes her lesen zu können).

So lehrte Franziskus, das Gegengift gegen Verwirrung und Lähmung bestehe grundsätzlich in der Rückkehr zur Einfachheit, zu dem, was man unmittelbar vor Augen hat, zum Offensichtlichen. Er verfügte sozusagen über den Genius, das im Offenkundigen Verborgene ans Licht zu bringen. Das war so einfach, dass es ungemein schwierig erschien, so weit zu kommen. Um eine derartige Einfachheit beschreiben zu können, bedarf es dieses gesamten weiteren Buches.

Richard Rohr OFM
Pfingsten 2000

Erster Teil

Das heutige Dilemma

1 Die Chance der Postmoderne

Es ist schon merkwürdig, es eigens lernen zu müssen, wie man die Wirklichkeit einfach und klar anschaut und durchschaut. Für viele mag das überraschend klingen, aber auf dem Weg zum wahren Menschsein kommt es vor allem darauf an, Gelerntes zu hinterfragen und wenn nötig abzulegen, und nicht so sehr darauf, etwas Neues zu lernen.

Bei einem spirituellen Leben geht es darum, alles auf das Wesentliche zu konzentrieren und zu reduzieren, während unser Ego von Natur aus der Auffassung ist, es gehe darum, etwas zu erreichen, etwas zu leisten und Erreichtes anzusammeln. Bei echter Spiritualität geht es jedoch *immer* und vor allem ums Loslassen. Erst dann entsteht, wird Raum frei für Gott – und vielleicht paradoxerweise Raum für unsere eigene wahre, unzerstörbare Größe. Was alle großen Frauen und Männer auszeichnet, denen ich begegnet bin, ist, dass sie sich freuen, zu den „ganz einfachen Leuten" zu gehören, ohne vornehm zu tun oder großartige Titel zu tragen. In wahrem Menschsein west bereits tiefste Spiritualität. Vielleicht ist auch deshalb die häufigste Bezeichnung, die Jesus für sich gebraucht (im Neuen Testament 79-mal bezeugt!), die des „Menschensohnes", des Menschen und Menschlichen, des Jedermann und Jedefrau.

Wir leben in einer ganz ähnlichen Zeit wie der des Franziskus und auch Jesu, und zwar insofern, als sie nach einem inneren Umbau geradezu *schreit*. Aber beginnen wir unseren Umbau, unsere Neuorientierung zunächst einmal mit einer Bestandsaufnahme. Versuchen wir, unsere jüngste Vergangenheit zu verstehen, ohne sie zu verurteilen: Wie sind wir in das derzeitige Sinnchaos geraten? Gibt es da noch einen Ausweg? Noch wichtiger allerdings erscheint mir, dass wir uns deutlich vor Augen halten: Wir brauchen gar nicht etwas Bestimmtes ganz genau zu wissen, nicht unbedingt das richtige Buch zu lesen – auch nicht das vorliegende! – oder *den* perfekten Kurs, *das* außergewöhnliche Seminar mitzumachen. Alles, was wir brauchen, sind eine scharfe Brille, Tiefenschärfe, Achtsamkeit. Es kommt vor allem darauf an zu begreifen, *wie* wir sehen, und nicht so sehr, *was* wir sehen sollen. Dann wird uns Gott von diesem Punkt an weiterführen. Ich verspreche es Ihnen.

Das Geheimnis unserer Vergöttlichung – wenn Sie mir gestatten, ein so gewagtes Wort von Augustinus zu gebrauchen – kann auf keinen Fall darin bestehen, dass jeder Mensch einen gigantischen Wissenstest darüber ablegen muss, ob er sich möglichst viele weltlichen oder katechetischen Informationen korrekt und umfänglich angeeignet hat. Jedoch wird die Wachheit dafür, sich vergöttlichen zu lassen, davon abhängen, ob man seine innere Sehkraft mehr und mehr schärft, um wirklich sehen zu können, worum es geht. Es geht nicht darum zu definieren, *was* man sehen soll – worüber wir nur endlos diskutieren würden –, sondern darum, *den Seher und die Seherin selbst zu einer neuen und wahren Identität umzugestalten*. Das ist der eklatante Unterschied zwischen Religion als Formeln und Glaubenssätze, die man für wahr hält, und Religion als spirituelle Verwandlung des Menschen.

Kümmere dich darum, auf die Reihe zu bringen, *wer* du bist; dann kümmert sich das *Was* um sich selbst. Das ist Religion als Vergöttlichung (ein eher in den Ostkirchen geläufiger Begriff) im Gegensatz zu Religion als Katechismus, Moralkodex und Kult.

Ich bin überzeugt davon, dass, sobald die grundsätzliche Frage „Wer bin ich?" beantwortet ist, Katechismus, Moralkodex und Kult von allein zu ihrem zweitrangigen Stellenwert finden. Ist dagegen die Frage nach dem *Wer* nicht beantwortet, bewirken alle Fragen mit *Was* und *Wie*, *Wenn* und *Wo* immer mehr Spaltung.

Das Zeitalter der „Vernunft"

Was wir als die Moderne bezeichnen, reicht in seinen Ursprüngen in die Aufklärung des 18. Jahrhunderts zurück. Das war die Zeit des Rationalismus. Die Aufklärung führte zu einem großartigen wissenschaftlichen Geist. Ihre rein materialistische Weltsicht lehrte, alles zu messen, und nur noch das Messbare und Beweisbare galten als wirklich. Der Glaube konnte auf dieser Ebene nicht mithalten, wurde zurückgedrängt oder zog sich selber zurück. Die Wissenschaft war überzeugt – und das führte zur grandiosen Überheblichkeit modernen Denkens –, sie wisse mehr, als jemals jemand gewusst habe. Sie übersah jedoch, dass sich das neue Wissen auf einen nur kleinen, äußeren Bereich beschränkte und sie in ihrer Begeisterung über unzählige Neuentdeckungen wesentliche andere Bereiche vernachlässigte. Die Analyse von Teilen wurde wichtiger als die Synthese des Ganzen.

Von diesem neuen weltlichen Wissen sind wir schon drei Jahrhunderte lang wie benommen, paralysiert. Der moderne Geist ist in sich selbst verliebt und fasziniert von seiner Fähigkeit, Dinge in Gang zu setzen, neuerdings sogar Gene und Chromosomen und Atome neu anordnen und Resultate genau voraussagen zu können. Dies fühlt sich für manchen Zeitgenossen wie eine geradezu göttliche Macht an – und ist es auch. Es bescherte uns eine Philosophie immens beschleunigten Fortschritts, im Gegensatz zu dem bisherigem Weltverständnis, das von ewigen Kreisläufen, von Sterben und Auferstehen ausging.

In letzterer, vor allem asiatischer Weltsicht der alleinen Harmonie (aus Asien kamen ja alle großen Religionen) müssen Tod und Leben genau wie alles andere auch ständig im Gleichgewicht gehalten werden. Heutiger Zeitgeist dagegen stellt sich lieber vor, das Mysterium des Todes so gut wie überwinden zu können. Viele Zeitgenossen glauben, alles werde noch immer besser, perfekter, effektiver etc. – ein Glaube allerdings nicht ohne Schwindelgefühle. Diese Sicht der Dinge kennt viele Versatzformen, aber im Allgemeinen kennzeichnet sie das, was wir als die moderne Welt kennen. Das hat uns alle tief geprägt, namentlich im Abendland. Die Schlussfolgerung liegt nahe, dass Bildung, Verstand und Wissenschaft die Welt immer besser machen.

Aber dann geschah der Holocaust ausgerechnet in dem Land, das vielleicht das gebildetste, logischste und am meisten in die Vernunft verliebte Land war. Für die Europäer begann der Absturz ins postmoderne Denken an diesem Punkt: „Wenn Menschen so brutal, so unmenschlich sein können, ist vielleicht überhaupt nichts mehr richtig. Alle wichtigen Institutionen haben elendig versagt."

Die Amerikaner blieben dank der Isolation von der Absurdität jenes irrsinnigen Krieges auf eigenem Boden verschont, verfügten über ungeheure Macht und unverbesserliche Unschuld, sodass sie bis spät in die 1960er Jahre in der Moderne verharrten. Ich erinnere mich noch gut, wie mir in den 1950er Jahren Lehrer in der Grundschule noch beibrachten, bis zum Ende des 20. Jahrhunderts hätten wir alle großen Krankheiten ausgerottet. Doch wie wir alle wissen, kam es dazu ganz und gar nicht. In Wirklichkeit sind wir jetzt mit ganz neuen physischen Krankheiten und vielen schweren Krankheiten von Geist und Seele konfrontiert.

Von den letzten dreißig Jahren spricht man allgemein nicht mehr als *Moderne*, sondern bezeichnet sie als *Postmoderne* – d. h. als eine Kritik an falschem Optimismus und naivem Vertrauen auf den unaufhaltsamen Fortschritt. So leben wir also jetzt in der postmodernen Zeit, zumindest in Europa und Nordamerika und den von dort aus beeinflussten Ländern (was mehr oder weniger fast alle sind). Uns geht allmählich auf, dass es nicht allzu förderlich war, die Wirklichkeit einfach nur vom Paradigma der Wissenschaft, der praktischen Vernunft und des technologischen Fortschritts her zu deuten. Vor allem unserer Seele hat das gar nicht gut getan, ebenso wenig unserem Herzen und unserer Psyche. Auch für die globale Menschheitsfamilie war das nicht förderlich. Es muss mehr geben als nur den physischen, weltlichen, äußeren Blick aus dem Erdenfenster. Das Physische hat uns zwar äußerlich mächtig und effizient werden lassen, aber zugleich die wesentlichen, wirklich wirklichen inneren Bereiche unseres Menschseins völlig vernachlässigt. Unser innerer Mensch, dem es um den Sinn von allem geht, ist unterernährt geblieben.

Im derzeitigen Stadium der säkularen Entwicklung scheinen sich unsere Seele, unsere Psyche und unsere mitmenschlichen Beziehungen in einem sich immer mehr beschleunigenden Maß geradezu aufzulösen. Die moderne Gesellschaft bringt sehr viele unglückliche und ungesunde Menschen hervor. Es ist beängstigend, wie sehr sich überall die Gewalttätigkeit ausbreitet. Uns geht daher allmählich auf, dass die postmoderne Geisteshaltung auf dem Hintergrund einer zerfallenden Weltsicht entstand. Sie weiß nicht mehr, *wozu* wir da sind, und genauso wenig, *wogegen* wir sind und wovor wir *Angst haben*. In intellektuellen Kreisen gilt es geradezu als naiv, wenn man noch eine positive Einstellung zum Leben hat. Man wird nicht mehr ernst genommen, sondern eher als Einfaltspinsel betrachtet.

Wenn wir dem nicht mehr trauen können, was wir für logisch und vernünftig halten, und wenn sich herausstellt, dass die Naturwissenschaft gar nicht in der Lage ist, ein völlig voraussagbares Universum zu erschaffen, dann drängt sich die Ahnung auf: *Vielleicht gibt es überhaupt kein sinnvolles Grundmuster.* Damit leben wir unversehens in einer Welt, die „entzaubert" ist und Angst macht: In ihr scheint keine Intelligenz mehr zu walten. Sie scheint über keinen Anfang, keine Mitte und kein Ende zu verfügen. Was übrig bleibt, sind nur noch private Ichs mit ihren privaten Versuchen, kurzfristig etwas Sinn zu finden und etwas in den Griff zu bekommen. Das ist dann Thema des postmodernen Romans, der dekonstruktivistischen Kunst und der Filme mit zielloser Ausrichtung und voll willkürlicher Gewaltausübung – eine Welt, welche die meisten Menschen prägte, die seit Mitte der 1960er Jahre aufgewachsen sind. Ihr ist ein eigentlicher Sinn abhanden gekommen, man greift nach allem und jedem.

Wissen und doch nichts wissen

Postmoderne Geisteshaltung geht davon aus, dass man nichts wirklich wissen kann und alles ein soziales oder sogar intellektuelles Konstrukt ist, das schon bald wieder durch neue Informationen überholt sein wird. Paradoxerweise glaubt der Postmodernist gleichzeitig, er wisse mehr als jeder andere, und zwar genau aus dem Grund, weil es nichts Absolutes gebe, keine zeitlos wahre Wirklichkeit. Damit ist man schließlich so weit, dass man sich fast gottähnlich („ich weiß") und zugleich extrem ratlos gibt („ich muss mir meine eigene Wahrheit ganz allein erschaffen, denn es gibt keine allgemein gültigen Anhaltspunkte"). Die Folge ist, dass der postmoderne Mensch in einem schizophrenen Zwiespalt lebt. Eine derartige Überforderung hätten sich die Menschen früherer Zeiten nie zugemutet. Kein Wunder also, in welchem Ausmaß heute sogar Kinder von Depression und Selbstmord gefährdet sind.

Postmodernes Denken ermächtigt dazu, alles in Misskredit zu bringen und abzuwerten, was uns schließlich in einen Zustand der Einsamkeit und Absurdität versetzt. Philosophisch bezeichnet man dies als Nihilismus (von lat. *nihil* = „nichts"). Am Nihilismus kranken wir heute alle mehr oder weniger, aber am meisten die ganz oben und die ganz unten in jeder Gesellschaft. Die Elite verfügt über die Freiheit, alles, worüber sie sich erhebt, gering zu schätzen und abzuwerten. Die Unterdrückten finden schließlich eine Erklärung für ihren traurigen Zustand. Diese Tragödie lässt sich deutlich bei den Minderheiten und Unterdrückten in der Welt ablesen sowie auch an der suchtartigen Spaßkultur der Reichen. Die Reichen schweben auf einem trügerischen Hoch, die Armen sacken in ein ungerechtes Tief, und letztlich sind beide Verlierer.

Stephen Carter, ein erstrangiger Kulturkritiker, beschuldigt viele seiner eigenen schwarzen Brüder und Schwestern sowie Amerika insgesamt, in eine nihilistische und unvermeidlich materialistische Weltsicht verfallen zu sein; die einzige Ausnahme seien diejenigen, die ihren religiösen Wurzeln treu geblieben sind (in: *The Culture of Disbelief*, 1994). Wir könnten dies von den meisten Bevölkerungsgruppen im Westen sagen, aber nur ein Schwarzer selbst kann das seinen eigenen Leuten vorhalten. Er konstatiert, in Amerika glaube man an nichts anderes mehr als an Macht, Besitz und Prestige, und all dem hänge man nur noch ein fadenscheiniges religiöses Mäntelchen um. Der jüdische Philosoph und Psychologe Michael Lerner sagt seiner jüdischen Leserschaft ziemlich das Gleiche (in: *The Politics of Meaning*, 1996).

Ein weiterer Aspekt der postmodernen Geisteshaltung ist, dass sie nachhaltig vom „Markt" geprägt ist. In einer vom Markt beherrschten Gesellschaft wie der heutigen hat nichts mehr *in sich einen Wert*, sondern nur noch einen *Marktwert*. Die allererste und oft einzige Sorge der *Markt-Mentalität* kreist um die Fragen: „Verkauft sich das? Bringt das etwas ein? Sind wir stärker als die Konkurrenz?" Nach wenigen Jahren schon lässt diese Mentalität uns sehr hohl und konturlos werden und stachelt uns trotzdem noch einmal für einen weiteren Tag lang an. Der „Tempel" der Schöpfung ist damit zum bloßen Kauf- und Verkaufsplatz verkommen. Kein Wunder, dass Jesus angesichts einer entsprechenden Szene in Wut geriet, „eine Geißel aus Stricken" machte und die Händler damit aus dem Tempel jagte (vgl. Johannes 2, 15).

Wenn wir den eigentlichen Sinn für den Wert verlieren, den etwas hat, geht uns jegliche Hoffnung darauf verloren, noch echte Werte zu finden, geschweige das Heilige. Selbst bei religiösen Menschen, die nicht wirklich beten, verfällt die Religion praktisch zu einer „Marktwert"-Religion. Es geht ihnen nicht mehr um das große Geheimnis, das mystische Einswerden und die Umwandlung, sondern nur noch um sozialen Rang und Macht. Moralvorschriften und priesterliche Hierarchien dienen dann nur noch dazu, die Menschen einigermaßen zu zivilisieren. Die Religion vieler, wenn nicht sogar der meisten Christen des Abendlandes spielt sich in den Kategorien von „Vergehen und Strafe" ab, statt in denen von „Gnade und Barmherzigkeit", wie sie Jesus verkündet hat.

Das wird dann zur einzigen Weise, auf die der postmoderne Christ dem grundsätzlich konturlosen, schlechten Roman namens „Leben des Menschen" etwas Gestalt glaubt geben zu können. Sie mag wie eine Antwort oder sogar eine Frohbotschaft aussehen, ist in Wirklichkeit aber wieder genau das gleiche alte Rezept wie in der ganzen bisherigen Menschheitsgeschichte: Wer groß und stark ist, gewinnt; Prometheus ersetzt Jesus. Ich muss zugeben, dass das auch das einzige Evangelium war, das ich in meinen frühen Seminarjahren mitbekommen habe. Welch frohe Überraschung war es dann für mich, als ich mich schließlich in die Evangelien versenkte und darin die Anleitung zu einer wirklichen Umwandlung der Menschen entdeckte!

Als Grundwerte einer nihilistischen Weltsicht bleiben schlussendlich nur mehr Vulgarität und Schock übrig. Wenn es keine Kriterien mehr für echte Qualität gibt, kann man es nur noch mit Quantität wettmachen, d. h. durch ständige Steigerung von Emotion, Gewalt, Sex und Lautstärke, was gewöhnlich zu einer totalen Entwertung von fast allem führt. Bald lautet die Sorge nur noch: „Wie kann ich mich hemmungsloser als alle anderen aufführen?", und: „Wie kann ich alles verspotten, bevor es mich enttäuscht?" Da es keine Heldinnen und Helden mehr gibt, verfällt der Einzelne in eine Art von negativem Heldentum, indem er möglichst hemmungslos alle menschlichen Schwächen, Süchte und Gemeinheiten öffentlich auslebt. Ich muss dann selbst nicht mehr erwachsen werden, sondern kann mir darin gefallen aufzuzeigen, dass alle anderen im Grunde genommen auch nicht besser und sowieso alle verlogen sind. Geht es so nicht auch weithin im politischen Leben zu? Bei diesem ganzen Spiel geht es darum, sich gegenseitig möglichst tief in den Dreck zu ziehen, was aber rein gar nichts mit der Abwärtsbewegung zu echter Demut zu tun hat. Es handelt sich lediglich um die Abwärtsspirale eines allumfassenden Skeptizismus. Wir bringen nicht mehr die Disziplin auf, menschliche Lebensformen zu entwickeln, weil wir nicht mehr glauben, dass es solche überhaupt gibt.

Seltsamerweise artet dies zu einer säkularen Form des Puritanismus aus; denn immer noch versuchen wir, die Sünden der Welt aufzudecken und zu verabscheuen; nur definieren wir sie jetzt anders. Die Art, wie Sexskandale in Washington behandelt werden, unterscheidet sich recht wenig davon, wie die alten irischen Priester darauf versessen waren, in ihrer Pfarrei alle Unzüchtigen aufzuspüren. Wir meinen, wir könnten unser Schatten-Ich in den Griff bekommen, statt es in eine größere Ganzheit einzubeziehen, indem wir es annehmen, ihm vergeben und es umwandeln. Kein Wunder also, dass sich Jesus überhaupt nicht auf das Schatten-Ich konzentrierte, sondern fast nur auf das wahre Selbst.

Wo es für die Welt keinen zusammenhängenden Sinn oder göttlichen Zweck gibt, fällt es viel leichter, nach jemandem zu suchen, den man entlarven, anklagen, vertreiben oder bloßstellen kann. Schließlich muss ich ja einen Schuldigen dafür finden, dass ich so unglücklich bin! Solange ich versuche, mich mit dem Geheimnis des Bösen auf andere Weise zu befassen als mit einer Haltung des Vergebens und Heilens, erschaffe ich weiterhin negative Ideologien wie den Fundamentalismus und Nihilismus in ihren zahllosen Spielarten. Der eine fordert vollkommene Ordnung; der andere behauptet, eine solche sei grundsätzlich gar nicht möglich. Jesus tat keines von beidem; er lebte vielmehr mitten im Zwiespalt des Menschen.

In den letzten Jahren haben wir erlebt, was wir vor kurzem noch für undenkbar gehalten hätten. Diese Schauspiele beschränken sich durchaus nicht auf „Gangster Rapper" oder einzelne kulturelle Tabubrecher, sondern dieser Trend äußert sich im Hauptstrom zeitgenössischer Kunst und Medien, im Schreiben und in jedem Aspekt des Lebensstils: Von wem wird denn noch erwartet, sich an die klassischen Disziplinen von irgendetwas zu halten, zumal es solche ja überhaupt nicht mehr gebe?

Es ist die eine Sache, die Jahre disziplinierten Übens auf sich zu nehmen, die man braucht, um eine bestimmte Kunst oder ein Handwerk zu beherrschen, und sich dann auf neue und kreative Weise auf dem Papier oder in einem anderen Medium auszudrücken. In manchen Fällen mag daraus große Kunst werden. *Bevor man die Regeln brechen kann, muss man sie aber zuerst einmal kennen lernen.* Im „Brechen von Regeln" kann sich eine gewaltige Kreativität oder gar echte Heiligkeit äußern. Aber wenn man, noch ehe jemals einen Pinsel in der Hand gehabt zu haben, gleich damit anfängt, Farbe aufs Papier zu klecksen, und dies als großartigen Selbstausdruck bezeichnet, bleibt es eine kurzlebige Sache. Diese „Kunst" verfügt über nichts, was sie mit dem kollektiven Gedächtnis oder dem Archetypischen verbinden würde. Sie zeigt nur, was *ich* fühle. Das Ich steht beherrschend und lässt anderen so gut wie keinen Platz. Alle Anknüpfung für Gemeinschaftliches, das sich mit anderen teilen ließe, fehlt.

Private Gefühle sind unsere heutige Form der Wahrheit; es ist eine Art vollständigen Aufgehens in sich selbst – verständlich, denn es gibt ja *keine allgemeinen Muster* mehr. Menschen meinen, wenn sie ihre privaten Gefühle zum Ausdruck brächten, leisteten sie etwas Großartiges. Solches kann man in den derzeitigen Talkshows sehen: Menschen, die sich da aussprechen, haben nie etwas anderes gelesen oder studiert, zu nichts anderem gebetet und auf nichts anderes gehört als auf ihre eigenen tyrannischen Gefühle. Doch sind sie fest davon überzeugt, sie hätten ein Recht darauf, dass ihre eigenen uninformierten Ansichten über das Sozialsystem, die Religion oder die Ökosteuer öffentlich bekannt gemacht und ernst genommen werden! Kein Wunder, dass unsere öffentliche Diskussion verfällt, selbst in den Bereichen von Gericht, Parlament, Universität und auch Kirche.

Es stimmt, dass viele Leute wütend und frustriert sind und etwas darüber zu sagen haben; aber wir sollten auch auf größere Geister hören, auf größere Herzen, größere Seelen, die nicht lediglich darauf versessen sind, sich selbst kundzutun: „So bin *ich*", sondern auch das größere Spektrum von „So sind *wir*" ansprechen und insbesondere die ganz großen Lebensthemen (im 5. Kapitel wird davon ausführlicher die Rede sein). Das sind Menschen, die dazu beitragen, große Lebensperspektiven aufzubauen, Menschen, auf die zu hören und mit denen zu reden sich lohnt;

einige von ihnen werde ich Ihnen später in diesem Buch vorstellen (13. Kapitel). Ich denke, dies bedeutet, Teil des großen Prozessionszugs der Menschheit durch die Geschichte zu sein, statt nur ein isoliert in der Gegend herumstehendes Individuum; Glied am kosmischen Leib Christi zu sein, statt sich nur mit der widersprüchlichen Selbstbezeichnung eines „individuell Glaubenden" zu versehen.

Ein eingefleischter Individualist ist keineswegs ein Glaubender; denn glauben heißt, sich im Vertrauen an etwas zu binden, sich auf etwas oder jemanden ganz und gar einzulassen, zu etwas dazuzugehören und definitiv Verantwortung zu tragen. Bevor wir unsere heutige im spirituellen Sinne verfallende, minimierte Lebenskultur wieder aufbauen können, müssen wir zunächst einmal selbst intensiv an etwas angeschlossen sein. Dies erst weckt wahre Religion; denn *re-ligio* heißt „Rück-Bindung", „Wieder-Anbindung". Vielleicht ist das auch eine Umschreibung für „sich wieder auf elementare Grundwerte einlassen".

In unserem kulturellen Zwiespalt bewusst leben

Jede Sichtweise geschieht von einem bestimmten Standpunkt aus. Solange man nicht seine eigenen, kulturell und zeitbedingten Sichtweisen wirklich kennt, wird man sie kaum relativieren oder bedenken wollen, dass sie nicht die einzig möglichen sind. So lebt man mit einem hohen Maß an Illusion und Einseitigkeit, die schon so manches Leid und so manchen Unfrieden ausgelöst haben. Ich denke, genau darum ging es auch Simone Weil, als sie sagte: „Die Liebe zu Gott ist die Quelle aller Wahrheit." Nur ein nicht nur in uns selbst gründender universaler Bezug verschafft unserem Geist und Herzen einen ganz verlässlichen Ausgangspunkt.

Einer der Schlüssel zur Weisheit besteht darin, seine eigenen Zwiespältigkeiten zu erkennen, seine eigenen süchtigen Abhängigkeiten und Fixierungen sowie den Umstand, dass man aus irgendeinem Grund viele Dinge einfach nicht wahrnehmen will. Solange man die eigenen Denk- und Verhaltensmuster nicht durchschaut (das meint Kontemplation in ihrer Frühphase), ist man nicht in der Lage, *das zu sehen, was man nicht sieht.* Kein Wunder also, dass Teresa von Àvila sagte, Selbsterkenntnis sei das erste und unerlässliche Eingangstor zur „Seelenburg". Ohne ein selbstkritisches Bewusstsein dafür, wie eng die eigenen Perspektiven sind, besteht kaum Aussicht, dass jemand wirklich Erkenntnis oder bleibende Weisheit erlangt.

Die Postmoderne zerschlägt aus Enttäuschung in einem wütenden Rundumschlag alles, was ihr im Weg steht, um sich den drei beherrschenden Maximen der Moderne (s. u.), die unser Zeitalter geprägt hat, zu widersetzen. (Wie wir noch sehen werden, hat dieses Zerschlagen (= deconstruction) nicht nur negative, sondern auch positive Auswirkungen. Ohne ein gewisses Maß an Dekonstruktion wird alles zum Götzen. Die Propheten waren daher „religiöse Dekonstruktivisten.")

(1) Erstens glaubte die Moderne, die *Wirklichkeit beinhalte eine feste Ordnung.* Das postmoderne Denken behauptet, es gebe überhaupt keine Ordnung. Paradoxerweise nähert sich die Postmoderne sowohl dem Nihilismus als auch der Mystik; denn sie vertritt die Auffassung, entweder sei *niemand* oder es sei *jemand* verantwortlich. Das Einzige, was wir inzwischen sicher wissen, ist, dass unser Denken und unser Verstand es jedenfalls nicht sind! Von daher erklärt sich das Neuerstehen von Spiritualitäten in allen nur erdenklichen Formen. Die alten Kirchen bekommen unversehens eine Menge Konkurrenz, während sie lange Zeit über ein Monopol haben verfügen können.

Ich finde es bemerkenswert, dass im Englischen die Priesterweihe als „Holy Orders" bezeichnet wird, also wörtlich als „heilige Ordnungen". Diese Bezeichnung dürfte verraten, was vom Priestertum im Grunde erwartet wird: Ordnung, ordnende Leitlinien, Grenzvorgaben, Kontrolle, Klarheit. Das sind an sich keine schlechten, vielmehr dringend notwendige Eigenschaften, und das Verlangen nach ihnen könnte sogar erklären, warum sich die Kirche mit den Grundvorstellungen der Moderne wohler fühlte als mit der „heiligen Unordnung", die sich jetzt zeigt. Das Kreuz ist eindeutig eine Ausrufung der *Unordnung* im Herzen der Wirklichkeit.

Echtes Christentum glaubte noch nie an eine perfekte Ordnung oder an ein totales Chaos, sondern an eine mit Widersprüchen behaftete Wirklichkeit. Zudem erklärte es diese eine und einzige Welt zur Welt Gottes. Jesus wurde am „Zusammenprall der Gegensätze" gekreuzigt.

(2) Zweitens dachte die Moderne, *die Wirklichkeit lasse sich mittels der menschlichen Vernunft erkennen*; das Naturgeschehen sei voraussagbar und daher zu einem gewissen Grad beherrschbar. Doch die Quantenphysik sagt, dass sich mit den Begriffen der „Indetermination", der „Probabilität", mit „Chaostheorien" und Heisenbergs „Unschärfeprinzip" vermutlich zutreffender das letzte Geheimnis der Wirklichkeit bezeichnen lasse als mit den Begriffen der klassischen Physik.

Das bedeutet für den modernen Geist eine gewaltige Demütigung. Die Physik hat entdeckt, dass man sowohl im Kleinsten (bei den Atompartikeln) als auch im Größten (den Galaxien und Schwarzen Löchern) unvermeidlich auf das Geheimnis stößt! Alles wirkt erkennbar, wird aber dann doch wieder unerkennbar, wenn man an die Ränder gelangt. Die Beherrschung muss schließlich dem Geheimnis Platz machen; statt Festhalten ist Loslassen angesagt. Plötzlich haben wir nichts mehr zu sagen. Manche vermerken, die Physiker mutierten zu Mystikern und die Priester zu Psychologen – und interessanterweise wollen beide die nichtrationalen Aktionen der Menschen und den tragischen Charakter vieler Ereignisse zu erhellen versuchen.

Der kleine Wissenschaftler bleibt in der Mitte und geht weiterhin davon aus, dass er in einem völlig kohärenten System lebt. Die großen Wissenschaftler wie Albert Einstein, der „Mann des Jahrhunderts", entdecken hingegen wieder das Geheimnis. Einstein sagte: „Alles, was ich weiß, ist, dass die große Wahrheit – sofern wir sie entdecken – *einfach sein wird und sehr schön*." Er hatte nie die Überheblichkeit zu denken, er habe seine „einheitliche Feldtheorie" vollständig gefunden, also das endgültige Paradigma, mit dem sich alle Kräfte im Universum erklären ließen. Seine bescheidene Aussage mutet an wie der Glaubensakt eines großen Geistes und großen Naturwissenschaftlers. Er erinnert mich an Dantes Bild für den Gipfel des Paradieses: eine „weiße Rose" – in äußerster Einfachheit und Schönheit. Alles passt zusammen, alles hält zusammen. Dieses Wissen, dass alles eine Einheit in Vielfalt ist, ist uns verloren gegangen.

Reife Religion weiß, dass der Mensch sich bestenfalls über die letzte Wirklichkeit Metaphern, Symbole, Bilder erhoffen kann. Hier auf Erden sind nicht eigentlich wir die Erkennenden, vielmehr *werden wir erkannt*; nicht wir verknüpfen alles, vielmehr *werden wir verknüpft*: Nicht wir schaffen die großen Zusammenhänge, sondern *wir werden in die Zusammenhänge einbezogen.* Dann bleibt nur noch niederzuknien und den heiligen Boden zu küssen, und der vermeintlich autonome Geist ließe so von seiner Tyrannei ab.

So erschreckend es zunächst klingen mag, der Zerfall überkommener Denkstrukturen könnte uns durchaus wieder zu jener Demut und Einfachheit zurückführen, deren es zur Begegnung mit Gott bedarf. Doch müssen wir auch sagen, dass die Kirchen, sicherlich die römische Kirche, den Gott der Bibel vernachlässigt und sich mehr mit einem Gott der Philosophen verbunden haben, mit dem wir jedoch angesichts seiner „Besonderheit", seiner Vorlieben und willkürlichen Entscheidungen sowie seiner absoluten Freiheit größte Schwierigkeiten haben. – Die Moderne bescherte uns die Vorhersehbarkeit und Voraussagbarkeit, mit denen wir uns durchaus wohl fühlten; jetzt, in der Postmoderne, hat wieder ein ganz Anderer das Steuer in der Hand, und wir müssen uns (von der Moderne her gesehen) in die Tragik und (neuerdings) zugleich höchste Geschenkhaftigkeit ergeben. Das kommt der Bibel viel näher, auch wenn es mehr Angst macht.

(3) Drittens glaubte der moderne Geist, *die Erfüllung des Menschen bestehe vor allem darin, alle Gesetze der Wissenschaft und Natur zu entdecken und genau kennen zu lernen.* Wir sollten sie – wo immer möglich – nutzen und uns ihnen nur fügen, wo wir sie nicht durchschauen oder ändern können. Um weitere Fortschritte zu machen, mussten wir daher vor allem unser wissenschaftliches Wissen ausbauen. Mochte es sich nun um medizinisches Wissen oder um die Erforschung des Weltraums handeln – mit zunehmendem Wissen würden wir jedenfalls nach und nach alle Schwierigkeiten in den Griff bekommen.

Jeder vor 1960 Geborene wurde von dieser Denkungsart stark geprägt. Aber heute sind wir von ihr nicht mehr so fraglos überzeugt und glauben auch nicht mehr, dass die traditionelle Bildung allein dem menschlichen Wachstumsprozess gerecht wird.

Wir sind uns zudem nicht mehr so sicher, ob wirklich alles Naturgeschehen vorhersehbar ist und der Mensch seine Erfüllung darin findet, alle Gesetze der Natur genau zu kennen und das Universum so weit wie möglich in den Griff zu bekommen. Wer noch mit der Moderne denkt, möge sich nur einmal überlegen, wie und warum seit einiger Zeit alle möglichen Formen von Aberglaube, Okkultismus und Magie Zulauf erhalten, wie und warum UFO-Theorien und alle möglichen Arten von fundamentalistischen New-Age-Vorstellungen boomen und die Felder des Unbewussten, Irrationalen, Nichtrationalen, Symbolischen und auch des „Spirituellen" Hochkonjunktur haben. Selbst im klassischen Sinn gebildete Menschen neigen ihnen zu. Die Götter von Körper, Gefühl und Erlebnishunger verlangen nach Gehör und machen dem Gott der Vernunft das Feld streitig.

Darin liegen eine negative und auch eine gute Botschaft. Es macht Angst, in einer Zeit des Übergangs zu leben: Sie fällt auseinander; man weiß nicht, was sie alles mit sich bringt; sie bietet nichts Zusammenhängendes; alles wird eher rätselhaft; wir können keine überschaubare Ordnung erkennen oder hineinbringen. Das ist die postmoderne Panik. Sie verbirgt sich hinter einem Großteil heutiger Skepsis, Angst und weit verbreiteter Gewalttätigkeit.

Genau besehen enthält die biblische Offenbarung recht wenig an Verheißungen eines wohl geordneten Universums. In der Bibel geht es vielmehr darum, Gott im *Gegenwärtigen* zu begegnen, im jeweils inkarnierten Augenblick, auch im Skandal des Partikulären und nicht in gescheiten Theorien, und zwar in einem Maß, dass es eigentlich recht verwunderlich sein müsste, weshalb wir überhaupt darauf gekommen sind, das Ganze genau sortieren und in den Griff bekommen zu wollen.

Die Bibel sagt immer wieder, der Weg des Menschen sei tatsächlich ein Weg, und zwar ein Weg, auf den immer wieder Gott rufe und dessen Etappen er bestimme – ein Weg auch, auf dem wir mehr umgewandelt als über alles genau unterrichtet würden. Ich glaube, uns wäre es viel lieber, möglichst bald einen gedruckten Reiseführer in der Hand zu halten. Dann könnte unser Lebensweg ein Besichtigungsausflug sein; so verstehen ja nicht wenige die Religion: als einen (vielleicht sogar interessanten) Besichtigungsausflug. Bei der Vorstellung, unser Leben gleiche eher einer Art Bildungsreise, hängt man das Thema, sich auf etwas ganz und gar einzulassen und sich verantwortlich einzubringen, recht tief, selbst wenn Vertreter der Religion erwarten, dass die Leute folgsam alles mitmachen und nicht vom Weg abweichen. Dagegen ist mit der Sichtweise, das Leben sei ein fortwährender Prozess der Umwandlung bzw. des Wachstums, das Risiko verbunden, dass die Menschen „alle mit dem einen Geist getränkt" (1 Korinther 12, 13) werden, sich ihm und seiner Führung anvertrauen. Ist es nicht traurig, dass wir uns lieber auf Konformität und Gruppenloyalität eingeschworen haben, statt uns auf eine wirkliche Veränderung einzulassen?

Oft geht großer Kreativität und echten Wachstumsschritten eine Art Chaos voraus. Finsternis weckt die Sehnsucht nach Licht. Vertrauen geht großen Schritten in ein neues Wissen voraus. Unsicherheit und Ungewissheit sind die Schwelle zum Geheimnis, zur Hinwendung und zum Weg zu Gott – einem Weg, den Jesus „Glaube" nennt. (Wie seltsam ist es doch und tatsächlich eine Häresie ersten Ranges, dass wir, statt in diese dunkle Nacht des Glaubens einzutreten, auf das Bemühen um Sicherheit und Kontrolle verfallen sind!).

Ich sehe heute Menschen starken Glaubens, Menschen, die sich der größeren Wahrheit verschrieben haben, Menschen, die Kirche zwar lieben, aber nicht länger die Knie vor einem Götzenbild beugen. Sie haben es nicht mehr nötig, eine Institution zu verehren; sie verwerfen sie nicht, aber scheuen sich auch nicht, gegen sie von der größeren Wahrheit Zeugnis zu geben. Das ist ein großer Fortschritt auf dem Weg zur Reife der Menschen. Noch vor wenigen Jahren herrschte das Entweder-Oder-Denken vor: „Entweder sie ist vollkommen oder ich trete aus." Langsam entdecken wir, was viele von uns als den „dritten Weg" bezeichnen: den Weg weder der Flucht noch des Streits, sondern den Weg einfühlsamen Wissens, der Achtsamkeit und Hoffnung.

Sowohl der Weg des Streits als auch der Weg der Flucht ermangeln der Weisheit, obwohl sie in der Hitze der jeweiligen Situation wie gültige Antworten erscheinen. Aber in einer Welt des Entweder-Oder gibt es den dritten Weg nicht: den, über den ersten wie den zweiten Weg hinauszuwachsen, alles zusammenzuhalten, kreativ zu sein auf Einssein in Vielfalt hin.

Das dualistische Denken zieht es offensichtlich vor, die Dinge nach Schwarz-Weiß-Manier mit anderen zu vergleichen und zu bewerten. Der Preis, den dieses dualistische, aufspaltende Denken kostet, besteht darin, dass die eine Seite des Vergleichs immer idealisiert und die andere verteufelt oder zumindest herabgesetzt wird. Für Ausgewogenheit oder nüchterne Ehrlichkeit ist da kaum Platz, geschweige für Liebe. Die Weisheit dagegen hält „Vernünftiges" und „Romantisches" immer zusammen: so Aristoteles und Plato, Thomas von Aquin und Bonaventura, Sigmund Freud und C. G. Jung – Geist und Sinne.

Tatsächlich lässt sich sagen: Je größere Gegensätze jemand auszuhalten und zu durchleben vermag, eine umso größere Seele wohnt in ihm. Wir neigen von unserem Temperament her meist eher der einen oder der anderen Seite zu. Wenn man sich auf *eine* Seite schlägt, befreit es von Spannung und Angst. Nur wenige bringen den Mut auf, ständig die unauflösbare Spannung in der Mitte auszuhalten. Das genau ist die „Torheit" des Kreuzes, bei der man nicht „beweisen" kann, dass man richtig liegt, sondern nur zwischen dem guten und dem bösen Schächer „hängt" und den Preis für deren Versöhnung zahlt (vgl. Lukas 23, 39ff).

Das *tertium quid*, der „versöhnende Dritte", ist sehr häufig der Heilige Geist. Aber wie schon oft gesagt wurde, ist der Heilige Geist das vergessene Mitglied der Heiligsten Dreifaltigkeit. Wir wissen nicht, wie wir Wind, Wasser oder die vom Himmel herabschwebende Taube (vgl. Johannes 3, 8) in ein Dogma fassen oder in den Griff bekommen können. Solche schönen, aber immer auch unzureichenden Bilder für Gott sollten uns bei all unserem Wissen und Erklären bescheiden bleiben lassen.

Das Mysterium Tremendum

Für Christen bedeutet der Verlust der Gewissheiten, in deren Besitz sich die Moderne wähnte, dass sie wieder energischer auf den Weg der biblischen Religion verwiesen werden und mit dem *mysterium tremendum*, dem „gewaltigen, erschütternden Geheimnis" Jesu, zu tun bekommen. Christus ist der Archetyp dessen, was es heißt, ganz und gar Mensch zu sein. Er hält Himmel und Erde zusammen, Göttliches und Menschliches, einen männlichen Körper mit einer weiblichen Seele. Er ist das lebendige Beispiel voller Bewusstheit, die genau darin besteht, die gewöhnlich abgelehnten, unbewussten, angstbesetzten und schattenhaften Teile der Wirklichkeit anzunehmen. Er ist der Sohn Gottes und der Sohn Adams. Wir müssen wahrhaben, dass auch wir Töchter Gottes und Söhne der Erde, der Gottheit und des Fleisches, des Ich und des Schattens sind. Beides ist gut. Und noch besser wird es, wenn es zusammengefügt wird. Jesus ist die Ikone dessen, was Erlösung bedeutet. Wenn beides in uns glücklich zusammen existieren kann, dann könnte man sagen, dass wir „erlöst" sind.

Unser Ziel sollte sein, aus einer Spiritualität zu leben, die in jeder Hinsicht mit der sichtbaren Welt verbunden und zugleich fähig ist, das göttliche Licht im Weltlichen und Gewöhnlichen, im Physischen und Materiellen, kurz: im gesamten Kosmos aufscheinen zu sehen – und nicht nur im kirchlich Geprägten, im Korrekten und Sauberen, das die Welt aufspaltet und im Widerstreit hält. Es geht um die Synthese, um die Vereinigung der Gegensätze, zu der uns meiner Auffassung nach ein erwachtes Christentum führen sollte. „An jenem Tag wird auf den Pferdeschellen stehen: Dem Herrn heilig. Die Kochtöpfe im Hause des Herrn werden gebraucht wie die Opferschalen vor dem Altar" (Sacharja 14, 20).

Paulus zielt genau darauf ab, wenn er im Epheserbrief (4, 4–6) sagt: *„Ein* Leib und *ein* Geist … *eine* gemeinsame Hoffnung … *ein* Herr, *ein* Glaube, *eine* Taufe, *ein* Gott und Vater aller, der über allem und durch alles und in allem ist." Würde ich heute aus mir heraus so reden, würde man mich in vielen katholischen Kreisen des Pantheismus oder leichtgewichtigen Humanismus bezichtigen. So zitiere ich einfach Paulus.

Wir haben keinen Grund, uns für unseren Christus zu entschuldigen. Er ist ein makelloses Abbild all dessen, was Gott auf Erden wirkt, vor allem in seiner gekreuzigten und auferstandenen Existenz. Er ist für uns die lebendige Ikone unserer eigenen Umwandlung. Jesus hält die Spannung der Gegensätze zusammen, und zwar in ihren extremsten Ausprägungen von Leben und Tod. *Man könnte die Menschheit definieren als das, was ewig gekreuzigt und ewig auferweckt wird – und beides zugleich!*

Wie wir immer wieder sehen werden, ist das Kreuz die Vereinigung der Gegensätze: eine vertikale und eine horizontale Bewegung, die einander sichtbar durchkreuzen. Wenn entgegengesetzte Energien gleich welcher Art in Ihnen in Konflikt geraten, leiden Sie. Wenn Sie es zulassen, sie schöpferisch auszuhalten, bis sie Sie umwandeln zum Einssein, wird die Not zum erlösenden Leiden. Dies steht freilich in radikalem Gegensatz zum Mythos von der erlösenden Gewalttätigkeit, von dem der Großteil der Menschheitsgeschichte beherrscht ist. Wenn man die Widersprüche auszurotten versucht, statt sie miteinander zu versöhnen, erreicht man nichts anderes als eine ständige Weiterführung des Problems. Auch wenn dies eigentlich offensichtlich und einleuchtend so ist, können es die meisten Leute nicht sehen. Vielleicht wird aus diesem Grunde im Johannesevangelium die Blindheit als vorrangiges Bild für die Sünde verwendet.

In heutiger Zeit gibt es in fast jeder Institution eine äußerste Rechte und eine äußerste Linke, und beide Seiten benutzen die Extravaganzen und Fehler ihrer jeweiligen Gegenseite dazu, ihre eigenen fragwürdigen Ansichten zu rechtfertigen. Es sieht so aus, als nähme derzeit überall auf der Welt ein reaktionäres und protektionistisches Denken wieder zu, das dann wiederum als Rechtfertigung dafür dient, dass die politische Linke überreagiert. Dieses Pingpong-Spiel war im 20. Jahrhundert ungemein geläufig, sogar innerhalb der Christenheit (die eigentlich inzwischen etwas weiser geworden sein sollte), sodass Christen für viele Menschen inzwischen gleichbedeutend sind mit Anti-Intellektuellen, mit fanatisch Engstirnigen. In den Augen mancher geht es beim Christentum weder um Glauben noch um Vernunft, sondern lediglich um eine Art reaktiven Stammesverhaltens unter den Röcken der „Mutter Kirche". Wie traurig, wenn eine so große Tradition zu etwas so Kümmerlichem verkommen wäre!

Ich bewege mich in manchen Kreisen, in denen das Wort *christlich* zu einer negativen Bezeichnung geworden ist. Für die Menschen dort verbindet sich die Aussage „Er ist Christ" mit dem Urteil: Er versteht nichts von Geschichte, nichts von Politik und ist wahrscheinlich zu keiner anspruchsvolleren Konversation fähig, mit fünf Bibelzitaten weiß er auf alles eine Antwort. – Wie konnten wir nach einer so langen Weisheits-Tradition derart tief absinken? Wie konnten wir nach der demütigen Torheit des Kreuzes in eine solche Überheblichkeit zurückfallen?

Wenn wir unfähig sind, Brücken zum anderen zu bauen, ja

sein Anderssein überhaupt zu verstehen, sollten wir wissen, dass wir uns außerhalb echten Christentums befinden. Verschwenden Sie aber keine Zeit damit, direkt dagegen anzukämpfen; sonst fallen Sie der Scheinheiligkeit womöglich nur selbst zum Opfer. Unser Wahlspruch ist einfach und klar: *Schlechtes kritisiert man am besten, indem man Gutes tut.* Machen Sie einfach voran und leben Sie positiv „in Gott, durch Gott und mit Gott". Die Früchte werden zu ihrer Zeit ans Licht kommen. Kurzfristig werden Sie die ungelöste Spannung des Kreuzes aushalten müssen. Langfristig werden Sie zu etwas völlig Neuem und Heilendem gelangen. Darin zeichnete sich der intuitive spirituelle Genius des Franz von Assisi aus. Er verschwendete keine Zeit damit, die reichen Kirchen und selbstgefällige Kleriker anzugreifen, nicht einmal habgierige Händler wie seinen Vater; er stieg einfach aus und machte es anders. An ihn erinnert man sich für immer; jene haben in der Geschichte keine Spuren hinterlassen.

Eine einsame Welt

Ich möchte dieses Kapitel mit einem Blick auf ein trauriges Nebenprodukt des Postmodernismus schließen: Postmodernismus und Modernismus lehnen ein personalisiertes Universum ab. Sie *ent-zaubern* das Universum. Wunder sind nicht mehr zu erwarten; ebenso braucht man nicht mehr zu erwarten, dass das Transzendente aus einem Baum oder Blatt hervorleuchtet und „jeder gewöhnliche Busch von Gott brennt". Diese Entzauberung spiegelt den modernen Zustand der Entfremdung und Angst, der im Französischen als *ressentiment* bezeichnet wird. Mit *ressentiment* beschreibt man eine Welt, die nicht mehr sicher, nicht mehr heilig und keine Heimat mehr, sondern aus allen Bezügen gelöst ist, zerbrechlich und darum jederzeit für Beeinträchtigungen anfällig. Die Grunderfahrung des so entfremdeten Mitglieds der Gesellschaft lautet: „Ich bin allein" und „Ich muss allein durchkommen". Die säkulare Welt ist nicht mehr weit und reichhaltig genug, um sich darin ein Gewinner/Gewinner-Szenario vorstellen zu können. Es gibt nur noch Nullsummen-Spiele – alles geht abwärts. Unsere Welt kennt nur noch die Geschichte von Gewinnen/Verlieren und leider endet diese schließlich im Verlieren/Verlieren.

Doch diese nur mehr säkulare und leere Weltsicht verlangt nach dem Gegenteil. Haben Sie gemerkt, wie häufig Zeitschriften in den letzten Jahren wieder religiöse Themen wie Engel, Heilige, Wunder daherbringen? Einer der größten Grußkartenverlage der USA, „American Greetings", brachte erst unlängst eine neue Kategorie von Karten auf den Markt, die der „spirituellen und religiösen Karten", weil dies ein „neuer Trend" sei, was verrät, dass die Menschen ihre Welt als zu hohl, zu leer, zu entzaubert empfinden; sie genügt nicht, und Menschen mit ihrem spirituellen Wesen, das man leugnen, nicht aber einfach abschaffen kann, fühlen sich in ihrer Kälte nicht daheim.

Diese Einsicht bricht bei Menschen ziemlich deutlich auf, wenn sie sich dem Ende ihres Lebens nähern. Es ist noch nicht lange her, dass ich dabei sein konnte, als meine Mutter starb. An einem bestimmten Punkt vor ihrem Sterben sah sie Engel. Nun war meine Mutter durchaus nicht sentimental veranlagt. Nach dem Enneagramm ist sie eine ACHT, eine bodenständige Frau (aus Kansas) und sehr nüchtern-realistisch. Vermutlich habe ich von ihr meine mit „Unsinn" unverträgliche Art des Katholizismus geerbt. Aber ungefähr eine Woche bevor sie starb, fing sie an, Engel zu sehen, sogar meinen Schutzengel. (Es heißt, wenn man dem Ende näher komme, würden die Vorhänge zwischen den Welten immer dünner werden.)

Meine Mutter sprach gegen Ende sehr oft das Wort *heim*. Zu meinem Vater sagte sie immer wieder, er solle an ihr Bett kommen und sie „heimbringen". Er meinte, sie wolle damit sagen, er solle sie nach Hause fahren, denn sie verbrachte ihre letzten Tage im Haus meines Bruders. Nach einiger Zeit begriffen wir, dass sie mit „heim" etwas ganz anderes meinte.

Die Traurigkeit heutiger Menschen hat ihren Grund oft darin, dass sie sich nicht daheim fühlen. Euthanasie, Abtreibung, Todesstrafe und Kriege bleiben „hoffähig", solange es nicht wieder einen größeren Zusammenhang wie das Ostermysterium gibt, das dem Leiden der Menschen einen transzendenten Sinn erschließt. Es scheint, unsere Seele und unser Denken müssen sich wieder weiten, damit wir das große Geheimnis Gottes zu tragen vermögen. „Wir sind auf die Erde gesetzt, um hier zu lernen, die Strahlen der Liebe Gottes auszuhalten", hat William Blake gesagt. Es tut mir leid, dass ich das sagen muss: Aber dieses Lernen geschieht vorwiegend im Leiden. Das Leiden scheint das Einzige zu sein, was stark genug ist, unseren Griff, mit dem wir alles festhalten wollen, zu lockern, und zugleich das, was wir Vernunft, Verstand nennen.

Gott wandelt unseren Schrott in Gnade, unsere Sünde in Erlösung. Paradoxerweise werden wir nicht so sehr dadurch erlöst und frei, dass wir alles recht machen, sondern durch unser Leiden daran, dass wir so vieles falsch gedacht und gemacht haben. Wir kommen zu Gott nicht aufgrund unserer Vollkommenheit (Gott sei Dank nicht!), sondern eher dank unserer einsichtigen Unvollkommenheit. Letztlich muss alles verziehen und versöhnt werden. Um glücklich sein zu können, muss ich mein Leben nicht fest eingerichtet und ganz im Griff haben oder womöglich sogar verstehen. Genau genommen ist dies eine ungeheuer befreiende, frohe Botschaft. Denn wie anders könnte eine solche überhaupt aussehen?

Das Evangelium bietet eine neue „Logik", das „The Fool on the Hill", „Der Narr auf dem Berg", von dem Lennon und McCartney sangen, in die Welt gebracht hat. Diese Logik des Evangeliums ist viel umfassender und tiefer, viel geräumiger und kann viel mehr Mitempfinden einschließen als jedes andere Gedankensystem, das zu schaffen die Welt je imstande gewesen ist. Vermutlich ist das der eigentliche Sinn von Wahrheit. Warum sollte sich irgendjemand mit dem kleinen Geist des Rationalismus oder dem Nicht-Geist des Nicht-Rationalismus zufrieden geben? Die Logik des Evangeliums ist der große Geist Christi.

2 Jenseits der Opferrolle

Viele Menschen in vielen Teilen der Welt tragen heute eindeutig das Kreuz. Für die in großer Armut Lebenden ist es das Kreuz himmelschreiender sozialer Ungerechtigkeit. Wir in den Wohlstandsländern tragen eher das Kreuz zerbrochener Beziehungen und angeknackster Psychen. Allen gemeinsam ist meinem Empfinden nach, dass sich dies für die meisten nicht wie das Kreuz anfühlt, sondern ganz einfach nur als Leiden.

Jede Zeit kennt seine eigene Art Leiden; bei Spiritualität in ihrem besten Sinn geht es darum, *was man aus seinem Leiden macht*. Wir haben es verlernt, damit etwas anfangen zu können. Spiritualität, der „Umsetzer", der aus unserem Leiden etwas Besseres macht, scheint in Vergessenheit geraten zu sein. In einer Kultur ohne transzendente Mitte gibt es niemanden mehr, dem man sein Leiden übergeben kann. In einer Kultur ohne das starke Bild von Kreuz und Auferstehung hat unser Leiden allen Sinn verloren. Wenn ein Volk nicht mehr weiß, dass es Gott *gibt*, dass er *gut* ist, man ihm *vertrauen* kann und er *auf unserer Seite ist*, bekommt es offensichtlich gewaltige Probleme. Unser Schmerz schießt dann in alle Richtungen und überall nur ins Leere. In dieser Verfassung sind wir heute.

Ich entsinne mich einer Frau, die einmal zu mir kam und mir ganz offen sagte, sie werde immer hasserfüllter und negativer, sowohl in ihrer Familie als auch an ihrem Arbeitsplatz. Während unseres langen Gesprächs kam sie immer wieder auf ihren offensichtlich unheilbaren Schmerz zu sprechen: eine gewaltige Ungerechtigkeit, die sie zu Recht oder zu Unrecht, tatsächlich oder auch nicht wirklich erlitten hatte. Dann rutschte ihr das Eingeständnis heraus: „Mein Schmerz ist wie mein Ausweis." Als wir das genauer besprachen, merkte ich – und ich glaube, auch sie merkte es –, dass ihr Schmerz regelrecht zu ihrer Identität geworden war. Sie schien zu wissen, dass sie über eine Art Macht verfügen konnte, wenn sie in die Opferrolle ging; das verlieh ihr unverzüglich eine Art moralischer Überlegenheit über fast jeden anderen. So wurde sie merkwürdigerweise unberührbar und unverwundbar.

Das haben Menschen vermutlich schon immer getan, aber erst in den letzten fünfzig Jahren wird es regelrecht zur Mode. Wir kennen sogar eine Art von „geerbtem Opfersein": Man hat von vornherein einige Pluspunkte, wenn jemandes Urgroßmutter der eigenen Urgroßmutter etwas zu Leide getan hat. Das ist vermutlich die letzte Form moralischer Erpressung. Bei diesem seltsamen Lebensentwurf braucht man lediglich nachzuweisen, dass man ein Opfer ist, und schon hat man moralisch Oberwasser. Man kann dann alle Viere von sich strecken und nichts mehr tun, weil man ja diese lähmende Wunde trägt, für die man doch selber nichts kann. In einem solchen Zustand und Bewusstsein hört man auch auf weiterzuwachsen und belastet seine gesamte Umgebung.

Das Opfer zu spielen ist folglich eine wirksame Methode, um zum moralisch Überlegenen zu werden, ohne sich selbst noch irgendwie weiterzuentwickeln. Man muss dann nicht erwachsen werden, muss nicht loslassen, nicht vergeben, nicht dieses Spiel beenden – erspart sich also alles, was reife Religion als not-wendig erachtet. Man kann dann jemanden anderen anklagen, er sei noch schlimmer als man selbst oder gehöre einer schlimmeren Rasse oder Gruppe als der eigenen an, was einem das Gefühl gibt, der Gute, Bessere und Überlegene zu sein. Wenn sie beweisen können, dass jemand ein Sünder ist, verschafft das vielen Leuten das eigenartige Gefühl, sie seien wesentlich bessere Menschen als die meisten anderen – was aber offensichtlich nicht stimmt.

Ich will dafür einige Beispiele nennen, die ich in der britischen katholischen Zeitschrift *The Tablet* gelesen habe. Andrew Greeley behandelte darin im März 1997 in einem Aufsatz mit dem Titel „Oh, to be a Victim" dieses Phänomen des „Opferseins". (Nehmen Sie daran nicht vorschnell Anstoß. Wenn Sie den ganzen Aufsatz lesen würden, könnten Sie deutlich sehen, dass in dem Beitrag nicht versucht wird, einseitig Partei für eine der zitierten zeitgenössischen Problematiken zu ergreifen. Vielmehr zeigt er, dass wir bei jedem Problem auf jeder Seite das Opfer spielen können, um uns moralisch über andere zu erheben.)

Das Opfersein ist für diesen Autor lediglich eine neue Spielart der alten Sünde des Stolzes. „Ich bin aus der Dritten Welt. Du bist aus der Ersten Welt. Ihr habt uns seit Jahrhunderten ausgebeutet. Daher habt ihr euch schuldig gemacht, ja ihr habt auch mich ausgebeutet. Deshalb bin ich euch moralisch überlegen und bin in unserer Beziehung der Bessere." Das ist eine Form von Machtausübung; aber es geht dabei nicht um die Art Macht, die Jesus vom Kreuz her vorgelebt hat.

Oder: „Ich bin eine Frau. Du ein Mann. Die Männer haben die Frauen schon immer unterdrückt. Also bist du (ganz persönlich du als Mann) ein Unterdrücker. Ja, du unterdrückst mich. Gesteh deine Schuld, auch wenn es dir nicht viel hilft." Das ist – so verallgemeinernd gesagt – ein bisschen unfair; aber ich glaube, es geht hier darum, dem anderen ein schlechtes Gefühl einzuimpfen.

„Ich bin Afro-Amerikaner. Du bist ein weißer Amerikaner. Deine Vorfahren haben die meinigen als Sklaven hierher gebracht. Du bist verantwortlich für die Leiden der Afro-Amerikaner und auch für meine Leiden. Versuche nicht, dich zu verteidigen. Als Weißer bist du von Natur aus Rassist.' – ‚Ich bin Jude. Du bist Deutscher. Deine Vorfahren haben mein Volk ermordet. Du musst zugeben, dass du mitschuldig an dem bist, was sie getan haben, und folglich bist du mir moralisch unterlegen. Du behauptest, auch deine Vorfahren seien in einem deutschen Konzentrationslager umgekommen? Das hilft dir nichts. Das deutsche Volk war und ist für den Holocaust verantwortlich. So ist davon auszugehen, dass du Antisemit bist. Versuche nicht, deine Unschuld zu beweisen, denn das kannst du gar nicht.' – ‚Ich bin Nachfahre der Ureinwohner Amerikas. Du bist ein weißer Amerikaner. Dein Volk hat an meinem Volk Völkermord begangen. Du musst gestehen, dass auch du persönlich an dieser Sünde mitschuldig bist, und folglich musst du zugeben, dass ich der moralisch Bessere bin.' – ‚Ich bin homosexuell. Du bist hetero und diffamierst mich. Darum bin ich dir moralisch überlegen.' – ‚Ich bin palästinensischer Araber. Du bist Jude. Darum bin ich dir moralisch überlegen' ..." Und so weiter und so weiter. Alle Opfer haben eine Möglichkeit gefunden, sich als Überlegene zu sehen. Wir anderen alle müssten ihnen moralische Macht zugestehen – zumindest wenn sie es verstehen, sich als Opfer in Szene zu setzen.

Eindeutig ist das alles eine gewaltige Verzerrung dessen, was das Kreuz bedeutet, das in Kirchen und Wohnungen hängt. Das Kreuz wurde jedoch eher zu einem Firmenzeichen als zu dem Symbol, *auf das wir blickten* und *das uns umwandelte. Jesus spielte weder das Opfer noch schuf er Opfer.*

Eine geerbte Opferrolle, auf die wir pochen, bringt uns nicht weiter. Sie lässt uns nur das alte Machtspiel auf eine neue, recht raffinierte und verwirrende Weise weiterspielen. Das ist nicht der Weg des Machtverzichts, den Jesus uns vom Kreuz her gelehrt hat. Man tut dabei nur so, als sei man machtlos; aber in Wirklichkeit geht es einem darum, über andere Macht und Kontrolle auszuüben. Das ist eine Maskierung und Entstellung der wunderbaren und immer riskanten Botschaft Jesu. Es ist gefährlicher, eine Botschaft nur halb zu kennen, als sie überhaupt nicht zu kennen. Das Kennen der halben Botschaft schottet einen zuverlässig gegen die ganze ab. Wenn man die Botschaft dagegen überhaupt noch nicht kennt, besteht zumindest die Chance, sich ihr ganz offen zuzuwenden. Deshalb gibt es die für fromme Ohren bestürzenden Aussagen Jesu von den Dirnen und Sündern (vgl. Matthäus 21,31), die wussten, dass sie „draußen" waren. Wer weiß, dass er noch ganz am Anfang steht, kann spirituell gesehen sozusagen einen sauberen Start hinlegen.

In der bisherigen Geschichte der Menschheit ist das anders gelaufen, und leider läuft es auch heute noch anders. Ich glaube, man muss ehrlicherweise sagen, dass das meiste menschliche Leid auf andere abgeschoben wurde und wird. „Sollen die das tragen. Ich will das nicht", sagt man unbewusst. Und es funktioniert! Es schenkt einem ein Gefühl der Erleichterung, wenn man einen Feind oder ein Problem „da draußen" hat. Wir können uns dann auf etwas Greifbares konzentrieren und unsere eigene Identität sauberer definieren.

René Girard sagt, dieser Sündenbock-Mechanismus lasse sich als ein Leitfaden durch die gesamte Menschheitsgeschichte hindurch erkennen – ein Thema, auf das wir noch zurückkommen werden. Die Abfolge von Kriegen, Konflikten und Auseinandersetzungen sowie die Dokumentierung darüber, „wer wen umbrachte", war nicht selten das, was viele Leute unter „Geschichte" verstehen. Dagegen kümmerte man sich über lange Zeiten kaum um die Geschichte der Frauen, die Geschichte jener Arbeiter, die

die Pyramiden bauten: Geschichten aus der Perspektive der Verlierer. (Das ist übrigens das, was die Bibel so einzigartig macht; sie lässt diese Schicksale nicht aus.)

Einer der Grund-Sätze, die wir im spirituellen Leben durch und durch begreifen, lautet: *Kein anderer ist wirklich dein Problem. Immer bist du selbst der Ort der Bekehrung und der Umwandlung.* Immer geht es zunächst einmal und vor allem anderen um *dich*. Immer. Dieses Prinzip kannst du sogar als Lackmustest für authentische Spiritualität verwenden: Geht es ihr darum, dass du selbst auf Gott hörst? Geht es ihr darum, dass du selbst dich auf die Socken machst? Wenn ja, dann hast du es mit wahrer Spiritualität zu tun. Fühlst du dich stattdessen zur Verdächtigung, zum Verfolgungswahn, zur Klage gegen andere, zu Vorwürfen an die Adresse anderer geneigt und gut dabei? Wenn ja, dann stammt dies vom „Ankläger", wie bezeichnenderweise einer der Namen Satans im Neuen Testament lautet (vgl. Offenbarung 12, 10). Er wird zudem auch „der Vater der Lüge" (Johannes 8, 44) genannt, und zwar deshalb, weil in Wahrheit niemals der andere dein Problem ist, sondern du bist es selber; aber der Böse will dir immer das Gegenteil, die Lüge, einreden. Damit hält er dich davon ab, dich um deine eigene, unbedingt not-wendige Umwandlung zu kümmern, und schürt stattdessen ständig weiter den Ungeist des Streits.

Jesus ging mit dem Opferthema völlig anders um. Wir sagten es bereits: Weder spielte er das Opfer, um sich selbst aufzublähen, noch machte er andere Menschen zu Opfern. Er bot vielmehr seinem Vater, wenn es denn dessen Wille sei, an, den bittern Kelch des befreienden und verzeihenden Leidens auf sich zu nehmen. Diese selbstlose Hingabe an etwas unendlich Größeres ist ziemlich selten; aber wenn sie geschieht, geht machtvoll heilende und versöhnende Wirkung von ihr aus (Ostern, Pfingsten und Auferstehung mitten im Alltag), selbst dann noch, wenn dies wiederum den Zorn und die Leugnung einiger Ankläger auslöst.

Als sichtbarste Zeugnisse solcher Hingabe aus unserer jüngsten Vergangenheit braucht man dafür nur die Lebensbeschreibungen von Martin Luther King, Oscar Romero oder Gandhi zu lesen. Propheten werden umgebracht, weil sie die Lüge ans Licht bringen. Die Lage spitzt sich dann so zu, dass sich der Hass der „Väter der Lüge" gegen den Boten richtet, weil er oder sie diese Väter des Gegenstandes beraubt, den sie als Objekt ihres Hasses brauchen. Wenn Lügner ihren Hass gegen einen Entlarver ihrer Lüge abreagieren müssen, bringen sie jeden um, der ihnen offen sagt, sie selber und ihr Hass seien das wahre Problem.

Diese Botschaft des gekreuzigten Jesus zeigt unmissverständlich, *was wir hier und jetzt mit unserem Schmerz erlösend tun können.* Christen haben Jesus aber zu jemandem gemacht, der vor *künftigem* Schmerz bewahren kann. So aber haben wir die revolutionäre und umwandelnde Kraft seiner Botschaft, um die es eigentlich geht, völlig übersehen! Die Botschaft Jesu ist schließlich zu einem Kuhhandel mit Gott verkommen, bei dem es nur noch darum geht, institutionell definierte Pflichten zu erfüllen wie etwa an Gottesdiensten teilzunehmen, auf die man eigentlich keine besonders große Lust hat; aber man geht aus Pflichtgefühl hin (was Ihnen jeder Pfarrer leidvoll bestätigen wird!), um vor Gott eine reine Weste zu haben – und vor allem vor sich selbst. In Jesus sieht man dann nur mehr den großen Problemlöser und Auskunftgeber über die kommende Welt statt den „Weg, die Wahrheit und das Leben", d. h. den, der uns mit all seiner Liebe darin unterweist, wie wir in der jetzigen Welt in Frieden, Freiheit und Liebe leben können. Jenes ist eher eine Art Feuerversicherungs-Religion als die Religion des göttlichen Festmahls im Hier und Heute. Der Widerspruch zu Christus und der Un-Sinn könnten nicht riesiger sein, und daher ist auch der christliche Themen- und Aufgabenkatalog für heute ein völlig anderer geworden, als er es für die christlichen Urgemeinden war.

Im letzten Buch der Bibel, dem Buch der Offenbarung, kommt wiederholt das archetypische Bild vom Lamm Gottes vor (vgl. zum Beispiel 5, 6). Es steht im Zentrum einer kosmischen Liturgie. Christen sollte dieses Symbol für alle Zeiten vertraut sein: das Lamm, das geschlachtet ist und *zugleich* aufrecht dasteht – ein paradoxes Bild für die Kernbotschaft des Evangeliums, die Botschaft vom Kreuz: In ein und demselben Moment geben wir uns Gott hin, sterben uns selbst, und er-stehen zum großen LEBEN. „Wenn das Samenkorn nicht stirbt, bleibt es allein!" Man findet kaum eine ältere Kirche, in der sich nicht irgendwo im liturgischen Raum das Bild des Lammes findet, und dennoch fragt man sich, wie viele

Menschen eigentlich jemals seinen archetypischen Sinn erfasst haben und warum dieses zu jenem Sterben bereite Lamm im letzten (mystischen) Buch der Bibel als der Schlüssel zum Öffnen der (gewöhnlich mit dargestellten) „sieben Siegel" verkündet wird. Das Bild vom Lamm offenbart *die Lüge vom Töten im Unverstand*, das den Großteil der Menschheitsgeschichte ausmacht. Mehr noch: Es zeigt uns einen Ausweg daraus.

Zeloten und Pharisäer

Zusammenfassend lässt sich sagen: Es scheint zwei allgemein übliche Formen des Ausweichens vor der Bekehrung, vor der Umwandlung, vor dem Erwachen, vor der Wiedergeburt aus Heiligem Geist zu geben, zwei typische Ablenkmanöver, die Menschen anwenden, um nicht den Schmerz vor dem Erwachen aushalten zu müssen: den Kampf oder die Flucht.

(1) Den Weg des *Kampfes* möchte ich als den Weg Simons des Zeloten bezeichnen; oft ist es der Weg politischer Reformer. Diese wollen Menschen und Zustände ändern bzw. reformieren, Neues und anderes zur Geltung bringen und die Macht darüber haben. Der (biblische) Zelot hält immer Ausschau nach dem Bösen, dem Sünder, dem Ungerechten, dem Unterdrücker, dem schlechten Menschen *da drüben*. Er erteilt sich selbstgerecht die Vollmacht, andere anzugreifen, zu verabscheuen oder sogar zu töten. Und dabei ist er überzeugt davon, „Gott einen heiligen Dienst zu leisten" (Johannes 16,2).

Man kann grundsätzlich die Regel aufstellen: *Wenn man seinen eigenen Schatten nicht annimmt und umwandelt, gibt man ihn immer an andere weiter*. Zeloten und heutige Reformer haben häufig durchaus richtige Schlussfolgerungen parat; aber ihre Strategien und Motive sind mit ihrem Ego, mit genau der gleichen Machtgier, Herrschsucht und Selbstgerechtigkeit behaftet, die sie bei Konservativen energisch ablehnen. Sie wollen unbedingt *etwas tun*, um den eigenen Schatten und Lebensschmerz nicht aushalten zu müssen, bis er sie selber umwandelt. Weil dieses zelotische Muster nur allzu oft vorkommt, bin ich gegenüber jeder selbstgerechten Entrüstung und moralischen Empörung äußerst misstrauisch. Meiner Erfahrung nach stammen sie kaum einmal von Gott oder einem prophetischen Engagement.

„Auferweckte" Menschen treten betend, d. h. gleichsam mit Gott im Rücken, als Zeugen gegen Ungerechtigkeit und Böses auf – aber sie geben mitfühlend zu, dass sie selbst ebenfalls in alle diese Übel verstrickt sind. Kein Übel, das uns umtreibt, ist nur *da drüben*, außerhalb von uns, sondern auch direkt hier, mitten in uns selbst. Es ist immer auch *unser* ureigenes Problem, nicht bloß das der anderen. Nicht zufällig trägt der auferstandene Christus – so bezeugen es symbolisch die Evangelien – immer noch die Wundmale an seinen Händen und an seiner Seite.

Wir alle haben schon öfter gegenteilig mitgemischt – ich weiß es auch von mir selbst: Wir haben versucht, den „Teufel" mit dem „Beelzebub" auszutreiben. Es kann einen regelrecht mit Schwung erfüllen, einen Feind ausgemacht zu haben, jemanden, der es „verdient", verabscheut zu werden; denn das lenkt von der eigenen inneren Schande ab und lindert ein Stück weit die eigene Angst.

Seltsamerweise schenkt einem dies das grundfalsche Gefühl, alles im Griff zu haben und der Überlegene zu sein; denn man hat ja das Böse lokalisiert, und Gott sei Dank ist es *da drüben* und nicht in uns selbst. Solange man unverbesserlich meint, die *anderen* seien das Problem, und man sich darauf konzentrieren kann, sie zu korrigieren oder als verschmutzendes Element auszumerzen, kann man es sich selbst ziemlich bequem einrichten. Dies ist eine Einstellung, die Heilige als eine *pax perniciosa*, d. h. als einen gefährlichen und trügerischen Frieden bezeichneten. Er fühlt sich wie Friede an, ist aber ein durch und durch fauler Friede. Es ist der faule Friede des Verdrängens, des Leugnens und Projizierens. Fauler Friede stellt sich immer dann ein, wenn man den eigenen Schatten nach außen abreagiert oder leugnet. Solcher „Friede" wurde auf dem Misthaufen des „Vaters der Lüge" erfunden.

Wir haben lange gebraucht zu merken, dass wir uns eigentlich das Hassen gar nicht leisten können; denn der andere, den wir hassen, ist nichts anderes als ein Spiegelbild unserer selbst. Lasse ich meine Energie und mein Verhalten jedoch vom anderen her bestimmen, kann ich nur noch re-agieren und agiere dann mit der gleichen Art Energie und den gleichen Verhaltensweisen, und zwar so lange, bis ich dieses *mein* Reaktionsmuster durchschaut habe.

(2) Dies führt uns zur zweiten Art von Ablenkungsmanöver: zum Weg der *Flucht*. Das ist der übliche Weg des „Pharisäers", des in Wahrheit Uninformierten, des scheinbar Unschuldigen und oft im vermeintlich Guten verharrenden, konservativen Typs. Er leugnet den Schmerz rundweg und weigert sich, bei sich oder in der von ihm auserwählten Gruppe die Schattenseite von irgendetwas wahrzunehmen. Für ihn gibt es keine Ungewissheiten und keine Zweideutigkeiten. Es gibt überhaupt keine Probleme. Hierbei handelt es sich um eine Art Selbstnarkose, die zuweilen vermutlich notwendig sein mag, um den Tag über die Runden zu bringen.

Leute, die grundsätzlich dazu neigen zu fliehen, verfallen jedoch leicht der Heuchelei oder der platten Illusion: „Wir liegen richtig, ihr liegt falsch. Die Welt ist in Schwarz und Weiß eingeteilt und ich weiß, wer die Guten und wer die Bösen sind. Das alles habe ich mir im Kopf genau zurechtgelegt und mit Hilfe Gleichgesinnter abgesichert." Diese Sicht vermag ein gewaltiges Maß an Energie, Identitätsbewusstsein und Zähigkeit hervorzubringen. Man sitzt auf einem Sockel der Reinheit und scheinbarer Unschuld. Wer möchte den verlassen und dann womöglich in eine größere Demütigung geraten und Schmerzen aushalten? Paulus musste symbolisch auf den Boden geworfen werden und Schuppen mussten ihm von den Augen fallen, damit er erkennen konnte, dass er ein selbstgerechter Pharisäer war.

Das Leugnen ist eine verständliche Taktik, um mit etwas zu Streich zu kommen und zu überleben. Für viele Menschen ist es oft die einzige Möglichkeit, mit einer verfahrenen Lage, in die sie geraten sind, fertig zu werden. Wenn man beispielsweise anfängt, den Armen ihre elende Lage deutlicher bewusst zu machen (um bei ihnen ein politisches Bewusstsein zu wecken), oder wenn man der ganz und gar zufriedenen Mittelschicht eine soziale Analyse liefert, fragt man sich zuweilen, ob man ihnen damit nicht bloß psychische Probleme schafft. Wäre es nicht besser, sie würden um all das gar nicht so genau wissen? Jetzt werden sie nur wütend und unzufrieden. Das ist der gefährliche Weg der Aufklärung und Erleuchtung.

Doch es geht um etwas noch Kühneres, nämlich um die Frage: Wie kann ich mich und meine Situation durchschauen, die Wut bewältigen und dennoch Leben und Frieden stiftend wirken? Schlichte Naivität und „zweite Naivität" sind zwei ganz unterschiedliche Dinge. Bei der ersten handelt es sich um eine Art tugendhafter Unbedarftheit, bei der zweiten dagegen um den Geist informierter Offenheit, die man nach einer gründlichen Desillusionierung gewinnt. Der Unterschied zwischen beiden ist so groß wie der zwischen Tag und Nacht. Aber normalerweise sind wir uns so sicher, die Leute würden sich ja sowieso nicht bis zur echten Erleuchtung durcharbeiten, dass wir es lieber vermeiden, ihnen die ganze Wahrheit zu eröffnen. Es ja so viel leichter, *nicht* alles zu wissen! Jesus selbst begriff das vom Kreuz her und betete: „Vater, vergib ihnen, denn sie wissen nicht, was sie tun" (Lukas 23,34). Sie wissen es wirklich nicht! Aber Jesus nahm den mühsameren Weg auf sich: zu wissen und trotzdem zu vergeben und trotzdem zu verstehen.

(3) Das ist der *Dritte Weg* jenseits von Kampf und jenseits von Flucht, der in gewisser Hinsicht beides einschließt. Dies bedeutet, dass man auf eine neue Art von innen her kämpft und eine allzu rasche, egozentrische Reaktion meidet. Nur Gott kann eine solche Kraft in uns mobilisieren. Unser irdisches Ich ist dafür viel zu klein und ängstlich. Nur das wahre Selbst, von dem später noch ausführlicher die Rede sein wird, kann nach dem Evangelium leben.

Vielleicht besteht unser größter Missgriff darin, dass wir das Gesetz und das Evangelium dem hinfälligen Ich anvertraut haben, das unfähig ist, es überhaupt zu begreifen. Was wir zuwege brachten, war, die Menschen zu Ausflucht und Leugnung, zu mentalen Verrenkungen und Verharmlosungen zu verdrehen – indem wir ihnen *das Gesetz predigten, ohne ihnen dazu auch jene „Identitätsumwandlung" anzubieten, die wir „Evangelium" nennen!*

Der dritte Weg ist nur für das wahre Selbst gangbar, das „mit Christus verborgen in Gott" ist (Kolosser 3,3). Paulus widmete den Großteil seines Briefs an die Römer der Auseinandersetzung mit diesem Dilemma. Das Gesetz ohne das lebendige Evangelium lähmt und verurteilt zum Scheitern.

Was tun wir mit unserer Angst?

Unsere Zeit ist als Zeit der Angst bezeichnet worden, und ich glaube, damit ist sie recht zutreffend beschrieben. Wenn die Welt und unsere Sicht der Welt alle paar Monate neu definiert werden, wissen wir nicht mehr, was unsere Grundlagen, was unsere verlässlichen Sinnfundamente sind. Wir sind uns nicht mehr sicher, was uns überhaupt trägt, und das macht Angst. Diese Angst möchten wir so schnell wie möglich wieder loswerden.

Wenn man heutzutage auf irgendeinem Gebiet oder irgendwem ein guter Begleiter sein möchte – als Pfarrer, als Bischof oder als guter Vater oder zuverlässige Mutter, muss man ein gewisses Maß an Angst durchleben und geduldig aushalten. Vermutlich ist es so: Je anspruchsvoller deine Rolle als Begleiter ist, ein umso höheres Maß an Angst musst du selber durchleben können. Wer seine eigene Angst leugnet, überspringt und nicht aushält, kann niemand anderen durchs Leben begleiten. Denn Angst ist eine Kraft zu wachsen und zu erwachen.

Wahrscheinlich deshalb heißt es in der Bibel so oft: „Fürchte dich nicht." Ich selber habe eine Bibelausgabe mit dem Hinweis, dieser Satz tauche in der Bibel 365 mal auf! Wenn man nicht in Ruhe ein gutes Maß an Angst aushalten kann, schaut man sich ständig nach jemandem um, der sie einem nehmen könnte. Lässt man sich nehmen, was man nicht aushalten und durchstehen will, verleiht einem das – so denkt man – eine neue Identität, jedoch – sage ich – eine negative Identität. Sie schafft in Wahrheit keine Lebensenergie, sondern eine Todesenergie, weil die Angst nicht erlöst, sondern nur verschoben worden ist. Denn niemand kann uns *unsere* Angst nehmen, außer wir geben sie in den Brunnen des Vertrauens, dass Gott uns nie mehr zumutet, als wir zu tragen vermögen, – gerade dann, wenn wir versucht sind zu meinen, es übersteige unsere Kräfte.

Wenn man nur sieht und benennt, wogegen man ist, wen oder was man ablehnt, verschaffte es einem meist sehr rasch ein Gefühl dafür, wie anders und besser man doch sei. Daher laufen so viele Menschen in diese Falle. Sie definieren sich leichter mittels der Auflistung all dessen, wogegen sie sind, was sie verabscheuen, wen sie für falsch gewickelt halten, als mittels der Aufzählung dessen, woran sie glauben und wen sie lieben.

Ich hoffe, Sie erkennen an diesem weit verbreiteten Muster, wie groß der Unterschied zwischen diesen beiden Alternativen ist. Vielleicht geht Ihnen auf diesem Hintergrund ganz neu auf, wie radikal und zunächst furchterregend seiner Natur nach der Glaube ist; denn er baut einzig auf den ganz und gar positiven Kern im eigenen Inneren, mag er noch so klein sein. Er braucht, um sich entfalten zu können, ein inneres Ja, so wie das Ja Marias am Anfang der Christusgeschichte stand. Gott braucht das Ja in uns, auch wenn es nur so groß wie ein Senfkorn ist, das „in Liebe", *in love* ist, wie wir im Englischen sagen, und das offen ist für die Gnade – fasziniert davon, etwas Hinreißendes, einen Schatz, eine Perle gefunden zu haben. Bis zu diesem Punkt muss man zurückgehen und auf diesem Ja aufbauen – oder unser Glaube ist kein wirklicher Glaube. Daher ist wirklicher, spiritueller Glaube so selten. Sein üblicher Ersatz ist irgendeine religiöse Gruppen-Identität. Wenn man sich allerdings nur auf sie verlässt, scheint es sich zu erübrigen, auf den von grenzenloser Liebe geprägten Kern des Göttlichen in sich selbst zurückzugehen und aus ihm zu leben. Es genügt dann, regelmäßig in die Kirche zu gehen.

Es ist ja wirklich viel leichter, unsere Identität von einer Gruppe herzuleiten oder auch von unseren Verletzungen, unserer Wut bezüglich bestimmter Dinge, von unserem Pflichtenkatalog oder unserer Angst; das ist die normalere Art, solange man nicht in der Art Jesu heimisch wurde. Fast alle wählen diesen leichteren Weg, denn kurzfristig scheint er ergiebiger und ist mit Sicherheit bequemer.

Ein Aktivist mag imposant wirken und zuweilen sogar eine Leidenschaft für soziale Gerechtigkeit entwickeln. Aber wenn man genauer hinsieht, stellt man zuweilen fest, dass ein solcher Mensch gar nicht von Gottesliebe erfüllt, sondern im Grunde wütend ist, aus einer Anti-Haltung lebt oder nur auf sein eigenes Programm versessen ist. Vielleicht mag seine Wut not-wendig sein, aber da ist noch nicht die Freiheit des Evangeliums zu spüren. „Political correctness" oder strategisch kluges Verhalten haben nur wenig mit der Gabe und Kraft des Evangeliums zu tun; auch gebildete Menschen verwechseln das oft miteinander. Ein im klassischen Sinn gebildeter Mensch muss noch lange kein verwandelter, erwachter Mensch sein.

Das soll nicht heißen, wir sollten vor allen Unrechtszuständen die Augen verschließen und sie nicht anprangern. Denn man könnte ja fragen: Dürfen wir erst dann handeln, wenn wir sicher sind, dass unsere Motivation hundertprozentig selbstlos ist? Und sollten wir deshalb bloße Humanisten ablehnen? Natürlich nicht! Gott bejaht uns alle mit unseren gemischten Motiven – jeden, auch mich. Es geht nur darum zu begreifen, dass uns die Lösung noch nicht geschenkt, aber der Weg zu ihr gewiesen ist. Uns ist gezeigt, wie man Hass bekämpfen kann, ohne selbst hasserfüllt zu werden. Wir haben dafür einen wunderbaren Wegbegleiter und Freund und nicht nur eine gute Idee. Uns ist mitten im Scheitern eine Freude angeboten und nicht eine Methode zu gewinnen oder Recht zu bekommen. Menschen des Evangeliums sind einfach nicht umzubringen.

Vor einiger Zeit war ich in Nordirland und hielt dort mehrere Einkehrzeiten und Vorträge. Ich war beeindruckt, wie viele Menschen in Irland jetzt diesen dritten Weg begreifen. In Nordirland haben sie jenes Pingpong-Spiel von Gewalt und Gegengewalt über viele Generationen hin erlebt; immer hat man auf dem gleichen harten Holz herumgesägt, ohne wirklich voranzukommen. Ständig hat man nur das alte Spiel wiederholt. Jeder Mord ist zur Rechtfertigung für einen weiteren Mord geworden, und die eigene Gewalttätigkeit hat man damit gerechtfertigt, dass die des anderen ungerechtfertigt gewesen ist.

Sehen wir nicht, dass wir endlich aus diesem Schwachsinn herauskommen müssen? Wenn beide blind sind, fallen beide in die Grube. Rache wirkt ungemein logisch, aber sie funktioniert in Wirklichkeit nicht: Sie bringt die Menschheitsgeschichte nicht einen einzigen Schritt weiter. Das Wunderbare an den Auferstehungsgeschichten der Evangelien ist, dass Jesus gegenüber den Autoritäten oder seinen feigen Jüngern keinerlei Anstalten zur Verurteilung macht und dass seine Jünger nie nach irgendeiner Art von heiligem Krieg gegen diejenigen schreien, die ihren Meister umgebracht haben. Damit ist eindeutig etwas ganz Neues in die Geschichte gesickert. Das ist nicht der übliche und zu erwartende Verlauf. Jesus atmet nichts als Vergebung.

Es ist interessant, dass Jesus die Vergebung mit dem Hauchen, dem Atmen gleichsetzt, mit dem, was man von Geburt an und bis zu seinem letzten Atemzug tut. Er sagt damit, Gottes Vergebung sei wie das Atmen. Vergebung ist offensichtlich nicht etwas, was Gott *tut*, sondern was Gott *ist*. Gott kann nicht anders.

Eine Zeit fragwürdiger Informationen

Als man mir als kleinem Jungen im katholischen Religionsunterricht das Verzeihen beibrachte, verstand ich das so, dass man vergebe, um eine Art moralische Reinheit zu erwerben oder ein vollkommenerer Mensch zu werden. Inzwischen glaube ich längst, dass Jesus die Vergebung nicht um der moralischen Reinheit willen predigte, sondern ganz einfach um der Zukunft willen.

In den meisten Ländern, die ich besuche, finde ich bei den Menschen kaum noch die Grundkraft der Hoffnung. Und es scheint fast, als habe unser Planet keine große Zukunft mehr. Ohne das Geheimnis der Vergebung und Heilung sind wir auf dem geraden und inzwischen ziemlich schnellen Weg zur gegenseitigen Zerstörung – und wir rechtfertigen uns noch ständig.

In den letzten zwanzig, dreißig Jahren wurde intensiv die Geschichte erforscht. Historische Unterlagen stehen heute unverfälschter und weit zugänglicher zur Verfügung als je zuvor. Wir können heute genau auf Jahr und Tag belegen, wie und wann andere Böses getan haben. Besser als je zuvor meinen Menschen zu wissen, warum sie ein Recht auf Wut, Hass und Vergeltung haben. Aber diese Art von Fortschritt wird den Menschen keinerlei bessere Zukunftsaussichten bescheren.

Ich bin einerseits wirklich froh über die viele wissenschaftliche Arbeit und den eröffneten Zugang zu den Quellen; aber andererseits ist das für mich ein zweischneidiges Schwert und wie immer kann man damit Gutes oder Schlimmes anrichten. Nur weise Menschen wissen, wie man alle diese Informationen hilfreich dazu verwenden kann, in Zukunft mit dem endlosen Schaffen von Opfern aufzuhören und sich nicht von all den leidvollen Informationen dazu verführen zu lassen, im Gefängnis des ständigen „Wie du mir, so ich dir" hocken zu bleiben.

René Girard sagt, im 20. Jahrhundert hätten wir unsere Sündenbock-Strategie durch immer raffiniertere Grade der Kaschierung und Raffinesse ausgebaut. Ohne innere Umwandlung müsse es fast zwangsläufig so kommen. Bildung an sich gewährleistet noch lange nicht, dass man dagegen gefeit wird, Sündenböcke zu kreieren. Viele Menschen mit Professoren- und Doktorentitel waren im letzten Jahrhundert durchaus in der Lage, die Reichen, die Schwarzen oder die Juden zu hassen und sogar auszumerzen.

Könnte es sein, dass wir uns innerhalb unseres eigenen Landes auf politischem Gebiet oder innerhalb der Kirche über bestimmte Fragen nur deshalb verfeinden, weil wir nach Ende des Kalten Krieges keine richtigen äußeren Feinde mehr haben, auf die wir unseren Hass richten könnten? Wir wissen ja aus persönlichen Erfahrungen, dass man sich in echten Krisenzeiten viel besser auf eine echte Gefahr konzentrieren kann. Darum ist es nicht wenigen recht, einen eindeutigen Feind zu haben; denn solange nicht klar ist, wo der Feind sitzt, befürchtet man ihn überall, politisch, gesellschaftlich und auch kirchlich. Es ist bemerkenswert, wie stark nach dem Fall der Berliner Mauer die bürgerlichen Milizen in den USA zugenommen haben.

Im angeblichen Frieden von heute lauert die Angst überall. Pausenlos und wie besessen suchen wir nach einem Feind. Es scheint, als lauere er überall; denn unsere Angst ist nun namenlos und sucht nach Stellen, an denen sie sich festmachen kann. Staatsoberhäupter galten früher als immun; heute werden sie zu bevorzugten Angriffszielen. Einem Großteil der übrigen Welt kommt die Lust der amerikanischen Gesellschaft an juristischen Händeln lächerlich vor. Man muss nur eine Tageszeitung aufschlagen, um zu sehen, wie viele der Artikel auf den ersten Seiten davon handeln, dass jemand oder eine Gruppe jemand anderen anklagt, moralisch verkommen und falsch oder irgendeine Art von „Sünder" zu sein. Das hat sich offensichtlich noch immer nicht geändert, seit Adam Eva die Schuld zuschob und Kain Abel ermordete.

Wenn es keinen offensichtlichen und eindeutigen Feind gibt, wie wir ihn während des Zweiten Weltkriegs, in Vietnam, in Jugoslawien oder sonst wo kannten, konzentrieren wir uns auf etwas Näheres bei uns daheim. Darum waren und sind die schlimmsten und brutalsten Kriege Bürgerkriege. Und darum geschehen die meisten Morde im Raum von Familien. Die schlimmsten Hassgefühle richten sich oft gegen Menschen innerhalb der eigenen Gruppe. Jetzt, wo es so gut wie keine kommunistischen Regime mehr gibt, wissen wir nicht mehr, gegen wen sich unser Wahn und Hass richten soll. So greift derzeit die Gewalttätigkeit in den Schulen um sich und allenthalben entstehen Verschwörungstheorien. Man braucht sich nur anzusehen, wie die geradezu feindliche Abneigung zwischen Progressiven und Konservativen innerhalb unserer eigenen Kirche manchmal schon fast an Hass grenzt! Die Wut, die früher zielgerade in Richtung Nazis oder Kommunisten abgelassen werden konnte, richtet sich heute beispielsweise in Amerika innerhalb der Städte gegen Homosexuelle und Befürworter der Abtreibung.

Wenn wir weiterhin unsere Ängste auf irgendetwas anderes projizieren, bleiben wir nicht nur angst- und hasserfüllt, sondern schätzen auch das wirklich Böse, das eigentliche Problem ganz falsch ein. Normalerweise setzen wir an seine Stelle ein kleineres, engeres Problem, das wir buchstäblich mit beiden Händen umfassen können.

Unlängst fragte mich jemand, warum es in der Kirche so viele Leute gebe, die auf genaueste Kontrolle bedacht seien. Ich glaube, dieses Kontroll-Phänomen gibt es nicht nur in der Kirche, sondern überall. Wenn wir wissen, dass wir unsere Gesellschaft nicht wirklich umwandeln, die Welt nicht wirklich ändern können und auf höheren Ebenen kaum Einfluss haben, verlegen wir uns auf das Management im Mikrobereich. Wir suchen uns ein kleines Stück Welt, das wir beherrschen, beurteilen und in dem wir klar und sauber sein können. Es ist, als sagten wir: „Wenn ich schon nicht die ganze Welt putzen kann, dann immerhin mein eigenes Wohnzimmer", oder: „Wenn ich schon die Menschen nicht wirklich beeinflussen und ändern kann, dann fordere ich wenigstens von der Kanzel vollkommene Loyalität."

Viele machen dies in irgendeiner Form so. Ich leere wenigstens immer ordentlich meine Papierkörbe. Das ist zwar albern und macht nicht viel Sinn; aber ich habe zumindest das Gefühl, irgendetwas zu tun. Ich kann die Kirche zwar nicht ändern; aber ich kann meine Papierkörbe leeren, und so stimmt wenigstens in meinem Büro etwas. *Der Glaube könnte uns in die Lage versetzen, Spannungen, Dissonanzen auszuhalten, bis wir das eigentliche Übel zu erkennen vermögen – dessen Bestandteil immer auch wir selbst sind.* Das genau ist die tragfähige Grundlage allen einfühlsamen, achtsamen und gewaltfreien Denkens.

Wenn man Menschen *da draußen* angreift, verlagert man gewöhnlich nur das Problem. Der Grund, weshalb Menschen Böses tun und warum sie hassen, sündigen und Fehler machen, ist, dass sie irgendwo selbst verletzt, abgelehnt, ausgeschlossen oder verwundet worden sind. Sie geben das einfach „nur" weiter. Das wiederholt sich noch immer unaufhörlich und breitet sich in endlos konzentrischen Kreisen aus. Man könnte sagen: Jesus kam, um diese Kreise aufzubrechen, um ihre weitere Ausbreitung anzuhalten. Wenn man verurteilend, ablehnend, gewalttätig eingreift, setzt man hingegen das alte Spiel nur weiter fort. Ich befürchte und hoffe zugleich, auch innerhalb der Kirche muss man weithin erst noch zu dieser Einsicht kommen. Zu viele meinen da, man müsse auf Konformität bestehen, statt sich um echte innere Umwandlung zu bemühen. Für echte Umwandlung ist es allerdings immer erforderlich, dass *wir selbst* den Preis auch für das Reifen anderer bezahlen. Doch wir möchten lieber Sanktionen praktizieren und eine Änderung erzwingen. Gott ist da unendlich geduldiger.

Die Urscham

Was das erste Buch der Bibel, die Genesis, die Ursünde nennt, ließe sich in gewisser Hinsicht besser als Urscham bezeichnen; denn Adam und Eva beschreiben sie damit, dass sie sich danach nackt fühlen. Hierauf lautet eine der ersten Fragen Gottes an seine erst unlängst neu erschaffenen Menschen: „Wer hat euch gesagt, dass ihr nackt seid?" (Genesis 3, 11). Dann wird mit einem liebevoll mütterlichen Bild beschrieben, wie Gott als Näherin ihnen Röcke aus Fellen anfertigte und sie damit bekleidete (3, 21). Das Erste, was Gott nach der Schöpfung wieder aktiv tut, ist also, dass er die Scham seiner neuen Geschöpfe verhüllt. Damit muss etwas Grundsätzliches in uns gemeint sein.

Wir leben nicht nur in einer Zeit namenloser Angst, sondern auch in einer Zeit der Urscham. Ich begegne nur sehr wenigen Menschen, die sich nicht ein Stück weit unzureichend, minderwertig oder unwert fühlen. Immer wenn jemand zu mir um geistlichen Rat oder zum Beichtgespräch kommt, bringt er auf die eine oder andere Weise zum Ausdruck: „Wenn andere wüssten, was mir so alles durch den Kopf geht, was ich getan und gesagt habe oder was ich tun möchte, dann würde mich kein Mensch mehr lieben." Wer kennt nicht dieses Gefühl, unwert zu sein. Sicher, das äußert sich in ganz unterschiedlichen Formen, aber irgendwie scheint es im Leben eines jeden von uns seine Gestalt anzunehmen.

Es heißt, Schuldgefühle bezögen sich auf etwas, das man getan oder unterlassen habe. Wenn wir uns schämen, bezieht sich das dagegen auf die Leere unseres Lebensgefühls an sich. Beim Schuldgefühl geht es um Moral. Bei der Scham, jedenfalls bei der Urscham im beschriebenen Sinn, geht es um Ontologie, um unser Sein als solches. Überwinden lässt sie sich nicht, indem ich mein Verhalten ändere, sondern eigentlich nur, wenn ich mein Bild von mir selbst überprüfe und ändere, also die Art, wie ich mich ins Universum eingegliedert sehe. Bei Scham geht es nicht darum, was ich tue, sondern wo ich mich verstecke.

Neun von zehn gläubigen Menschen gehen von der Annahme aus: „Wenn ich mich richtig verhalte, werde ich eines Tages Gott schauen können." In der biblischen Tradition wird das genau umgekehrt gesagt: Wenn du Gott schaust, verhältst du dich richtig und menschenwürdig. Dein richtiges Verhalten sammelt dir nicht Pluspunkte, mit denen du schließlich ein echtes Sein erwerben kannst. Nein, dein echtes Sein führt dich schließlich zum richtigen Verhalten. Viele Gläubige meinen, dass eine einwandfreie Moral sie zur Vereinigung mit Gott führe, aber in Wirklichkeit ist es genau umgekehrt: Die Frucht mystischer Vereinigung, der wirklichen Hingabe an Gott, des vertrauenden Glaubens sind einwandfreie Moral und dazu noch ein Überschuss an Freude. Als größte Überraschung ergibt es sich zuweilen sogar, dass eine miese, selbstgerechte Moral schließlich das Ich zum Kollabieren bringt und es zitternd in die Hände des lebendigen Gottes fallen lässt (vgl. Hebräer 10, 31).

Ein unwahrscheinlicher Gott

Christen haben eigentlich ein sehr seltsames Bild von Gott: einen nackten, am Kreuz verblutenden Menschen. Einmal ganz ehrlich: Wenn Sie eine Religion erfinden müssten, würden Sie jemals auf den Gedanken kommen, ein solches Bild von Gott vorzustellen? Ich jedenfalls, wenn ich eine neue Religion hätte entwerfen sollen, hätte eher „sieben Verhaltensweisen für Leute, die besonders effizient leben wollen", aufgestellt. Und als Symbol meines Gottes hätte ich eine große Sonne oder einen riesigen goldenen Stern gewählt und Gott als „die Kraft" bezeichnet. In tausend Jahren wäre ich nicht auf die Idee gekommen, mir Gott im Bild eines von

Gesellschaft wie Religion verworfenen nackten, blutenden, armen Menschen vorzustellen.

Katholiken sind mit dem Kruzifix aufgewachsen und haben es schon so oft gesehen, dass sie gar nicht mehr merken, wie ausgefallen es ist. Es ist nicht das, was man sich unter einem Bild für Gott vorstellen würde. Ich weiß nicht einmal, ob sie es wirklich mögen. Ich weiß auch nicht, ob *ich* es mag. Es ist nicht von der Art, wie ich mir eigentlich die Welt gern vorstellen würde. Ist hier Gott reichlich ausgefallen, oder sind wir es, die die Lage des Menschen nicht angemessen diagnostiziert haben?

Welche Frage versucht Gott damit zu beantworten, dass er uns einen gekreuzigten Menschen als Gott vorstellt? Welches menschliche Problem versucht Gott uns am Kreuz zu offenbaren und von welchem uns zu befreien? Wir haben immer gesagt, er habe versucht, uns von unserer Sünde zu erlösen. Und das stimmt wohl auch vollkommen. Paulus sagt, Gott habe Jesus „für uns zur Sünde gemacht" (2 Korinther 5, 21), damit er uns von unserer Sünde befreie. Was ist also unsere „Sünde"?

Ich glaube, man könnte es das „unwissentliche Töten" nennen. Er offenbart uns sowohl unser Unwissen als auch das Töten, die uns beide verborgen sind.

Jesus zieht unseren Hass auf sich und erwidert ihn nicht. Er leidet und macht die anderen nicht leiden. Er ist nicht unverzüglich darauf aus, die anderen zu ändern, sondern er zahlt den Preis für die Änderung mit sich selbst. Er absorbiert das Rätsel der Sünde des Menschen, statt es weiterzugeben. Er gebraucht sein Leiden und seinen Tod nicht als Machtmittel *über* andere, um sie zu bestrafen, sondern als Kraft *für* andere, um sie umzuwandeln.

Der auferstandene Jesus ist der voll und ganz personifizierte Sieg. Als das Vergebung schenkende Opfer der Geschichte wird er selbst umgewandelt und auferweckt und wandelt auch andere um und erweckt sie. Er schließt den Sünder mit ein und vergibt ihm, statt ihn zu hassen und dadurch das Muster des Hasses weiterzuführen. Er schenkt uns eine andere Art Geschichte und Zukunft über die vorhersagbare gewalttätige hinaus. Er bringt den unvermeidlichen Tod zum Stillstand. „Er vernichtet den Tod für immer", wie wir in der Osterzeit sagen. Er vernichtet den Tod, der schon immer an uns Lebenden zehrt und unsere Herzen auffrisst. Tod, das ist dieser endlose Versuch zu rechtfertigen, warum ich ein Recht auf mein Verletzen und ein Recht auf meinen Hass habe. Doch er eliminiert den Tod nicht einfach; er macht vielmehr aus ihm eine Siegestrophäe. Es ist, als nehme er den Tod und sage: „Meint ihr, den könnt ihr gegen mich einsetzen? Um mich zu vernichten? Ich werde ihn verwenden, um euch zu lieben!" Es scheint, Gott lässt den Tod und das Böse zu, soweit er sie auch zu unseren Gunsten verwenden kann. In der Ökonomie Gottes wird nichts vergeudet, nicht einmal die Sünde, das Böse oder der Tod. Das ist Gottes endgültiger Sieg.

In irgendeinem Sinn waren alle alten Religionen von der Vorstellung geleitet, die Menschen müssten Blut vergießen, um zu Gott zu gelangen. Gott war fern, fordernd und gefährlich. Der Mensch empfand sich als derart unwürdig, dass Gott ihn unmöglich lieben konnte. Im Geheimnis des gekreuzigten Jesus wird nun diese Grundvorstellung der Urreligion auf den Kopf gestellt. Es bedarf keiner Menschenopfer mehr, keiner Tieropfer mehr, keiner Selbstkasteiung mehr, um sich das Wohlgefallen eines Gottes zu erwerben, der einen im Grunde überhaupt nicht mag. *Statt dass* wir *Blut vergießen müssen, um zu* Gott *zu gelangen, bekommen wir es mit einem Gott zu tun, der* sein *Blut vergießt, um zu* uns *zu gelangen!* Darüber sollte man eine ganze Woche lang beten. Es genügt, um einen umzuwandeln.

Gott ergreift immer die Initiative. Gott ist immer der „Himmelshund", der hinter uns her ist, weil Gott um unsere Urscham weiß. Gott näht immer Kleider, um unser gewaltiges, tiefsitzendes Gefühl der Unwürdigkeit zu verhüllen. Schon unsere ersten Hinbewegungen in Richtung Gott werden dadurch ausgelöst, dass Gott sich zuerst auf uns zu bewegt hat. In einem ganz wahren Sinn hat Jesus die Religion für immer aufgehoben. Er gründete keine Religion, sondern setzte die Religion auf das Fundament der Sünde, d. h. des Fernseins-vom-wahren-Gott, und des Alltagsstoffs unseres Lebens.

Die Botschaft vom Kreuz

Es war vor einigen Jahren auf den Philippinen, als ich dort Unterricht gab und sich für mich diese Grundeinsichten allmählich ineinander fügten. Ich sah, wie viele der Armen in den dortigen

Barrios das Kreuz immer noch als eine Aufforderung zur Selbstbestrafung verstanden. Ihr Verständnis des Christentums nahm zuweilen geradezu masochistische Züge an, so als ob Gott die Selbstbestrafung irgendwie gefalle. Sie wollten es nicht wahrhaben, sondern lebten in diesem vor-evangelischen Denken, in der Vorstellung, sie müssten sozusagen Blut vergießen, um sich Gottes Liebe zu verdienen.

Das Folgende schrieb ich in mein Tagebuch, als ich auf einer Außeninsel arbeitete:

„Die Botschaft vom Kreuz verstehen die meisten Leute fälschlicherweise so, dass sie Passivität, heroisches Leiden, den Kult des Märtyrertums, eine Fußabstreifertheologie und den Verzicht auf das Kämpfen als ein Auf- oder Nachgeben deuten und das alles für Gott. Dies in den Köpfen der Leute zu ändern oder sie eine neue Sicht zu lehren ist sehr schwer. Vielleicht ist das der Grund, weshalb meinem Empfinden nach die meisten Menschen nicht glauben, die Botschaft vom Kreuz sei etwas Praktikables, Wünschenswertes oder gar Anziehendes. Das Kreuz bedeutet in den Augen der meisten nur ein einmaliges Leiden Jesu, das er auf sich nehmen musste, um eine Art notwendiger Schuldumbuchung im Himmel zu erwirken; aber wir können darin kein Programm für uns heute erkennen. Jesus habe daran gehangen, um uns Gottes Liebe zu beweisen, und deshalb sollten wir ihn bewundern. Dieses Bild ist wirkmächtig und ich will es gar nicht abschaffen. Aber es ist nicht das ganze Bild. Das Kreuz will vielmehr zeigen, wie wir kämpfen, und nicht, wie wir uns selbst zum Opfer machen sollen. Das Kreuz ist der Inbegriff des Sieges schlechthin und nicht des Sieges über jemand anderen."

Im Evangelium geht es nicht um Gewinner oder Verlierer, sondern um lauter Gewinner. Aber nur sehr wenige erfassen diese Botschaft! Ich muss beschämt zugeben, dass manche Leute in der Geschäftswelt oder im Erziehungsbereich darin besser sind als viele in der Kirche. Denn sie beginnen zu begreifen, dass unser Leben nicht in der Art weitergehen kann, dass es auf immer ein Spiel zwischen Gewinnern und Verlierern ist. Wir müssen einen Weg finden, auf dem alle gemeinsam vorankommen. Am ehesten sind Mütter von vornherein so eingestellt: Darum geht es ihnen, wenn sie mit ihren eigenen Kindern reden und Kompromisse schließen. Weil sie sie lieben, möchten sie in jedem Fall, dass es ihnen gut geht und ihr Leben gelingt.

Das Kreuz weist im Grunde einen Weg zu gewinnen, auf dem man versucht, auch seinen Gegner als künftigen Gewinner mitzunehmen. Das Kreuz verbietet es, den anderen zu hassen oder zu demütigen; denn das würde nur immer wieder das gleiche Muster wiederholen und wechselseitige Gewalt auslösen. Das Kreuz bringt etwas von Grund auf Neues. Es stellt uns Menschen in eine völlig neue Lebensperspektive und zwingt uns zu einer Neudefinition dessen, was Erfolg ist. Was wollen wir wirklich? Worauf zielt unsere tiefste Sehnsucht?

Das Kreuz hat durchaus etwas mit Flucht zu tun, allerdings in dem Sinn, dass wir den gewohnten, fast zwangsläufigen Gegenschlag meiden. Wir fliehen vor der vorhersehbaren Reaktion, damit etwas Neues und Umwandelndes geschehen kann. Wir lassen das „business as usual" bleiben, um ein ganz neues Programm zu kreieren und gewissermaßen uns abzuringen. Das Kreuz hat daher auch mit Kampf zu tun, wobei aber völlig neu zu definieren ist, was echte Kampfkraft ausmacht und worin ein echter Wandel besteht.

Dies zu verstehen – damit taten sich seit jeher Frauen leichter als Männer. Die Männer wurden immer wieder selbst zu Opfern, wenn sie zu Soldaten gemacht oder ins Geschäftsleben geworfen wurden, wo alles nur auf Gewinnen oder Verlieren eingestellt war. Daher blieben sie viel länger der dualistischen Geisteshaltung verhaftet. Die Männer vermochten die Wirklichkeit nur aus der Perspektive des ständigen Wettstreits heraus sehen. Ihrer Vorstellung nach hieß und heißt ein Held sein immer noch, dass man gewinnt. Das Kreuz Jesu aber war dazu gedacht, völlig neu zu definieren, worin echtes Heldentum besteht. In den ersten beiden Jahrtausenden begriff dies nur eine kleine Minderheit von Klerus und Laien. Die Mehrheit machte im alten Opfer- und Bestrafungssystem weiter und setzte diese alte Geschichte immer weiter fort, sodass es in Fleisch und Blut überging.

Das Kreuz bedeutet, sich um den erlösenden Ausweg zu bemühen, ohne selbst zum Problem zu werden. Man braucht sich nur irgendeinen der vielen Kriege anzuschauen, um zu erkennen, warum das stimmt. Selbst bei den Revolutionskämpfen in den Ländern der Dritten Welt sieht man immer und immer wieder, dass die Menschen irgendeine Wirtschaftsreform auf dem Weg des Kampfes und unter Anwendung von Gewalt herbeizwingen wollen. Wenn die Revolutionäre dann an die Macht kommen, verfallen sie unweigerlich früher oder später in genau die gleichen Verhaltensmuster wie diejenigen, gegen die sie gekämpft haben. Die meisten Revolutionen beginnen auf der linken Seite des politischen Spektrums und enden auf der rechten. Diese Entwicklung ist unvermeidlich, solange nicht das Ich der Beteiligten gänzlich umgewandelt ist zum wahren Selbst. Geschieht dies nicht, führt der Weg nicht in die Gewaltlosigkeit und ins Geheimnis des Kreuzes, das zunächst die Revolution inspiriert haben mag, sondern es entsteht nur eine weitere Form beherrschender Macht. Jesus ist in gewisser Hinsicht der einzige echte Revolutionär. Bei den meisten Revolutionen dagegen stellt man gewissermaßen nur das Mobiliar auf dem Deck der *Titanic* um. Jesus dagegen baute ein ganz neues Schiff, d. h. solange Spiritualität nicht die Fragen um Macht und Machtverzicht anpackt, kann es keine echte Reform (von innen her) geben. Es gibt dann in der Menschheitsgeschichte nie einen wirklich echten Fortschritt, denn die so genannten Reformer gehen im Kampf um die Vorherrschaft doch immer wieder unter.

Beim Kreuz geht es darum, sich gegen den Hass zu erheben, ohne selbst zum Hass zu werden. Wie kann man sich dem Hass entgegenstellen, ohne sich von ihm die Spielregeln diktieren zu lassen? Ist das nicht für jeden Menschen die Grundsatzfrage? Wie können wir dem Bösen Widerstand leisten, den Verletzungen, dem Verraten-, dem Verlassen- und Abgelehntwerden, den Enttäuschungen in unserem Leben sowie den Menschen, die sich gegen uns wenden, die uns niedermachen, die über uns Lügen verbreiten? Wie wehren wir uns gegen alles das, ohne selber zum Spiegelbild des gleichen Verhaltens zu werden?

Die Neigung des Menschen zu hassen und zu töten ist die *Sünde* der Welt (vgl. Johannes 1, 29), und es bedurfte eines Lammes wie Jesus, um zu entkräften und umzuwandeln, was die Löwen der Geschichte nur immer weiter fortsetzen.

Das Zusammenfallen der Gegensätze nach Bonaventura

Das Kreuz ist ein Realsymbol dessen, woran man sich halten und woraus man wahres Leben beziehen kann. Es ist eine Metapher für die paradoxe Natur aller Dinge. Das Kreuz weist darauf hin, dass *die Wirklichkeit eine paradoxe Grundstruktur* hat. Die Wirklichkeit ist einerseits nicht nur sinnlos und absurd (wie Nihilisten und Chaostheoretiker behaupten) und auch nicht vollkommen konsistent (wie Rationalismus, Wissenschaftsgläubigkeit und Fundamentalismus vertreten), sondern voll spannungsreicher Widersprüche. Aus diesem Grund sprachen der mittelalterliche Franziskanertheologe Bonaventura und andere von der *coincidentia oppositorum*, vom „Zusammenfallen der Gegensätze" (vgl. Ewert Cousins, Bonaventure and the Coincidence of Opposites, 1978).

Jesus starb durch den Zusammenprall gegensätzlicher Absichten, widerstreitender Interessen und Halbwahrheiten, die menschliches Leben kennzeichnen. Das Kreuz war der Preis, den Jesus für seine Bereitschaft bezahlte, in einer „gemischten" Welt zu leben, d. h. die sowohl menschlich als auch göttlich, schlecht wie gut, gebrochen wie zugleich durch und durch ganz ist. Er war bereit, das Rätsel des Lebens zu ertragen und von Gottes Schöpfung und den Geschöpfen keine Vollkommenheit zu erwarten. Er setzte sich den Extremen des Dilemmas aus, in das der Mensch eingespannt ist, und Gott ließ es für uns österlich fruchtbar werden. Ja, Christus sagte seinen Jüngern mit Hinweis auf die Propheten des Alten Testaments, dies sei der „einzige" Weg, das Unheil aufzubrechen. Nur in diesem Sinn könnte man sagen, das Christentum sei der „einzige", weil wahre Weg zur Erlösung. Wir sind tatsächlich durch das Kreuz erlöst, mehr als wir es wahrzunehmen vermögen.

Die Erfahrung der kreuzförmigen Struktur der Wirklichkeit fühlt sich immer so an, als mache man – bildlich gesprochen – zwei Schritte vorwärts und einen zurück. Das mag niemand, vor allem, weil sich der Rückwärtsschritt nach den zwei Vorwärtsschritten immer wie Sterben anfühlt. Viele, die in der Kirche arbeiten, haben das starke Gefühl, sie lebten derzeit in einer Phase des Rückschritts, in einer Phase des Sterbens. Aber Jesus am Kreuz führt uns vor Augen, dass dies der einzige und wahre Weg zum unzerstörbaren Erwachen ist. Darum sollten wir nicht völlig überrascht oder gar darüber erschrocken sein, wenn wir unseren Karfreitagen nahe sind. Menschen, die *diese Widersprüche durchleben und durchsterben*, sind in Wirklichkeit die Retter der Welt. Es sind jene, die fundamentale Umwandlung und Versöhnung und alles wirkliche Neuwerden voranbringen.

Wenn man so spricht, mag mancher meinen, man fordere zum Kompromiss bezüglich bestimmter Grundfragen menschlichen Lebens oder sogar bezüglich der Wahrheit selbst auf. Sie unterstellen einem, man sei ein Relativierer und daher gefährlich. Genauso wurde auch Jesus eingeschätzt. Ich möchte es sehr klar und deutlich sagen: Eine solche Reaktion ist ein Nebelwerfen, ein Ablenkungsmanöver, wenn auch ungewollt. Wenn man jemandem, der auf die Widersprüchlichkeit der Wirklichkeit und die zutiefst erlösende Paradoxie des Kreuzes Jesu hinweist, jenes Etikett aufklebt, kneift man damit letztlich vor der Zuspitzung des Dilemmas und leugnet, dass so gut wie alles in unserer Welt zutiefst paradoxer Natur ist, aus der nur eine höhere Paradoxie befreien kann.

An das Kreuz glauben bedeutet, den „Skandal der Besonderheit" zu leben, was ein Urmuster biblischer Offenbarung ist. Sobald man ein eindeutiges Muster zu erkennen beginnt, macht die Bibel davon jedoch gleich auch Ausnahmen. Was aber nicht meint, dass es um Kompromisse bei bestimmten Themen geht. Eine Gesellschaft muss durchaus festlegen, was in ihrem Gefüge als akzeptables Verhalten gilt und was nicht. Etwas anderes ist es, wenn es um Kompromisse bezüglich des Ego geht: Dies ist ein Feld, auf dem niemand Kompromisse machen will. Viele sagen, sie könnten oder dürften bei wichtigen moralischen Themen nicht nachgeben; aber allzu oft geben sie durchaus nach, wenn es um das Bedürfnis ihres Ego geht, Recht zu haben, überlegen zu sein, alles zu kontrollieren und zu beherrschen. Dies ist dann nichts anderes als ein Neuaufguss jener „Ursünde", die am Anfang der Bibel als „Begehren, wie Gott zu sein" beschrieben wird, als Anmaßung, den Apfel vom Baum der Erkenntnis von Gut und Böse zu essen. Dahinter steckt die Weigerung des Menschen, in einer gebrochenen, paradoxen Welt zu leben. Wenn wir der Illusion anhängen, in einer *un*gebrochenen Welt zu leben, dann erübrigt sich das Thema, uns auf Gnade, Barmherzigkeit und Vergebung zu verlassen und der „Erlösung" zu bedürfen – wovon und woraufhin denn auch?

Wenn Gott gerade dann keine Ausnahmen machte, kämen wir alle in große Schwierigkeiten. Die unerwachten Menschen, denen ich in meinen dreißig Priesterjahren begegnet bin, sind sich alle absolut sicher, im Recht zu sein. Sie kennen keinerlei Selbstzweifel. Sie sind sich sicher, im Vollbesitz der Wahrheit zu sein.

Aber glücklicherweise ist es mir auch beschieden gewesen, viele großartige Menschen kennen zu lernen, die man früher als „heilig" bezeichnet hätte. Wenn man ihnen begegnet, wittert man ein ganz anderes Aroma, eine ganz andere Energie, die da ausstrahlen, ein ganz anderer Lebensgeschmack und -geruch. Sie möchten nichts anderes mehr, als nach Gottes Willen und Weisheit zu leben. Und sie sagen wie Thomas Merton kurz vor seinem Tod: „Ich weiß nicht, ob ich je deinen Willen erfüllt habe. Ich weiß nur, dass ich ihn erfüllen möchte. Ich bin mir nicht sicher, ob ich dir gefalle. Ich weiß nur, dass ich dir gefallen möchte." Dieser Wunsch ist bereits ein Geschenk Gottes. Da bleibt nicht viel übrig, sich als großartiger Mensch vorzukommen oder vorkommen zu müssen!

Wer von Ihnen kann mit absoluter Sicherheit sagen, er wisse, dass er ganz nach dem Willen und der Weisheit Gottes lebt? Ich kann es an keinem Tag meines Lebens, und das ist erst einmal wenig zufriedenstellend. Hier ist jedoch gemeint, „das Geheimnis auszuhalten", zusammen mit Jesus an den beiden Enden der menschlichen Zwiespältigkeit zu hängen und zu bejahen, dass Gott nur in dieser reichlich unvollkommenen Welt zu finden ist. Wer hätte nicht gern viel früher schmerzlose Gewissheit, widerspruchsfreie Ordnung und Klarheit darüber, wer die Guten und wer die Bösen sind? Wer sucht es, mit Jesus an diesem zwiespältigen, nicht eindeutigen, sondern verächtlichen Ort am Kreuz zu hängen? Die meisten haben statt des biblischen Glaubens, der tiefste Täler und höchste Gipfel kennt, lieber saubere Dogmen und einen klaren Kodex über Recht und Moral. Solche Gewissheit ermöglicht es, Ergebnisse vorauszusagen und im Griff zu haben sowie Belohnung und Strafe zu rechtfertigen. Dies ist ja nicht rundweg schlecht. Das Problem ist nur, dass es nicht die Botschaft ist, die vom Kreuz her erschallt.

Erneuerer und Konservative

Die progressivere und erneuerungsfreudigere Art von Menschen neigt dazu, vor dem zu kneifen, was ich als die vertikale Dimension des Evangeliums bezeichnen möchte. Solche Menschen scheuen sich, von Transzendenz und von Gott zu sprechen. Ihnen ist unbehaglich zumute, wenn man von der Weisheit und Wichtigkeit der Tradition spricht und davon, dass die Wahrheit und auch Gott *schon immer* bei uns waren. Progressive, nicht selten gebildete Menschen mögen neue Ideen von einer besseren Welt, auch ohne Transzendenz, viel lieber als die Wirklichkeit in ihrem verletzten Zustand. – Die vertikale Linie des Kreuzes meint dagegen: Transzendenz *und* Tradition, Gott und Welt, wie sie ist.

Konservative Menschen neigen eher dazu, sich vor der horizontalen Dimension des Evangeliums zu drücken. Sie scheuen vor Weite zurück und vor einem Denken, das andere mit einschließt. Sie sind skeptisch gegenüber Erbarmen und Mitleid und dem Durchbrechen irgendwelcher Regeln, vor allem, wenn es um Regeln des Gruppenzusammenhalts geht. Es ist fast so, als würden sie ihre Reinheit und ihren Wert oder die Identität ihrer Gruppe verlieren, wenn sie einen Sünder bei sich einließen. So bauen sie eine Wagenburg um ihren sehr anfälligen Gott, dessen Lehre sie meinen beschützen zu müssen. Oft besteht ihre Religion mehr aus einem Stammessinn und starker Gruppenzugehörigkeit als aus wirklicher Suche nach der Fülle der Wahrheit. – Zu einer in sich geschlossenen, sich ihrer selbst sicheren Gruppe zu gehören bedeutet für viele Menschen – wenn man diesem Bedürfnis sehr tief auf den Grund geht –, so ihre Urscham und Angst stark reduzieren zu können.

Progressive bekämpfen Strukturen, Autorität und selbstbezogene Ideologien, merken aber nicht, dass sie selber gewöhnlich sehr individualistisch und in ihrer Sicht der Dinge kompromisslos sind. Sie tun sich schwer damit, etwas Bleibendes zu schaffen; denn sie halten über ihre persönliche Erfahrung und ihr eigenes Programm hinaus kaum etwas anderem die Treue. Sie geben ihre Ideale auch nicht sehr verlässlich an ihre Kinder weiter, vermutlich, weil diese Werte mehr von der Energie *gegen etwas* als von der Energie *für etwas* getragen werden. Eine Energie *gegen etwas* inspiriert oder bekehrt junge idealistisch gesinnte Menschen nicht auf Dauer, und *political correctness* bringt nur wenige zusammen oder nur für kurze Zeit.

Konservative beginnen energisch zu kämpfen, sobald sie einen Abseitsspieler lokalisiert haben oder jemanden, der ihr ausgeprägtes Kontrollbedürfnis provoziert. Sie verbannen und verwerfen andere ziemlich rasch und schaffen Opfer, was ihnen eigene Selbstzweifel nimmt. Sie haben gewöhnlich ein starkes Bedürfnis nach Bestrafung, vielleicht um sich dadurch dessen zu versichern, dass die Welt in Ordnung sei. Bei konservativen Menschen findet man oft ein trügerisches Unschuldsbewusstsein, das daraus erwächst, dass sie sich weigern, die dunkle Seite der Wirklichkeit wahrzunehmen, zu akzeptieren und zu ertragen. Diese Weigerung führt zu einer selbst ernannten Überlegenheit, gepaart mit einer naiven Sicherheit, die ich als Fundamentalismus bezeichne. Konservative scheuen die spirituelle Tiefe und die dringend notwendige Selbsterkenntnis.

Wir alle hängen an dem Kreuz des Lebens, jeder mit seinem eigenen Schatten, der des Erkennens und der Umwandlung bedarf. Wo immer wir uns selbst zwischen vertikaler und horizontaler Dimension befinden mögen, hoffen wir, an der Wahrheit Anteil zu haben und auch am Geheimnis. Das Kreuz ruft jeden zum Geheimnis der Umwandlung auf. Am Kreuz ist keiner von uns im Amt, keiner hat alles im Griff, keiner kann verstehen, was da vor sich geht, genau wie Jesus es nicht konnte. Am Kreuz übernimmt ein anderer die Regie. Ein anderer zeichnet verantwortlich. Ein anderer versteht. Ein anderer ist offensichtlich ein viel geduldigerer Liebender, als wir es sind.

„Sie werden auf den blicken, den sie durchbohrt haben."
Sacharja 12, 10

Ich möchte dieses Kapitel damit schließen, dass ich Ihnen ein Gebet vorstelle, von dem ich hoffe, dass es zu Ihrem Gebet werden könnte. In einem späteren Kapitel werden wir sehen, dass Franz von Assisi vor dem Gekreuzigten ein einfaches Gebet sprach. Ich möchte eines für uns heute vorstellen (auch wenn es wortreicher ist als das meines Ordensvaters Franziskus). Es ist ein Gebet zum Thema der Gewalt gegen sich selbst, gegen andere und die Welt.

Ich glaube, Menschen, die auf der Flucht vor sich selbst sind, sind implizit gewalttätig. Diese Menschen lassen sich lieber zur Gewalttätigkeit verleiten, als bei sich die Einsicht zuzulassen, dass der Tod, den sie wünschen, ihr eigener ist.

Stellen Sie sich vor, Sie stehen vor dem gekreuzigten Jesus und erkennen, dass *er zu all dem wurde, wovor wir Angst haben und was wir leugnen*: Nacktheit, Entblößung, Verwundbarkeit und Scheitern. Er wurde zur „Sünde", um uns von der Sünde zu befreien, zum kosmischen Sündenbock, der allen, die lange genug hinschauen, das Beste und das Dunkelste unserer Seele offenbart. Er wurde zum sprechenden Bild dessen, was Menschen Menschen antun, damit wir es in deutlichen Umrissen sehen können; der Vorhang der Verdrängung ist dabei weit aufgezogen. Jesus wurde zum Gekreuzigten, damit wir mit Kreuzigen aufhören. Er wurde zum Gekreuzigten, der sich weigerte, andere zu kreuzigen und, so das unausweichlich sich wiederholende todbringende Verhaltensmuster durchbrach. Jesus am Kreuz fordert uns alle auf, uns selbst – und Gott – als Opfer menschlicher Bosheit zu erkennen:

Jesus spricht:
„Mein Volk, ich bin, was ihr seid. Ich bin eure Schönheit. Ich bin euer Gutsein, das ihr zerstört. Ich bin, was ihr dem antut, was ihr lieben solltet. Ich bin, wovor ihr Angst habt, euer tiefstes, bestes, entblößtestes Selbst. Eure Bosheit besteht weitgehend aus dem, was ihr dem Gutsein antut, eurem eigenen und dem anderer – und das ist tatsächlich böse. Ihr habt Angst vor dem Guten. Ihr habt Angst vor mir. Ihr tötet, was ihr lieben solltet. Ihr hasst es und habt Angst vor dem, was euch umwandeln könnte und möchte. Ich bin der Gekreuzigte. Ich bin ihr selbst. Und ich bin die gesamte Menschheitsgeschichte."

Ich antworte:
„Gekreuzigter Jesus, du bist mein Leben. Du bist auch mein Tod. Du bist meine Schönheit. Du bist meine Möglichkeit. Du bist mein volles Selbst. Du bist alles, was ich möchte, und alles, wovor ich Angst habe. Du bist alles, was ich begehre, und alles, was ich verdränge. Du bist meine ungemein verkannte und vernachlässigte Seele.

Jesus, deine Liebe ist es, wovor ich am meisten Angst habe. Ich kann es nicht zulassen, dass mich jemand ‚wegen nichts' liebt. Ich möchte einen Wert haben. Eine unverdiente Nähe von dir oder jemand anderem erschreckt mich. Ich beginne zu sehen, dass ich in meinem eigenen Leib ein Abbild dessen bin, was überall geschieht. Ich möchte damit hier und heute aufhören. Ich möchte keine Gewalt mehr gegen mich selbst, gegen die Welt, gegen irgendjemanden und gegen dich, den Gekreuzigten, anwenden. Ich muss nie mehr irgendjemanden zum Opfer machen. Ich muss auch nicht das Opfer spielen. Du hast mir einen ganz neuen Weg gezeigt.

Einzig du hast dich geweigert, andere zu kreuzigen, sogar um den Preis, selbst gekreuzigt zu werden. Du spielst nie das Opfer, du verlangst nie nach Rache, sondern atmest nichts als Vergebung. Wir auf dieser Angst machenden Erde dagegen morden, misstrauen, fallen übereinander her und hassen.

Jetzt sehe ich, dass es nicht du bist, den die Menschheit hasst; uns selbst hassen wir und töten dabei, ohne es zu merken, dich. Ich muss damit aufhören, dein gesegnetes Fleisch und Blut auf dieser Erde und in meinen Brüdern und Schwestern und in jeder Form des Lebens, ob unschuldig oder schuldig, würdig oder unwürdig, zu kreuzigen. Wir alle sind dein gesegneter Leib, und du hast mich immer und gerade in meiner Unwürdigkeit geliebt. Wie kann ich selber Gleiches für andere tun?

Jetzt sehe ich, dass du in mir lebst und ich in dir lebe. Du lädst mich ein, aus diesem endlosen Kreislauf von Illusion und Gewalttätigkeit herauszutreten. Du bist der gekreuzigte Jesus, du rettest mich daraus. In deiner vollkommenen und geduldigen Liebe hast du beschlossen, dich mit mir zu vereinen. Ich gebe nicht vor, das zu verstehen. Ich kann dich nur empfangen, dir vertrauen und für immer dankbar sein. Du wohnst in mir. Du hast beschlossen, dich in mir zu bergen, viel mehr, als ich mich je aufgemacht habe, mich in dir zu bergen. Mir tut meine Nachlässigkeit leid.

Ich danke dir, dass du Mensch geworden bist; denn so muss ich nicht so tun, als wäre ich Gott, oder versuchen, es zu sein. Ich danke dir, dass du dich selbst erniedrigt hast; denn so muss ich nicht so tun, als wäre ich unverletzlich. Ich danke dir, Gekreuzigter, dass du sterblich geworden bist; denn so muss ich nicht versuchen, mich unsterblich zu machen. Ich danke dir, Jesus, dass du dich ganz niedrig gemacht hast; denn so muss ich nicht so tun, als stünde ich über allen anderen. Ich danke dir, dass du dich außerhalb der Mauern kreuzigen und dich ausstoßen und ausschließen ließest; denn so kannst du mir dort begegnen, wo ich das Gefühl habe zu sein: immer außerhalb der Mauern der Heiligkeit.

Ich danke dir, dass du schwach geworden bist; denn so muss ich nicht immer stark sein. Ich danke dir, dass du bereit bist, als unvollkommen und seltsam angeschaut zu werden; denn so muss ich nicht vollkommen und normal sein. Ich danke dir, Jesus, dass du bereit bist, missbilligt zu werden; denn so muss ich mich nicht dauernd anstrengen, anerkannt und geliebt zu werden. Ich danke dir, dass du dich als Versager darbietest; denn so muss ich nicht mein Leben darauf verwenden, als erfolgreicher Mensch zu erscheinen. Ich danke dir, dass du nach den Maßstäben der Religion und des Staates falsch liegst; denn so muss ich nicht in allem richtig liegen.

Ich danke dir, dass du in jeder Hinsicht arm bist; denn so muss ich in keiner Hinsicht reich sein. Ich danke dir, Jesus, dass du all das bist, was die Menschheit verachtet und wovor sie Angst hat; denn so kann ich mich selbst und andere in dir annehmen. So kann ich in dir den Platz einnehmen, an dem ich mich am meisten selbst verabscheue.

Gekreuzigter Jesus, ich danke dir, dass du ein Menschenwesen geworden bist. Ich möchte dich lieben. Ich brauche es, dich zu lieben. Gekreuzigter Jesus, du und ich sind derselbe."

„Sie werden um ihn klagen, wie man um den einzigen Sohn klagt ... An jenem Tag wird eine Quelle fließen zur Reinigung von Sünde und Unreinheit" *(Sacharja 12,10; 13,1).*

„Und wenn ich über die Erde erhöht bin, werde ich alle zu mir ziehen" *(Johannes 12,32).*

3 Zeiten großen Erwachens

Wer die Geschichte genauer kennt, weiß, dass der heute aufbrechende Durst nach Transzendenz nicht das allererste Phänomen dieser Art ist. In den USA beispielsweise gab es bereits drei große Phasen spirituellen Erwachens. Das waren weitverbreitete religiöse Erweckungs- oder Erneuerungsbewegungen. Man kann diese Erweckungsbewegungen in mancher Hinsicht skeptisch betrachten, aber sie führten jedenfalls zu einem Modell sozialer Gerechtigkeit und der allgemeinen Durchsetzung von Menschenrechten, was sich weltweit immer noch weiter fortsetzt.

Die erste dieser Erweckungsbewegungen, von Historikern als „The Great Awakening" bezeichnet, trug in sich die Saat für die Amerikanische Revolution und die Verfassung der Vereinigten Staaten von Amerika und schließlich auch der Französischen Revolution in Europa. Das gab der Gewissensfreiheit und vielen anderen Freiheiten einen Auftrieb, von dem wir nie wieder abgesackt sind, zumindest im Grundsatz nicht. Es trug zur modernen demokratischen Weltsicht bei, zur „Erklärung der allgemeinen Menschenrechte", zur Sorge um das Wohl des einzelnen Menschen und der Arbeiterschaft und legte den Grund für die Rechte der Frauen und von Minderheiten.

Die zweite Erweckungsbewegung, „The Second Great Awakening", an der Wende zum 19. Jahrhundert trug maßgeblich zur Abschaffung der Sklaverei bei. Es war, als sei die Zeit reif geworden für Freiheit und Menschenwürde. Seele und Geist mussten für diese historische Entwicklung erst bereit werden. Weil in dieser zweiten Erweckungsbewegung die Menschen aufgerufen wurden, sich auf einen transzendenten Bezugspunkt zu besinnen, half es, den Weg für eine höhere Moral zu bereiten und nicht nur für eine Moral gemäß den Maßstäben des kulturell Zweckdienlichen. Abraham Lincoln wurde als ein Mensch auf dem höchsten

Stand der moralischen Entwicklung betrachtet, aber auch er brauchte ziemlich viel Zeit, bis er so weit war.

Heute kommt uns das Prinzip der Sklaverei als unvertretbar vor; aber es lohnt, sich daran zu erinnern, dass im kolonialen Amerika weithin die Überzeugung vorherrschte, es gehöre von jeher zur Weltordnung, dass es Sklaven gebe. Wie wir alle wissen, ging auch Paulus davon aus, dass Sklaverei natürlich sei – ein gutes Beispiel dafür, dass wir normalerweise nur innerhalb der Kategorien unserer eigenen Epoche und Kultur zu denken vermögen. Das menschliche Bewusstsein wurde nur ganz langsam in die Fülle Christi und in die Freiheit der Kinder Gottes eingeübt. So wundert es auch nicht, dass wir bis in die 1980er Jahre brauchten, um deutlich zu sehen, wie übel der Sexismus ist!

Die Meinung, Sklaverei sei eine natürliche Gegebenheit, wurde sogar noch von der damals sehr fortschrittlichen Amerikanischen Verfassung gelten gelassen, die bekanntlich für *Männer* geschrieben wurde – Frauen hatten kein Stimmrecht –, und zwar für *weiße* Männer, weil schwarze Männer Sklaven waren. Unsere Gründerväter waren von besten Absichten erfüllt und brillante Rationalisten, blieben aber dennoch betriebsblind und in ihrer eigenen Zeit und Kultur befangen. Wer will bestreiten, dass es heute noch genau so ist? Auch wir leben betriebsblind in unserer Zeit und Kultur und können noch gar nicht sehen, wofür wir alles blind sind – ein sehr eindringliches Zeichen dafür, dass eine noch so solide Ausbildung und Bildung nicht das gleiche sind wie ganzheitliche Umwandlung von innen her – ein Thema, auf das ich weiterhin großen Wert legen werde.

Unser Verstand kann nur – um ein Bild aus der Fotografie zu gebrauchen – mit *dem* Film Bilder aufnehmen, mit dem er geladen ist. Unsere inneren Bilder bestimmen, worauf wir achten und worauf nicht, was wir für wichtig halten und was wir übersehen. Wären die Ohren und Augen der Menschen schon immer für die ganze Fülle des Evangeliums offen gewesen, hätten die Menschen auch schon früher gesehen, dass Sklaverei und Sexismus des Menschen unwürdig sind. Aber die Augen und Ohren waren noch nicht bereit und vielleicht auch die Herzen nicht. Und die Geschichte der Nationen war es ebenfalls nicht.

In den Jahren nach 1800, im Gefolge der zweiten großen Erweckungsbewegung, trat Abraham Lincoln auf den Plan und wuchs zu seiner Größe heran. Er war übrigens nicht von Anfang an der große Sklavenbefreier, zu dem er später wurde. Er muss in einem bestimmten Augenblick eine Art von Offenbarungserlebnis gehabt haben, wie unerträglich die Sklaverei sei. So etwas widerfährt zunächst nur großen Seelen. Dann sickert es langsam bis zu den weniger großen Seelen durch (wozu die meisten von uns gehören) und es braucht dann noch ziemlich lange, bis es auch die ganz Uninformierten oder Ängstlichen erreicht.

Menschen, die der Auffassung sind, die Welt könne nur so strukturiert sein, wie *sie* sie schon immer kennen, sind ganz langsame Lerner der Geschichte. Sie vermögen lange nicht wahrzunehmen, dass ihr langsames Lernvermögen in Wirklichkeit durch ihren Narzissmus und zugleich auch schlicht durch ihren Mangel an Wissen bedingt ist. Da es von ihnen viele gibt, setzen sich Veränderungen in der Menschheitsgeschichte nur sehr zögernd durch. Gott scheint sich auf die Spitzengruppe der „großen Seelen" zu verlassen, um alle anderen dann Zentimeter um Zentimeter voranzubringen – wobei die „großen Seelen" gewöhnlich unter ihrer charismatischen Vorausschau ziemlich zu leiden haben. Die meisten bevorzugen ihre ruhigen Kuschelzonen und halten diese für so selbstverständlich, wie man ehemals die Vorrechte der Könige für gottgegeben ansah.

Die Lincolns dieser Welt sind Menschen, die erfahren haben, was die Verfasser des Neuen Testaments als *metánoia* bezeichnet haben, was wörtlich bedeutet: „Umdrehung". Gemeint ist eine grundlegende Umorientierung und Umwandlung der Geisteshaltung, wie sie normalerweise als Frucht tiefen persönlichen Leidens, intensiver Achtsamkeit oder eines Damaskuserlebnisses erwächst. Damit verschieben sich radikal alle Kategorien, mit denen man die Welt sieht und einteilt. Solange man diese völlig neuen Kategorien nicht verinnerlicht hat, bringen Intellekt und Wille von sich aus nur vorübergehende und meist harmlose Veränderungen zustande. Es bedarf offensichtlich einer *metánoia*, einer völligen Umdrehung und einer radikal neuen Geisteshaltung, um uns persönlich umzuwandeln und zu befähigen, auch soziale Strukturen und Institutionen umzuwandeln. Mit anderen Worten: Zunächst einmal ist unser Ansatz so, dass wir auf dem „Ego-Trip" sind, uns von Narzissmus und Eigeninteresse leiten lassen und mit der Einstellung „Was bringt das für mich?" an die

Dinge herangehen. Darum bedarf es einer radikalen Umkehr, damit Neues entstehen kann.

In anderen Disziplinen mag man das als „Einsicht", als „Heureka-Momente", als „Flow" oder „Gipfelerfahrungen" bezeichnen; beim Begriff *metánoia* weiß ich immer, dass es mit Gnade von ganz anderswoher zu tun hat. Der Betreffende ist sich immer sicher, dass ihm die *metánoia* völlig unverdient als Geschenk zuteil wurde. Wüsste er es nicht, würde ihn seine *hybris*, sein Stolz, weiterhin lähmen. In der biblischen Tradition heißt es, diese Umkehr sei ganz von einer Erfahrung des Absoluten abhängig. Wenn uns eine solche zuteil geworden ist, wissen wir in einer tiefen Schicht mindestens dreierlei: Gott ist gut, die Welt ist gut und ich bin gut. Das ist wirklich alles, was wir für den neuen Anfang brauchen. Unser Bewusstsein und unsere Sichtweise stehen dann auf ganz solidem Grund und unsere Angst ist im Wesentlichen seiner lähmenden Kraft beraubt. Unsere Psyche gründet nicht mehr auf unserem kleinen Ich, sondern im großen wahren Selbst, dem Christus-Selbst.

Menschen wie Lincoln, Harriet Tubman und manch andere Anwälte der Abschaffung der Sklaverei stammen aus dieser zweiten Erweckungsbewegung. Es ist beschämend, wie abwesend die Großkirchen während dieser Epoche blieben. In einigen Teilen des amerikanischen Südens bauten die Katholiken noch bis in die 1960er Jahre getrennte Kirchen für Schwarze und Weiße! Das Bestehen auf Ortho*doxie* wird recht fadenscheinig, wenn die Ortho*praxie* so gut wie gänzlich versagt.

Die dritte Erweckungsbewegung ist noch gar nicht so lange her. Das war die Unruhe, die zu den Reformen auf dem Gebiet der Arbeiter- und Bürgerrechte Mitte des 20. Jahrhunderts führte. Sie stimmte die Katholiken auf Reformen ein, die dann das Zweite Vatikanische Konzil (1962–1965) hervorbrachte. Sie setzte auch die Bewegung in Gang, die ich als „the bias towards the bottom", „den Zug nach unten" bezeichnen möchte. Da wurde klar, wie gewaltig sich das Denken wieder auf das biblische Denken zurückbesann (demzufolge immer die Opfer die Helden sind). Halten wir uns vor Augen, dass in der Menschheitsgeschichte zuvor fast immer „the bias towards the top", „der Zug nach oben", vorgeherrscht hat: Idealisiert worden sind immer Könige, Geld, Adel, Ruhm und Macht.

Die Sicherheit, unsicher zu sein

Kurz vor der Zeit des Zweiten Vatikanischen Konzils, in den frühen 1960er Jahren, gaben sich die Katholiken sehr selbstsicher. Alle Statistiken über Mitglieder, Berufungen, Geld und Einfluss waren positiv und auf dem Wachstumskurs. Es gab keinen Grund zur Reform oder Selbstkritik. Ihre Identität war klar, ihre Grenzen waren sauber gezogen, ihr Sinn für das Absolute war solide begründet und unbestritten. Sie wussten, wer sie waren, und paradoxerweise verfügten sie gerade deshalb über die Freiheit, sich selbst zu kritisieren, sogar von der obersten Spitze her.

Die Fähigkeit zur Selbstkritik und dazu, zur eigenen Schattenseite zu stehen, ist ein gutes Zeichen von Gesundheit und innerer Freiheit. Ein Sozialhistoriker sagte mir einmal, das II. Vaticanum sei eines der wenigen Beispiele der Weltgeschichte, wo eine starke Institution von oben her eine Reform ihrer selbst angestoßen habe, obwohl sie das gar nicht tun musste und von niemandem dazu gezwungen wurde –ein starkes Zeichen, dass hier der Geist Gottes am Werk war.

Heute sehe ich in der römisch-katholischen Kirche auf den höheren Ebenen nur sehr wenig Fähigkeit und Willen zur Selbstkritik. Derzeit herrscht „da oben" die Meinung vor, die Grenzen zur säkularen Welt hin verwischt zu haben, und man versucht, sie wieder zu errichten, indem man behauptet, im Recht zu sein und über die volle und allumfassend richtige Wahrheit zu verfügen. – In anderen Zusammenhängen nennt man dies „Belagerungsmentalität". Eine solche stellt sich immer ein, wenn eine Gruppe ihren früheren Einfluss verloren und den Eindruck hat, von allen Seiten angegriffen zu werden.

Wer ist nicht vom jeweiligen Zeitgeist beeinflusst? Das war zu allen Zeiten so. Es wäre geradezu heroisch, in Absetzung von ihm zu leben, und man weiß nie wirklich genau, ob man es tatsächlich tut. Doch ein Mensch mit großer Seele ist ein Mensch, der andere mit Mitgefühl und Achtsamkeit, mit Hoffnung und Zuversicht in die Zukunft begleitet – nicht mit Verurteilung, Verfolgungswahn oder dauerndem Anklagen. Für Katholiken war es eine große Freude, als Papst Johannes Paul II. im Jubiläumsjahr 2000 einen ganz neuen Ton anschlug, indem er öffentlich viele der historischen Sünden des römischen Katholizismus eingestand und dafür um Vergebung bat. Das könnte ein Signal für einen neuen Anfang sein.

Johannes Paul II. ist sicher in *dieser* Hinsicht eine der großen Seelen. Seine tragische Schwäche könnte jedoch sein, dass er kaum jemand anderem zutraut, eine große Seele zu sein, und zu der Auffassung neigt, außer er selbst könne kaum jemand etwas Großes anstoßen. Er kann sehr ökumenisch sein, aber wir auf den niedrigeren Rängen müssen nach wie vor andere Christen von der Tischgemeinschaft ausschließen; er kann gezielte politische Aussagen machen, aber Bischöfen und Priestern, die das auch tun, stärkt er nicht den Rücken, wie etwa dem 1980 ermordeten Erzbischof Oscar Romero. Das wirkt fast schizophren und die heutigen Probleme sind derart enorm, dass nur die Zeit erweisen wird, welche Weisheit einmal Recht bekommt (vgl. Matthäus 11, 19).

Wenn man mit dem Finger auf andere zeigt, versucht man sich damit meistens bloß um die eigene Umwandlung zu drücken. In meinen Augen ist es eines der eindeutigsten Zeichen, dass Gott am Werk ist, wenn jemand einfach in aller Ruhe, mit Freude, Achtsamkeit und Zuversicht weitermacht. Allerdings trifft man dies ziemlich selten an. Aber wer es fertig bringt, beteiligt sich am not-wendigen Wiederaufbau. Das sind Menschen, die uns in Gottes Zukunft führen, Menschen, auf die zu hören sich lohnt.

Dom Helder Camara, Erzbischof von Recife in Brasilien, lebte und predigte weiterhin mit Freude und Hoffnung, nachdem sein Seminar für die Armen von einem vom Vatikan ernannten Leiter aufgelöst wurde. Die meisten Gründerinnen weiblicher Ordensgemeinschaften mussten großteil ihres Lebens gegen den Widerstand von Bischöfen und römischen Kongregationen ankämpfen und machten doch in aller Demut mit dem weiter, wozu sie sich von Gott berufen wussten. Diese Art von im Feuer erprobten Heiligen werden immer die Oberhand für Gott gewinnen.

Sinn für Geschichte

Angesichts des gegenwärtigen Dilemmas und Unbehagens müssen wir eine ganz wichtige Eigenschaft aufbringen: einen Sinn für Geschichte, das Gefühl dafür, dass wir nicht die Ersten auf der

Welt sind und es nur unsere Probleme gibt. Es gab schon vor uns die übermäßig emotional und die übermäßig rational Eingestellten. Diese Extreme wurden bereits die ganze Geschichte hindurch immer wieder ineinander verwoben. Während der besten Zeiten hielten sie einander die Waage. Dieses Gleichgewicht haben wir derzeit verloren: Wir sind entweder billig emotional (die meisten Medien und Progressiven) oder billig rational (viele Konservative und die fundamentalistischen Strömungen). Im Großen und Ganzen sind wir nicht für eine reife Spiritualität offen oder dafür, die Probleme ganzheitlich und mit dem Sinn für Geschichte anzugehen. Wir re-agieren nur.

Eine gesunde Religion – die den Einzelnen wie die Gesellschaft bereichert – umfasst Gefühl *und* Vernunft, Glaube *und* Erkenntnis, Symbol *und* Wissenschaft, lebendige Erfahrung *und* Wesensanalyse. Das hat vor wenigen Jahren Richard Tarnas in seiner meisterhaften Darstellung *Idee und Leidenschaft. Die Wege des westlichen Denkens* (Hamburg 1997) eindrucksvoll vor Augen geführt. Tarnas sieht die gesamte Geschichte unserer Philosophie als Balanceakt, als Pendelschwingen zwischen dem Rationalen und dem Emotionalen. Selten gelingt es ihr, genau das Gleichgewicht zwischen beiden zu finden.

Merkwürdigerweise handelt es sich bei der derzeitigen Spaltung zwischen Progressiven und Konservativen in der katholischen Kirche um einen Mischmasch von beidem auf beiden Seiten. Die Konservativen klammern sich romantisch ans Wesen, bleiben aber der lebendigen Erfahrung gegenüber skeptisch und rational. Die Progressiven betonen die Erfahrung, haben aber sehr romantische Vorstellungen vom Wesen. Mir sagt dies, dass beide nur ihre eigene Art von Wahrheit und Ganzheit kennen; jedoch ist man auf beiden Seiten weithin unfähig zur Selbstkritik und bringt es nicht fertig, auch dem anderen Wertschätzung entgegenzubringen.

Doch mitten in diesem Wirrwarr tauchen Menschen von wahrer Größe auf, zuweilen vielleicht *gerade* wegen dieser Verwirrung. Ihr Auftauchen deutet auf einzelne, individuelle Phänomene, die sich meiner Erfahrung nach nicht einer bestimmten Gruppe oder Religion zuordnen lassen. Wie immer lässt sich der Geist nicht unter Kontrolle bringen, sondern „weht, wo er will" (Johannes 3, 8). Jesus ist einfach für jede Gruppe, die sich bildet, zu viel. Es tut gut, das zu akzeptieren. Damit fällt eine große Last von unseren Schultern; wir müssen nicht mehr alles definitiv beurteilen, brauchen keine übersteigerten Erwartungen zu haben, die doch nur immer wieder enttäuscht werden. Jetzt kann Gott Gott sein.

In den letzten fünfzig Jahren hat man viele Institutionen oder soziale Einrichtungen – namentlich Regierung, Gesetz, Erziehungswesen, Kirche, Militär, Familie und Ehe – in Bausch und Bogen abgewertet. Jeder dieser Bereiche hat seine eigene traurige Geschichte des Verlusts an Autorität und Wertschätzung. Leider bleiben damit für die meisten Menschen nur noch die Medien und die Geschäftswelt übrig, die ihnen für ihren Alltag irgendeinen Sinn liefern. Da kann einem angst und bange werden – denn wahrscheinlich ist es das erste Mal in der Menschheitsgeschichte, dass wir versuchen, das gesellschaftliche Geschehen auf zwei so schmalen und gebrechlichen Schultern zu tragen. Es kann gar nicht anders sein, als dass dies zu zerbrechlichen Menschen und einer sehr instabilen Gesellschaft führt.

Die traditionellen Institutionen zeigen sich heute freilich als zu schwach und unfähig, glaubwürdige Überzeugungsmuster voller Weisheit und Wahrheit anzubieten. Weil es ihnen an Autorität und Glaubwürdigkeit fehlt, verfügen sie nicht über die Kraft, eine Gesellschaft zu inspirieren und zu führen. Beispiel Amerika: Der Vietnamkrieg, Watergate und das Debakel um den Versuch der Amtsenthebung Clintons durch Starr haben der amerikanischen Regierung und dem Militär einen ungeheuren Vertrauensverlust beschert; der Prozess um O. J. Simpson und eine ganze Reihe von Gerichtsurteilen, die in den Augen der Bevölkerung als sehr parteiisch empfunden wurden, haben dem Ansehen des Gerichtswesens sehr geschadet; katholischer wie evangelischer Fundamentalismus sowie Sexskandale beim Klerus haben stark zum Glaubwürdigkeitsverlust von Religion beigetragen. Unsere Universitäten machen uns nicht zu universal orientierten Menschen, sondern sind weithin zu Job-Vorbereitungsmühlen verkommen. Auf persönlichem Gebiet haben Individualismus und Narzissmus die für Ehe und Familie erforderlichen Tugenden rar werden lassen.

Dieses Macht- und Vertrauensvakuum hat den extrem Rechten Tür und Tor dafür geöffnet, sich der Sprache der Religion und der Rede von Gott zu bemächtigen. Das Phänomen der Fernsehevangelisten in den USA sowohl innerhalb des evangelikalen Protestantismus als auch des fromm-konservativen Katholizismus ist meiner Überzeugung nach zum großen Teil dadurch verursacht, dass das liberale Establishment sich weigert, auf irgendeine seriöse Weise Transzendenz oder Tradition gelten zu lassen, was eine Überreaktion auf der Gegenseite geradezu provoziert. Beide Seiten zeigen selbstgerecht auf das Extrem beim Gegenüber und rechtfertigen damit ihre eigene Position. Ich habe gelernt, dass in solchen Phasen echte Größe kaum eine Chance hat. Wir sind viel zu stark ständig mit Feuerlöschen beschäftigt, greifen an oder verteidigen uns und haben gar keine Zeit und Energie für gründliche Reflexion und Mystik. Verloren gegangen ist die gesunde Mitte, in der das Emotionale und das Rationale miteinander auskommen können. Das ist ein großer Verlust.

Wenn man eine extreme Position einnimmt, trägt man einen Teil der Verantwortung dafür, dass dadurch andere ins entgegengesetzte Extrem getrieben werden. Ich sehe zum Beispiel in meiner eigenen kleinen Welt viele junge Priester, Laien und neue Bischöfe, mit denen ich nur sehr schwer etwas anfangen kann. Sie kommen mir ziemlich starr, ideologisch und doktrinär vor. Doch im persönlichen Gespräch mit ihnen merke ich, dass sie stark von der Angst vor den Urteilen etwa der Feministinnen und den Angriffen der Progressiven befangen sind. Ich kann sehen, dass sie von solchen Angriffen verletzt worden sind. Wer zieht sich nicht lieber auf einen Platz zurück, an dem man sich sicher fühlen kann?

Wenn man sich nicht sicher oder „daheim" fühlt, ist es ganz natürlich, sich in seiner eigenen Position zu verhärten. Damit gerät man jedoch unglücklicherweise in eine Lage, aus der man kaum mehr heraus- und in der niemand mehr an einen herankommt. Das ist eine fatale Ausgangslage für die Verkündigung der Frohen Botschaft. Natürlich drängen die Konservativen die Progressiven in die gleiche reaktionäre Position, wenn sie Autorität und Ordnung als Selbstzweck verherrlichen. Man kann den Eindruck haben, dass die meisten Traditionalisten keinerlei Aufgeschlossenheit für nüchternes historisches und kritisches Denken kennen, sondern ganz in gefühlvoller Frömmigkeit und Propaganda aufgehen und dies für Religion halten. Andererseits fahren die Progressiven ihre Ansichten und Forschungsergebnisse auf und verwenden sie dazu, die Konservativen als Verfechter romantischer Altlast abzutun. Das Problem dabei ist, dass beide irgendwie Recht haben.

Stephen Carter sagt das Gleiche in seinem hervorragenden Buch *The Culture of Disbelief*. Er weist darauf hin, dem liberalen Establishment (nicht nur in Amerika) sei es zuzuschreiben, dass die extreme Rechte so stark geworden sei; denn es habe ja nur noch seinem Nihilismus gehuldigt, alle Grenzmarkierungen geschleift, gemeint, die Geschichte habe erst gestern mit uns selbst begonnen, und alle notwendigen Traditionen und „romantischen" Ideale mit den Füßen zertreten. Die Progressiven waren viel zu rational und korrekt und haben dabei übersehen, was die Seele wirklich braucht.

Können wir die Verantwortung dafür übernehmen, dass wir die Menschen in diese beiden Extreme treiben, wenn wir nicht einfühlsam in der Mitte stehen? Ich muss hier daran denken, wie oft bei meinen Vorträgen jemand sagt: „Mit dem, was Sie da gerade gesagt haben, bin ich nicht einverstanden." In acht von zehn Fällen war es so, dass der Betreffende nicht richtig hingehört hatte, was ich hatte sagen wollen. Selten kennen die Zuhörer die Achtsamkeit, ganz neutral und ohne Angriff zu fragen: „Habe ich richtig verstanden, dass Sie sagten ...?" Selten geht jemand davon aus, er oder sie könnte mich falsch verstanden haben. Normalerweise gehen wir davon aus, dass *der andere* etwas Falsches sage, wenn wir anderer Meinung sind oder nicht wirklich zugehört haben. Eine solche Haltung bzw. Reaktionsweise sind für Dialog oder echten Austausch nicht förderlich.

Bedauerlicherweise leidet meine Reaktion darauf dann allzu oft darunter, dass ich mich von der im Raum entstandenen negativen Energie beeinträchtigen lasse. Ich gehe in die Defensive oder beiße mir auf die Zunge, um mich von meinem eigenen Urteil oder dem Wunsch, zum Gegenangriff überzugehen, zurückzuhalten. Das Ergebnis ist dann bestenfalls eine halbe Antwort.

Gewöhnlich gehen wir von der Annahme aus: „Ich habe dich verstanden. Ich weiß, was du willst. Ich weiß, was du zu sagen versuchst, und darum habe ich das Bedürfnis und Recht zu widersprechen." Eine solche generelle Selbsteinschätzung und Selbstsicherheit sind nicht dazu angetan zu reifen und sich zu entfalten. Der Achtsamkeit und Wahrheit wird dabei ein schlechter Dienst erwiesen; denn keiner von uns fühlt sich als Adressat dann noch sicher oder rücksichtsvoll behandelt. Leider finden inzwischen viele öffentliche Diskussionen weithin unter diesen Vorzeichen statt, sogar im Parlament und in den Feuilletons großer Zeitungen. Ich frage mich, ob wir in der Kirche eine Alternative leben.

Doch zum Glück gibt es auch immer zwei von zehn Leuten, die achtsam genug sind zu fragen: „Richard, habe ich das richtig verstanden, was Sie da gesagt haben …?" Dann kann ich meist etwas klären oder auch zugeben, dass ich mich vielleicht nicht deutlich genug ausgedrückt oder womöglich sogar etwas Falsches gesagt habe. Gewöhnlich antworte ich den Leuten: „Hört mir bitte noch eine Weile zu und ihr werdet nicht vor den Kopf gestoßen sein." Wenn sie mir genügend Zeit lassen, gleiche ich meist selber aus, wenn ich zunächst etwas überspitzt gesagt habe. Aber viele Leute lassen einem nicht die dafür notwendige Zeit.

Wenn wir auf Jesus schauen, sehen wir, dass er in solchen Situationen entweder schwieg, die Frage in einen ganz anderen Zusammenhang versetzte oder mit einer Gegenfrage erwiderte. Er wusste, dass man von Anfang an verloren hat, wenn einem jemand mit Abneigung begegnet oder es darauf anlegt, einen bloßzustellen. Was immer man bei solchen Begegnungen sagt, es wird gegen einen gekehrt. Wir haben alle schon solche fruchtlosen und unmöglichen Aussprachen erlebt. Davon hat niemand etwas.

Aber das ist die Art, wie das Ego gerne vorgeht. Wenn man gegen etwas ist, verschafft es einem das Gefühl, festen Stand zu haben; dies betrachte ich jedoch als ein trügerisches Gefühl der Stärke und Macht. Mitempfinden und Achtsamkeit dagegen wecken nicht das Empfinden und haben erst recht nicht zum Ziel, etwas oder jemanden im Griff zu haben, im Gegenteil. Mitgefühl und Dialogbereitschaft sind ihrem Wesen nach verletzliche Positionen. Ist man darauf versessen, alles fest im Griff zu behalten und vorhersehen zu können, wird man sich selten die Schwäche des Zuhörens oder den ungewissen Ausgang eines Dialogs zumuten. Das aber macht nicht nur unfähig, auf andere wirklich zu hören, sondern auch unfähig, auf Gott zu hören. Die Art, wie wir an etwas Bestimmtes im Alltag herangehen, ist meist die Art, wie wir auch auf alles andere zugehen. Wenn wir immer versuchen, alles fest im Griff zu behalten und uns gegen andere abzublocken, wie sollten wir da plötzlich eine ganz andere Einstellung finden können, wenn wir uns zum Gebet hinknien?

Der Glaube verlangt nun einmal *Glauben* – nicht Beweis, Gewissheit, Vorhersehbarkeit, Kontrolle oder den Trost einer Autorität, die uns versichert, dass wir immer im Recht oder in der Wahrheit sind. Die Versuchung ist groß, sich auf ein beziehungsloses Christentum und auf beziehungslose Führungsstile einzulassen, damit alles durch Gesetz, Regeln und Statut abgesichert ist und wir uns nicht mehr auf lästige Sonderfälle einlassen müssen. Das Gebet ist vielleicht mehr als alles andere die Schule der Beziehung und des Sonderfalls. Hier sollten wir Experten sein – sofern wir Menschen des Gebets sind.

Sinn für Gemeinschaft

Dem Hunger nach Sinn und dem Bedürfnis nach Hoffnung, die wir heute in unserer geistig konturlosen Gesellschaft empfinden, lässt sich nicht allein durch private Entscheidungen gerecht werden. Diesbezüglich haben viele Progressiven einen gewaltigen blinden Fleck. Die Probleme sind zu umfassend, als dass man ganz allein einem derartigen kulturellen Kollaps die Stirn zu bieten vermöchte. Ein korporatives Übel kann nur durch korporativ Gutes überwunden werden. Aus diesem Grund und vielen anderen bin ich sehr froh, miterleben zu können, wie in Kirche und Gesellschaft überall neue Gruppen entstehen.

Schon seit den frühen Tagen meiner „Gemeinschaft von New Jerusalem" in Cincinnati [d. h. eines der von Richard Rohr gegründeten geistlichen Zentren; Anm. d. Ü.] haben wir gesagt: „Man kann nicht über das Denken eine neue Lebensform finden, sondern man muss über eine Lebensform in ein neues Denken hineinwachsen." Letztlich verändern wir uns und wachsen, indem wir unseren Lebensstil ändern, weil dieser es ermöglicht, mit neuen Augen zu sehen. Wir müssen Strukturen und Institutionen schaffen, die anders sehen und dadurch in der Lage sind, anders zu denken und zu handeln. Uns sind aus der Vergangenheit keine Beweise überliefert, dass Einzelne, die nach dem Evangelium leben, *allein* den Weg ins Reich Gottes gingen. Diesbezüglich scheint in der Kirche noch ein gewaltiger Individualismus verbreitet zu sein, obwohl gerade sie den Individualismus in der Welt nur allzu gern verurteilt.

Solange wir nicht unseren persönlichen und gemeinschaftlichen Lebensstil sowie all das, worauf es vermeintlich ankomme, in Frage stellen, wird nichts wirklich Neues geschehen können. Oder wie Jesus es mit seinem treffenden Bild gesagt hat: Füllt man „neuen Wein in alte Schläuche ..., zerreißt der Wein die Schläuche; der Wein ist verloren und die Schläuche sind unbrauchbar" (vgl. Markus 2, 22). Dies lässt sich als deutlicher Hinweis verstehen, dass es Strukturen braucht, die ganz und gar dem Evangelium entsprechen, wenn man Menschen zum Leben nach dem Evangelium inspirieren will. Bis jetzt hat die Kirche weithin nur versucht, Menschen zu evangelisieren, während ihre Strukturen die des römischen Imperiums blieben, monarchisch und unhinterfragbar. „Neuen Wein füllt man in neue Schläuche, dann bleibt beides erhalten" (Matthäus 9, 17).

Vielleicht zielt Jesus aus diesem Grunde nicht direkt auf eine Sozialreform, sondern predigt ein Leben der Einfachheit und Gewaltfreiheit, das *außerhalb* des Systems von Macht, Geld und Kontrolle liegt. Statt das System zu bekämpfen, *ignoriert er es* und entwirft eine alternative Weltsicht, in der Macht, Prestige und Besitztümer nicht mehr gesucht und erst recht nicht bewundert werden. Ein solcher Rückzug aus der Loyalität gegenüber dem herrschenden System ist auf lange Sicht das denkbar effizienteste subversive Verhalten; denn die herrschenden Mächte können einem damit weder positiv noch negativ etwas anhaben (indem sie einen zwingen, gegen sie zu reagieren). Man steigt eben aus ihrem Belohnungs- und Bestrafungssystem aus. Vielleicht haben Mystiker, Heilige und Eremiten gerade deshalb das jeweilige politische System ihrer Zeit so verärgert. Sie ignorieren es und schaffen sich ihre eigenen Loyalitäten.

Gesunde Tradition

Mein Bruder und meine Schwägerin haben in diesem Sinne versucht, ihr Familienleben anders als üblich zu gestalten, und sich ein Haus in der gleichen Straße gekauft, in der die Erstfamilie meiner Schwägerin wohnt. Sie sagen: „Wir wollen unsere Kinder mit anderen Werten erziehen." Als ich vor einigen Wochen meine Neffen und Nichten und ihre Vettern und Cousinen erlebte, konnte ich sehen: Diese Kinder sind anders als andere Kinder, wirklich anders. Sie bringen ihre Hunde zu mir, damit ich sie segne. Sie genieren sich überhaupt nicht, über die Kirche zu reden, und sprechen mich sogar mit „Father" an. Manche könnten sagen, das sei altmodisch und patriarchal. Aber wenn ich sehe, dass eine nicht seltene Alternative Zynismus und Sarkasmus gegenüber fast allem ist, kommt mir eine stille Welt gegenseitiger Wertschätzung bei weitem attraktiver vor. Sie sind stolz darauf, katholisch zu sein, und dabei ganz frei von jenem Schamgefühl, das heute viele katholische Kinder aufgrund ihrer Konfession haben. Sie fanden es irgendwie aufregend, dass eine Woche lang ein Priester in ihrer Straße wohnte. So segnete ich die ganze Woche Haustiere und Kranke. Für die Menschen dort ist die Welt von einem gewissen Zauber erfüllt, bietet Gemeinschaft und Geheimnisse. Wenn uns Religion nicht mehr das Gefühl vermittelt, zu einer heiligen Welt voller Sinn zu gehören, hat sie etwas Nutzloses und Fades. Glaubt man dagegen, dass die Welt unter einem Segen steht, dann möchte man offenbar, dass auch der geliebte Familienhund davon gestreift wird!

Während des Aufenthalts im Haus meines Bruders beobachtete ich eine Welt, in der nur selten laut geschrien wird und in der Eltern und Kinder in gegenseitigem Respekt miteinander umgehen. Ich glaube nicht, dass man solchen Menschen unterstellen müsste, sie seien von vorgestern, von einem anderen Stern oder verdrängten wichtige Bedürfnisse. Von Zynismus und Sinnöde freie Menschen, denen ich begegne, vertreten eher konservative Werte, oder es sind progressive Menschen mit einer tiefen Spiritualität. Sie verschwenden nicht einen Großteil ihrer Zeit damit, das Leben madig zu machen. In ihrem Leben gibt es wie selbstverständlich bestimmte stabile *Gegebenheiten*, die sie nicht tagtäglich ätzender Kritik aussetzen müssen.

Es kann auch sein, dass solche Menschen wie mein Bruder und meine Schwägerin Wert darauf legen, sonntags nicht die Messe zu versäumen. Die sakramentalen Symbole und Festtage der Kirche sind ein aktiver Bestandteil ihres Lebensrhythmus'. Das vermittelt vor allem den Kindern eine geheiligte und zuverlässige

Welt, in der sie aufwachsen können – fast mühelos. Ich kenne das, weil mir selbst eine solche Welt beschieden war, in „Kansas irgendwo über dem Regenbogen", in jenen friedvollen Jahren, die uns nach dem Zweiten Weltkrieg dort beschieden waren. Paradoxerweise hat mich gerade diese Zeit auf eine viel weitere Welt als das kleine Kansas vorbereitet. Das ist wirklich paradox!

Mir scheint, wir müssen konservativ *anfangen* – mit klaren Grenzen, einer eindeutigen Identität und der Wertschätzung für das, was wir sind und leben. Dann und nur dann können wir entsprechend unserer Ausbildung und Erfahrung von dieser gefestigten Mitte her in eine weitere Welt hinausziehen, ohne uns darin zu verlieren. Ich kenne keine andere Möglichkeit, die für die Seele des Menschen wirklich fruchtbar wäre. Man kann nicht ziellos, in Antihaltung gegen alles und mit rein subjektivem Auswählen dessen, was einem jeweils gerade passt, aufwachsen. Tut man's aber, handelt man sich die extreme Behinderung ein, bei *Null* anfangen zu müssen, und ich glaube nicht, dass Gott das für den einzelnen Menschen vorgesehen hat. Hier kommt der notwendige und gute Sinn von Tradition ins Spiel. Es ist uns zugedacht, Mitglieder von Gemeinschaften mit bestimmten Bräuchen zu sein, die einige der wichtigsten Probleme und Lebensfragen bereits für uns benannt und gelöst haben, selbst wenn wir uns noch einmal ganz persönlich mit ihnen auseinander zu setzen haben.

Das normale Muster, das ich in der Mythologie und allen Geschichten finde, ist, dass eine gesunde Persönlichkeit zunächst mit Idealismus, Heroismus und Schwarz/Weiß-Ansichten anfängt und sich dann in Richtung Nuancierung, Realitätssinn, Mitgefühl, Ausnahmen von der Regel, Geduld, Toleranz und Weisheit weiterentwickelt. Derzeit geschieht die Umkehrung: Die Leute fangen ohne irgendwelche Grenzen, mit keinerlei Identität an und in ihrer Lebensmitte verfallen sie dann in eine Überreaktion und laufen allen Arten von Gewissheit, Ordnung und absoluter Autorität nach. Ich beobachte das vor allem im Gefängnis bei vielen, die ihre frühen Jahre mit „Drogen, Sex etc." vergeudeten und jetzt mit absoluter Arroganz und Ignoranz irgendwelche religiöse Plattitüden verfechten – eine hochtoxische Verbindung!

Die Erfahrung, mit einer gesunden Tradition zu leben, macht man zudem nicht für sich allein, sondern es ist eine Gemeinschaftserfahrung. Vielleicht betont der Katholizismus deshalb so stark die Liturgie. Sie führt in einen gemeinschaftlichen Raum, in dem wir andere Fragen stellen, die Wirklichkeit aus einer anderen Perspektive sehen und andere Wahrheiten erfahren können als jene, die nur unser „privates Ich" betreffen. Endloses Erzählen der Geschichten darüber, „wie es mir geht", wird schließlich zur reinen Selbstbestätigung, zum Gefangensein in sich selbst und – ehrlich gesagt – stinklangweilig. Persönliche Anekdoten erscheinen irgendwann nur noch kleinkariert und ziellos, wenn sie nicht Teil einer viel umfassenderen Erzählung werden.

Wiederaufbauarbeit

Wenn wir von „Wiederaufbau", von Reformen, von Erneuerung sprechen, bezieht sich das meist auf die öffentliche Welt, auf öffentliche Einrichtungen und Institutionen. Gibt es nicht auch eine innere Wiederaufbauarbeit? Eine Gesinnungsänderung ist da nur ein Anfang und bleibt noch zu sehr im Privaten. Mit einem persönlichen Umdenken fangen wir an, aber dann gilt es auch, aus ihm heraus Strukturen zu schaffen, die es ermöglichen, unsere neue Sicht mit anderen zu teilen und an die nachfolgende Generation weiterzugeben. Wie schon gesagt, sind Konservative darin meistens besser als Progressive, die wenig geneigt sind, bleibende Strukturen aufzubauen. Daher hat Religion meistens einen konservativen Grundzug. Die Kunst besteht darin, zwischen gesundem Konservativismus und bloßem Selbsterhalt mittels bestimmter Strukturen, wie sie vielleicht schon vor vielen Jahrhunderten entstanden, zu unterscheiden. Man kann sich konservativ geben und dabei doch noch Angst vor größerer Wahrheit, vor Fantasie und neuer Einsicht, vor Risiken und letztlich vor echtem Glauben haben. Echte Traditionalisten sind nicht immer ihrem Temperament nach konservativ. Sie wissen einfach, dass es einige alte Grenzsteine gibt, die mit gutem Grund gesetzt wurden.

Der große amerikanische Essayist Ralph Waldo Emerson sagte: „Ohne Begeisterung kommt niemals etwas Großes zustande." Was einer geistig strukturlosen Kultur mit ihrer meist ätzenden Kritik und ihrem Pessimismus bezüglich der Wirklichkeit fehlt, sind grundsätzliches Vertrauen und Begeisterung, die man für fast alles braucht, was man beginnen möchte. Mit bloßer Kritik und sturem Dagegensein kann man nichts Sinnvolles aufbauen. Was man unternimmt, kehrt sich nicht selten gegen die eigene Gruppe (das bezeugen die späteren Phasen der meisten wütenden Revolutionen, sogar ein gutes Stück weit die „protest„antische Reformation und die neuen katholischen Reaktionäre, die sich bereits über der Frage zersplittern, wer rechtgläubig ist). Ein vorwiegend reizbar oder negativ eingestellter Charakter wendet sich schlussendlich auch gegen sich selbst und seinesgleichen.

Ich werde immer mit Freude an meine frühen Jahre bei der Jugend der „Gemeinschaft von New Jerusalem" in Cincinnati zurückdenken. Wenn wir eines waren, dann begeistert! Wir waren voller Glauben, voller Vertrauen, voller positiver Energie – es wurde nicht alles und jedes erst einmal kritisiert, analysiert und in Frage gestellt. Ich sagte: „Nehmen wir uns doch die Freiheit zum Ja-Sagen, bevor wir nein sagen!" Im Lauf der Jahre bin ich immer mehr in der Überzeugung bestärkt worden, wie tief wirkend diese Wahrheit ist. Der Spruch der Anonymen Alkoholiker „analysis is paralysis", „analysieren lähmt nur", weist darauf hin, dass es viele angelernte Denk- und Verhaltensmuster gibt, die es um des Lebens und der Menschen willen zu verlernen gilt.

Allzu viele kennen nicht die Freiheit, ja zu sagen, bevor sie nein sagen. Die erste Reaktion lautet normalerweise: „Nein" – „Ich habe meine Bedenken. Ich habe Vorbehalte. Ich bin damit nicht einverstanden" – „Ja, aber ..." Das vom griechischen *en-theós* („in Gott") abgeleitete Wort *Enthusiasmus* heißt wörtlich „ganz in Gott", „hingerissen von Gott". Ich rede hier nicht kopflosem Enthusiasmus das Wort, sondern einem Enthusiasmus, der auf Intelligenz und Weisheit ruht sowie auf dem großen Geschenk der Hoffnung. Hoffnung steht und fällt nicht mit äußeren Umständen oder günstigen Voraussetzungen. Sie kann sogar mitten in lauter Widerwärtigkeiten und Prüfungen aufblühen.

Vorbedingung für ein Ja ist echter Glaube, zu dem immer Hoffnung und Liebe gehören. Und ich würde sagen: Ein grundlegendes *Ja* ist das Element, das ein vom Geist Jesu inspiriertes Programm am deutlichsten von einem nur weltlichen Programm unterscheidet. Man kann auf der Stelle spüren, dass das eine ganz andere Energie ist! „In ihm ist das Ja verwirklicht. Er ist das Ja zu allem, was Gott verheißen hat" (2 Korinther 1, 19 f). Jesus war ein „Ja"-Mensch im tiefsten Sinn des Wortes.

Wenn jemand unser „Zentrum für Aktion und Kontemplation" in New Mexico besuchen und dort erleben würde, dass Team-Mitglieder im Gespräch mit den Gästen übereinander herziehen oder jeder fanatisch seine Lieblingsvorstellungen propagiert, hätte er gewiss keine große Meinung von uns. Er könnte nicht glauben, dass wir etwas im Sinne Gottes bewirken und einer größeren Wahrheit auf der Spur sein wollen. Damit hätte er nur Recht.

Wenn man „Gottes Werk" betreibt, muss man den Fluss nicht anschieben. Der Fluss ist Gottes immer verlässliche Liebe. Diese Wahrheit sollte unseren persönlichen und unseren gemeinschaftlichen Lebensstil auszeichnen. Wir können grundsätzlich positiv eingestellt und fröhlich sein; denn ob alles richtig läuft, hängt nicht allein von uns ab. Wir sind nur, wie Franziskus sagte, „Herolde des Großen Königs".

Lieber Perlen aufreihen als Dreck kehren

Sind wir gebildete, kritische Menschen, kommt der Hang zum alles und jedes in Frage Stellen wie von allein. Aus irgendeinem Grund fällt uns das Nein-Sagen leichter als das Ja-Sagen. Das spontane Nein gilt geradezu als Beweis dafür, dass man differenziert denken kann. Aber diese Art von destruktivem Häuserabriss ist ziemlich nutzlos, wenn sie nicht zugleich mit dem Wiederaufbau aus einer kreativen Inspiration heraus einhergeht. Wie bereits im 2. Kapitel gesagt, gehört es zum Leichtesten der Welt, auf den oder das zu zeigen, was falsch ist, und sich aufs Podest zu stellen, ohne irgendetwas Konstruktives zu *tun* oder selbst zur *konstruktiven Antwort* zu werden. Wenn du alles auseinander genommen hast – wo*für* bist du dann eigentlich? Es ist erschreckend, wie viele Aktivisten auf der Linken und Reaktionären auf der Rechten über keine positive Vision verfügen, an nichts glauben, *niemanden* oder *nichts* lieben. Sie sind einzig überwältigt von dem, was nicht stimmt, und meinen: Wenn sie alle so genannten „kontaminierenden Elemente" ausschieden, müsse die Welt doch wieder rein und recht werden.

Dies ist die Kernillusion von Leuten sowohl auf der Linken als auch auf der Rechten. Beide vertreten auf ihre je eigene Weise eine Art Vertreibungspolitik. Sie unterscheiden sich voneinander nur in ihrer Auffassung, was vertrieben werden müsste. Eines Tages wird man auch im Hauptstrom des Christentums erkennen, dass sich Jesus nie auf das Vertreiben oder Ausschließen eingelassen hat, sondern nur ums Umwandeln und Einbeziehen bemüht war. Ja, man könnte sogar sagen, Jesus durchschaute gerade die soeben genannte Art von Vertreibung als das eigentliche Problem. Er schickte stattdessen die Aussätzigen und Geheilten immer in ihre Städte zurück, zu den Priestern, heraus aus den Gettos der Ausgestoßenen, in denen es nur Ketten und Zähneknirschen gab.

Es ist einerseits großartig, dass sich so viele Menschen aktiv für Gerechtigkeit und Frieden einsetzen und alles tun wollen, um die Übel dieser Welt zu überwinden. Aber Sündenböcke suchen, Übeltäter bestrafen, vermeintlich Abtrünnige ausstoßen, Nonkonformisten verbannen – das alles führt andererseits nicht auch automatisch zu einer echten neuen Vision oder gar zu einer neuen Gesellschaft. Im biblischen Buch der Sprichwörter heißt es: „Ohne Vision verwildert das Volk" (29, 18). Das ist es, was das Evangelium, was echte Religion, echte Mythologie uns schenken: eine konstruktive Vision, mit deren Kraft die Menschenseele voll Hoffnung leben kann. Dies erst ist der Zündfunke für einen nachhaltigen Wandel. Für diese ganz und gar positive Vision – die gegen niemanden ist und nichts ausschließt – verwendet Jesus den Begriff „Reich Gottes" oder „Himmelreich". Er *schließt* die Sünder *mit ein* („vergibt" ihnen), statt sie auszuschließen oder zu Sündenböcken abzustempeln und in die Wüste zu treiben.

Von daher gesehen ist es äußerst merkwürdig, dass das institutionalisierte Christentum überhaupt jemals den Begriff und noch schlimmer das Faktum der „Exkommunikation" schaffen konnte. Nur der Einzelne selbst kann es sich antun und sich ausschließen; aber einer Gemeinschaft von Christen darf es nie und nimmer darum gehen, dies zu tun. Der Hinduismus, die älteste Weltreligion, hat nie jemanden exkommuniziert.

„Wie man in den Wald hineinruft, so schallt es heraus", sagt ein Sprichwort. Heute spricht man auch bei uns von „Karma", wenn es heißt: „Was du austeilst, das bekommst du zurück." Wer

Tod austeilt, endet im Tod. Wer Leben stiftet, empfängt nichts als Leben; denn spirituelle Gaben vermehren sich in dem Maß, wie man sie austeilt. Ein chassidischer Meister der jüdischen Mystik hat es treffend so gesagt: „Kehr den Dreck hierhin, kehr den Dreck dorthin, immer bleibt es Dreck. Statt darüber zu brüten, könnte ich in der Zeit genauso gut Perlen aufreihen, dem Himmel zum Gefallen."

Unlängst hörte ich einen Vortrag der deutschen Theologin Dorothee Sölle. Sie sagte: „Wir im Westen sind heute spirituelle Waisen. Wir sind von unseren eigenen spirituellen Wurzeln abgeschnitten, den einzigen, die wir haben." Sie hat Recht. Die jungen Leute aus Deutschland, so sagte sie weiter, reisten auf der Suche nach ihrem eigenen spirituellen Erbe um die ganze Welt. Daheim könnten sie es nicht mehr finden; denn dort habe man die eigene Tradition allgemein verworfen, weil sie in der Nazizeit so jämmerlich versagt habe.

Der Russe Alexander Solschenizyn hat es noch drastischer formuliert: „Der Westen ist in einem Zustand spiritueller Auszehrung." Dieses Wort sagt viel. Der westliche Geist weigert sich, vor irgendetwas Ehrfurcht zu haben. Er sieht nur noch, was falsch ist, und zeigt sich offensichtlich unfähig, sich über das zu freuen, was „gut und wahr und schön" ist. Der einzige Ausweg daraus besteht darin, dass dank einer positiven Gotteserfahrung eine neue Phantasie und eine neue Kosmologie entstehen. Erziehung, liberale Politik, Problemlösungsstrategien – all das bleibt in sich unzulänglich und kann keine kosmische Hoffnung und keinen neuen Sinn wecken. Dies vermag nur eine gesunde Religion, und vermutlich deshalb verwandte Jesus während seines öffentlichen Wirkens so viel Zeit darauf, die Religion seines Landes zu reformieren.

Eine gesunde Religion erschließt dem Menschen ein grundlegendes Gefühl der Ehrfurcht und des Staunens. Sie verleiht einem ansonsten leeren Universum wieder den Zauber eines großen bergenden Geheimnisses. Sie erfüllt die Menschen mit Achtsamkeit gegenüber allen Dingen und Lebewesen. Nur mit Ehrfurcht und Achtsamkeit stößt man zur alles auffangenden Hoffnung und zu einer Gesamtschau vor. Und nur dann wird die Welt zur sicheren Heimat. Dann kann man erahnen oder gar sehen, dass sich das göttliche Bild in allen Menschen und Tieren und in der gesamten Natur spiegelt, ja, die ganze Welt wird innerlich, „übernatürlich". Von da an versagt jedes dualistische Sprechen. – Wenn sich aber in nichts mehr etwas Göttliches spiegelt, warum sollte ich dann vor irgendjemandem oder irgendetwas Ehrfurcht haben? Warum sollte ich mit jemandem zärtlich sprechen, wenn niemand das göttliche Bild widerspiegelt, sondern alles und alle nur eine Ansammlung von Marktprodukten sind?

Der Humanismus hat seine Wurzeln ursprünglich im Evangelium, aber er ist nicht selbst das Evangelium; denn er blickt noch zu kurz und erkennt noch nicht die Ursache dafür, warum man vor allem unbedingte Ehrfurcht und Achtsamkeit kennen sollte. Er versucht, dem zweiten Gebot („Liebe deinen Nächsten") zu folgen, ohne das erste („Du sollst den Herrn, deinen Gott lieben aus ganzem Herzen") zu kennen, und das reicht auf Dauer nicht aus; denn letztlich schöpft das zweite seine Durchhaltekraft aus dem ersten Lebensgebot. (Wobei wir allerdings zugeben müssen, dass in der Praxis anscheinend viele Humanisten ihre Nächsten viel besser lieben als so manche, die sich als Christen bezeichnen. Gott braucht uns alle als seine Werkzeuge. Christen haben nur den einen Vorzug zu wissen, dass sie Werkzeuge sind – und können schon jetzt aus diesem hoffnungsvollen Wissen heraus leben.)

Letztlich ist es die Botschaft vom Kreuz, die dieses Sich-Spiegeln Gottes in allem bis an seine äußersten Grenzen treibt. Mehr als alles andere besagt das Kreuz, dass Gott in allen Dingen gesehen werden kann und will, ganz besonders in den scheinbar sündigen, gebrochenen und tragischen Dingen. Der Ort dessen, was man als das Schlimmste ansieht, wird zum Ort des Besten. Das Geheimnis des Kreuzes lehrt uns, auf die Überraschung gefasst zu sein, wie und wo Gott sein Herz offenbart. Das entzieht sich völlig unserer Regie.

Die heilige Wunde

Ich bin der Überzeugung: Wenn wir den Blick für das Sich-Spiegeln des göttlichen Bildes in allen Dingen verlieren, zerfallen wir ziemlich schnell. Der postmoderne Geist hat zu wenig Respekt (*re-spicere* heißt wörtlich: „noch einmal hinschauen"), zu wenig die Fähigkeit, noch einmal anzuschauen, was er allzu leichtfertig abgetan hat. Vordergründige Naturwissenschaft wie weltliche Erziehung sind darauf beschränkt, nur einen Ausschnitt zu sehen (man schaue sich zu diesem Thema die umfangreichen Schriften des spirituellen Intellektuellen und Schriftstellers Ken Wilber an).

Da es ihm an Respekt mangelt, kann der postmoderne Geist bei nichts bis auf den Grund sehen. Das Gleiche gilt für eine Menge von Therapien und psychologischen Methoden: Sie stimmen so weit, wie sie gehen; aber sie gehen nicht weit genug. Eine gesunde Religion dagegen begleitet während des gesamten Weges. Sie sagt: „Bleib nicht bei deiner Wut, deiner Enttäuschung, deiner wissenschaftlichen Erklärung stehen, sondern geh tiefer, noch tiefer ..." Das Analysieren und Zerlegen ist nur der erste Schritt auf dem Weg zum Neuaufbau und Weiterwachsen. Die biblischen Propheten würden sagen, man müsse „die Götzenbilder umstürzen", weil man erst dann den Eingang in den Tempel der wahren Heiligkeit finde. Das Christentum in seiner reifen Form führt uns weiter, und zwar in den unvermeidlichen Bereich des Tragischen hinein, zur „Torheit des Kreuzes", wie es Paulus nennt.

Normalerweise führt uns Gott so, dass wir vom jeweils Derzeitigen enttäuscht sind, um nicht stehen zu bleiben auf unserem Weg, immer tiefer, noch tiefer ... Solange das augenblicklich Vorhandene nicht zerfällt, suchen wir nicht das „Mehr als all das", entdecken wir nicht das, was uns wirklich trägt. Dies ist allerdings immer in irgendeiner Form auch mit Leid verbunden, und das möchten wir vermeiden. Wir wehren uns mit allen Kräften gegen Leiden, und doch sprechen alle Religionen von seiner Notwendigkeit. Schmerz ist der Weg dahin und der Preis dafür, dass das kleine Ich stirbt und das wahre Selbst ans Licht kommt und wir schließlich unsere wahre Identität in Gott finden. Viele Schüler C. G. Jungs beschreiben dies mit psychologischen Mitteln als das „notwendige seelische Leiden", das mit dem Tod des Ego verbunden sei. Jesus formuliert es so: „Wenn das Weizenkorn nicht in die Erde fällt und stirbt, bleibt es allein" (Johannes 12, 24). Wenn man diesen unerlässlichen Schmerz, der mit dem Menschsein verbunden ist, zu vermeiden sucht, beschert man sich trauriger Weise einen viel länger andauernden und oft fruchtlosen Schmerz.

Bei meiner Arbeit auf dem Gebiet der Männerspiritualität bezeichne ich dieses Leiden in seiner umwandelnden Weise als „die heilige Wunde". Das ist ein Begriff aus der klassischen Mythologie, aber auch aus der Christusgeschichte. In der Mythologie ist der Held immer ein Verwundeter auf dem Weg zu seiner Größe. Der kleine Mensch jedoch wehrt sich dagegen, verwundet zu werden, oder genauer: Er weigert sich, die Wunden, die auch ihm widerfahren, anzunehmen und zu durchleben. Er versucht, einfach nett und normal zu bleiben, damit alle ihn mögen und akzeptieren. In unserer Kultur wird er sich um die kuschelige Situation bemühen: finanziell gut situiert, körperlich fit, „ohne Fehl und Tadel", gut katholisch, freundlich und glücklich zu erscheinen, womöglich einen Mittelklassewagen zu fahren und nach der neuesten Mode gekleidet zu sein. Er weigert sich, diese Komposition auseinander fallen zu lassen. Er weigert sich, verwundet zu sein, und erst recht lässt er es nicht zu, dass die zunächst erniedrigende Wunde zur heiligen Wunde wird, ihn heiligt und heilt. Ich persönlich glaube, was die Evangelien sagen: Es gibt keinen anderen Weg, um das Wesentliche und Tiefste des Menschseins kennen zu lernen. Der einzige Weg zur Erlösung besteht darin, dass man seine vermeintlich immer zu Unrecht erlebten Wunden zu heiligen, heilenden Wunden werden lässt. An sein eigenes, tiefstes Geheimnis rührt man immer nur um den Preis, in der Unversehrtheit beschädigt zu werden.

Wenn sich jemand auf seinen Schmerz einlassen kann und ihn erst abschüttelt, wenn er seine Lektionen gelernt hat, kann man erkennen, dass das Leiden Teil des großen Prozesses ist, mittels dessen Gott alles umformt, reinigt und erleuchtet. Wenn es eine durchgängige und klare Offenbarung in der jüdisch-christlichen Heiligen Schrift gibt, dann die, dass der Gott Israels der ist, der „die Toten lebendig macht" (vgl. Deuteronomium 32, 39; Römer 4, 17). Sobald wir auf diesen Umwandlungsprozess vertrauen, sobald wir darauf vertrauen, dass Gott gerade *im Leidenden* ist, werden unsere Wunden zu heiligen Wunden, und unsere derzeitige, scheinbar allzu herbe Lebensphase wird zum göttlichen Weg. Uns trägt dann die Zuversicht, dass Gott in allem ist und ganz besonders in der „mühsamsten aller seiner Verkleidungen", in der Sünde und im Leiden.

Katholiken bestätigen diese – weltlich betrachtet – unwillkommene Wahrheit im Herzen jeder eucharistischen Liturgiefeier, so als wüssten sie durchaus, dass sie immer geneigt sind, *das* Geheimnis des Glaubens zu vergessen. Ich will es persönlicher formulieren und einmal so umschreiben: „Christus und das Ego müssen sterben. Christus und das wahre Selbst in uns müssen auferstehen. Der Lebens- und Reifeprozess muss nach diesem Lebensgesetz verlaufen, bis wir ihn wirklich begreifen."

Paulus sagt das noch deutlicher im Galaterbrief: „Ich bin mit Christus gekreuzigt worden (mein kleines und falsches Ich ist gestorben); nicht mehr ich lebe (ich erfahre das größere Selbst), sondern Christus lebt in mir (ich nehme den in mir Wohnenden wahr, der mich bedingungslos liebt)" (2, 19 f).

In der ostkirchlichen Tradition wird dieser Prozess mit dem kühnen Wort „Vergöttlichung" bezeichnet. Ein derartiges Erbe zu beanspruchen kommt uns womöglich vermessen vor. Wir würden lieber alles selber erwirken; ein Erbe aber kann man nur dankbar empfangen und es dann in aller Achtsamkeit und Bereitschaft annehmen.

Dieser Prozess unserer geistigen radikalen Umwandlung in „die, die wir in Gott sind", können wir auch als das Ostermysterium bezeichnen. Es ist das Hauptthema jeder Eucharistiefeier, das sich nur dem Glaubenden erschließt, um es in seiner ganzen Tiefe und Bedeutung zu erfassen – und wir tun alles, um davor zu kneifen. Die Liturgie bringt uns nach und nach nahe, wer wir sind! Das Brot begreift's, der Wein versteht's. Wir Menschen sträuben uns, verdrängen es, leisten Widerstand gegen alles, wozu wir uns noch nicht bereit oder unwürdig fühlen. Daher sprach Jesus von diesem Geschenk mit dem Bild vom Festmahl, zu dem die Geladenen mit vielen Ausreden nicht kommen (vgl. Lukas 14, 15–24). Paulus bezeichnete dieses wunderbare Geschenk als freies und frei machendes Erbe für die, die dazu neigen, lieber Sklaven bleiben zu wollen (vgl. Römer 8, 14–17). Denn allzu sehr empfinden unsere komplizierte, irdisch orientierte Psyche und unser Denken den Prozess der Vergöttlichung des Menschen, der Bewusstwerdung seines himmlischen Ursprungs als Verwundetwerden. Aus allzu irdischem Grund verwundet uns die Liebe und tut uns die Schönheit weh.

Wenn uns Wunden in einer säkularen Gesellschaft wie der unseren zustoßen, sehen wir uns gewöhnlich sehr rasch nach einer

Möglichkeit um, sie unverzüglich zu beheben. Wir fühlen uns als Opfer, rüsten uns vielleicht zur Rache (nennen dies zuweilen „uns unser Recht verschaffen") oder suchen jemanden, dem wir unser Verletztsein vorwerfen oder gegen den wir prozessieren können. Unser Leid wird so nicht zur heiligen, uns heilenden, sondern meist nur zur dunklen Wunde und schließlich zu einer Wunde, die uns bitter werden lässt. Hier hört jeder Weg auf, eine Zukunft gibt es so nicht.

Ohne die Wunde, die Würde verleiht, gibt es kein Geheimnis, keine Größe, keine Seele und ganz sicher keinen Heiligen Geist. Dieses große, tiefe Thema zieht sich auch deutlich durch die große Dichtung und Literatur der Welt, dass man sich nur wundern kann, dass wir es immer noch nicht begreifen: Der Verwundete ist immer der Beschenkte; der Unangefochtene hat nichts begriffen.

Was wir in der westlichen Welt weithin erleben, sind Wunden, die uns bitter werden lassen. Unsere nur mehr säkular ausgerichtete Weltanschauung ist blind für die spirituelle Umwandlungskraft von Wunden in Herrlichkeit. Und doch sagen uns alle großen Mythologien und Mystiker, dass wir unausweichlich verwundet *werden*, ja verwundet werden *müssen*. Alles kommt darauf an, was wir aus unserer Verwundung machen. Es gibt etwas, das man erst weiß, wenn man die „Nachtmeerfahrt" hinter sich hat (ein archetypisches Bild für die unerlässliche Prüfung des Helden), und es lässt sich auf keinem anderen Weg erfahren.

In den klassischen Tragödien sündigen und scheitern alle, aber irgendwie bewahren sie sich ihre menschliche Würde. In der klassischen Komödie ist alles heiter und gepflegt, aber am Ende sind alle Beteiligten lächerliche Gestalten. Das Leben ist eher eine göttliche Tragödie als eine göttliche Komödie – wenn ich es hier wagen darf, anderer Meinung zu sein als Dante.

Der Glaube schenkt das Vertrauen, dass Gott in meinem Leiden und in jeder Prüfung mir ganz nah ist, und vermag zu sprechen: „Ich danke dir, Herr, für das, was du mich dadurch lehren willst!" Das sagt man allerdings nicht gleich am ersten Tag, vermutlich auch noch nicht am zweiten, aber vielleicht am „dritten Tag"! Menschen, die so sprechen können, sind buchstäblich unverwüstlich oder, christlich ausgedrückt, „von den Toten auferstanden". Das ist ein Sinn von „wiedergeboren sein" und ergibt sich eher daraus, dass man ein Leiden lebendig überstanden hat, als dass man bei einem Erweckungsgottesdienst nach vorn gegangen ist und emotional tief bewegt wurde.

In den alten Religionen wurde das um Leben und Tod kreisende Geheimnis als das „unerbittliche Rad" oder „Schicksalsrad" bezeichnet, das sich ständig dreht. Demnach muss ich die Zeit durchstehen, in der ich auf diesem Rad ganz unten bin, und dann die Zeit begrüßen, in der mich das Rad nach oben trägt, und so beide Phasen annehmen. Aus diesem Grund sagte Jesus, ein Reicher könne nicht in das Reich Gottes gelangen (vgl. Markus 10, 25); denn ein Reicher sichert sich dagegen ab, auf die Unterseite des Rades zu gelangen. Er versucht, sich von den Widrigkeiten des Lebens freizukaufen und die zum Wesen des Menschseins gehörenden tragischen Phasen zu meiden, indem er sich einen sicheren und bequemen Weg einrichtet, auf dem er alles unter Kontrolle zu haben meint. Da geschieht dann gar nichts Neues mehr. Nichts wird umgewandelt. Man vertraut nicht auf den Heiligen Geist. Das Ich bleibt klein.

Das Sterben ist dem Leben nicht fremd, es gehört zu seinem Geheimnis. Man versteht das Leben nicht, solange man nicht auch den Tod einbezieht. In der fernöstlichen Religion ist von Yin und Yang in allem die Rede; die Naturreligionen sprechen von Finsternis und Licht; im Judentum hören wir von Sklaverei und Befreiung, im Christentum von Tod und Auferstehung. Von daher spricht man zu Recht davon, dass man „wiedergeboren" wird zu *einer Neuausrichtung der Lebenserfahrung*.

Gott stirbt in allem, aber Gott aufersteht auch in allem, und zwar beides gleichzeitig! In allem ist Leiden, sagen die Buddhisten unverblümt. In allem ist Ekstase, sagen die islamischen Sufis überzeugt. In der Wildnis des menschlichen Daseins gebe es sowohl wilde Tiere als auch Engel, heißt es in den Evangelien (vgl. Markus 1, 13). Menschen, die die „besseren Engel unserer Natur" (Abraham Lincoln) sehen und dabei auch nicht „die wesentlich tragische Natur des menschlichen Daseins" (Miguel de Unamuno) verkennen, sind Seher, Mystiker, Propheten, große Seelen, Erleuchtete – Kräfte, die die Weltgeschichte voranbringen.

Es gehört zum großen Geheimnis des Lebens, dass es genauso schwierig ist, die Ekstase und Schönheit von allem zu sehen, wie es schwer fällt, das Gekreuzigtwerden von allem zu akzeptieren. Beides zusammen mündet im Ostergeheimnis – Christus ist gestorben, Christus ist auferstanden – und beides erfordert einen äußersten Akt des Glaubens und der Hingabe. Wenn ich sehe, wie allzu vielen Menschen als spontane Reaktion – worum es auch gehen mag – meist eher eine negative kommt, frage ich mich, ob für sie nicht auch der Glaube an die Auferstehung der schwierigste Glaubensakt ist. Das ist bereits in allen vier österlichen Evangelienerzählungen zu beobachten, und ich denke, dies ist ganz bezeichnend: Wir Menschen neigen zum Zweifel nicht nur an der persönlichen Auferstehung Jesu, sondern auch an unserer eigenen und der anderer, wie auch zum Zweifel daran, ob Gott wirklich fähig ist, alles Gekreuzigtwerden von Menschen in eine kosmische Auferstehung umzuwandeln.

Wir sind berufen, uns selbst ins Gekreuzigtwerden auszuliefern und so an der sicheren Auferstehung Jesu in allem teilzuhaben (vgl. Philipper 3, 11). Romano Guardini sagte etwas, was mir bis heute nicht gefällt und wovon ich wünschte, er hätte es nicht gesagt, obwohl ich weiß, dass es stimmt: „Christus wird immer wieder an das Kreuz der Kirche geschlagen." Es waren die Hohenpriester, Ältesten und Schriftgelehrten, die Jesus der Kreuzigung auslieferten. Im privaten Bereich sind es ebenfalls unsere engsten Freunde und Partner, die uns oft am stärksten der Prüfung aussetzen (vgl. die „notwendigen" Verrate von Petrus und Judas – es „musste" geschehen; vgl. Johannes 13, 18 und Apostelgeschichte 1, 16 – und der Apostel insgesamt). Ich verstehe nicht ganz, warum das so sein muss; aber es scheint, dass genau das, was uns das Christusgeheimnis verkündet und voranbringt, auch sein größtes Hindernis ist!

Doch ist es – meine ich – auch ein Trost, denn die Kirche insgesamt ist damit ein Spiegelbild meiner selbst. Der Einzelne und die Gesamtheit scheinen einander Spiegelbild zu sein und sich gegenseitig herauszufordern zum Umdenken. Einzelner und Gesamtes sind „Folien" füreinander. Eine Folie ist ein Mensch oder Gegenstand, der durch starken Kontrast hervorhebt oder verstärkt, was am anderen typisch scheint und in Wahrheit an mir selbst typisch ist; sonst könnte ich es am anderen nicht erkennen. Ich meine, dass diese wechselseitige Wirkung aufeinander notwendig ist, auch wenn sie oft nur in einer Richtung zu funktionieren scheint. Ich bin der Überzeugung: Auch der einzelne Gläubige sollte den Gesamtverband zu einer stärkeren Treue gegenüber Jesus herausfordern dürfen.

Die üblichen einander widerstreitenden Gegensätze in der Kirche sollten uns nicht allzu sehr verwundern. Wir tun uns mit der Wahrheit immer schwer, wenn sie uns allzu sehr auf den Leib rückt. Die Menschen, die uns am nächsten sind, können wir auch am ehesten hassen. Wir wissen, dass die größten Antipathien nicht selten zwischen Mann und Frau in der Ehe, zwischen Eltern und Kindern, Christen und Mitchristen aufbrechen. Das liegt daran, dass uns in diesen Beziehungen der Spiegel, der uns unseren eigenen Schatten vor Augen führt, sozusagen ganz nah vor die Nase gehalten wird. Die Nähe der Kirche zu Christus birgt die gleiche Gefahr in sich. Die Kirche trägt das Gewicht dieses großen Christusgeheimnisses und weiß, was Christus von der Seele erwartet.

So verkündet die Kirche zwar Christus, hat tatsächlich aber auch Angst vor ihm. Wie ist das möglich? Würden wir uns konsequent dem stellen, was Christus tatsächlich sagt, dann müssten wir entsprechend leben. Weil auch das Ego der Christen um sein Überleben kämpft, blockiert und verwahrt es sich gegen den großen Christus, der in die Geschichte einziehen will. Das ist seltsam, nicht wahr? Aber sehen wir uns nur einmal unsere Bilanzen bezüglich Sklaverei, Autoritarismus, Rassismus und Sexismus an oder hinsichtlich Ökologie, Arbeiterrechte, Materialismus, Militarismus, Gewaltfreiheit und Achtsamkeit. Alles das sind Bereiche, in denen wir uns als nicht besonders stark zeigen, obwohl uns dafür aus der Botschaft Jesu recht klare Anweisungen zur Verfügung stehen. Christen zerstreiten sich über den, der sie führen möchte, und zwar aus dem Grund, weil er tatsächlich Autorität über unser Leben hat, genau wie Kinder sich oft gegen ihre Eltern sträuben und ihnen Abneigung entgegenbringen. Die meisten jener Themen wurden zuerst von so genannten Ungläubigen als dringlich erkannt und dann erst nach und nach von den Christen aufgegriffen.

Dennoch lässt sich weder bezweifeln noch leugnen, dass die Kirche immer noch das Geheimnis Christi voranbringt, und zwar fast wider Willen. Sie hält seine heilenden Zeichen und Symbol hoch, sodass wir von ihnen berührt werden können und in den

Schmelztiegel der Umwandlung geraten. Dieser Jesus und sein großartiges Evangelium lassen uns nicht mehr los – und wir verbringen paradoxerweise den Rest unseres Lebens damit, jene zu kritisieren, durch die wir an ihn und sein Werk geraten sind. In der Regel ist es die große christliche Tradition, die uns jene Räume der Wahrheit, Liebe und Gerechtigkeit nahe bringt und gegen die wir dann unsere scharfe Kritik richten. Menschen wenden sich mit christlichen Kriterien gegen das Christentum. Menschen haben von kirchlichen Maßstäben her ihre Probleme mit der Kirche! So gewinnt Gott in jedem Fall, und es scheint ihm nichts auszumachen, wem das Verdienst daran zugeschrieben wird.

Zunächst scheint dies völlig unverständlich zu sein; aber wenn ich Männer und Frauen in der Ehe miteinander heftig streiten sehe, begreife ich langsam. Man kämpft mit dem, was man liebt. Man kämpft mit der Liebe, die einem am nächsten steht, denn sie verlangt einem alles ab. Man kämpft mit der Liebe, die verlangt, dass man sie wieder liebt. So wundert es mich überhaupt nicht mehr, dass die Kirche selbst so widerspenstig gegenüber dem Evangelium ist. Ursprünglich habe ich gemeint, das (kirchliche) „Hauptquartier" werde mir selbstverständlich den Rücken stärken, mich ermutigen und unterstützen. Das ist auch oft der Fall gewesen, solange ich es nicht zu weit getrieben habe. Ihr Bedürfnis nach Selbsterhalt ist verständlich. So bin ich immer noch dankbar für diese Kirche, die mich bemuttert und zugleich ungemein ärgert.

Anschluss an die wirkliche Welt

So wie es heute aussieht, glaube ich, dass es bei vielen Christen nicht gelungen ist, ihnen echte Spiritualität (oder echte Heiligkeit, wenn Sie das Wort noch mögen) zu vermitteln. Es ist kaum auszumachen, ob ein hoher Prozentsatz getaufter Christen tatsächlich von einer tiefen Gottesliebe erfüllt oder gar „von Christi Tod und Auferstehung geprägt" (vgl. Philipper 3, 10 f) ist. Kirche hat eine Menge Leute „verkirchlicht". Aber der Weg zu einer tatsächlichen Umwandlung zu einer „neuen Schöpfung" ist reichlich unbekannt. Menschen, die „durch Ihn und mit Ihm und in Ihm" leben, gibt es viel seltener als solche, die um ein positives Bild von sich selbst besorgt sind. Die weltweite Bilanz in Sachen Religion weist nicht sehr hohe Erfolgsquoten bei der Förderung von Vergebung, Toleranz, Mitempfinden und Großherzigkeit auf. Ich habe schon oft gesagt, dass ich mich lieber um die Schuldhaftigkeit von Menschen kümmern möchte, die dennoch versuchen, aus ihrem „wahren Selbst-in-Gott" zu leben, als um die Tugenden derer, die aus ihrem egozentrischen Selbst leben und diesem nur einen religiösen Außenanstrich gegeben haben; die Welt kommt auch ohne die Art von Tugenden aus, die sie pflegen.

Im Raum Religion gibt es drei verbreitete Einstellungen: (1) Das alte weltliche Ich ist gelegentlich auf dem neuen Weg – (2) das neue, auf Gott hin ausgerichtete Selbst ist auf dem neuen Weg – und (3) das neue Selbst ist gelegentlich auf dem alten Weg.

Die erste Einstellung ist die häufigste und auch die enttäuschendste. Die zweite ist die des Heiligen, den es nur selten gibt. Bei der dritten wird tatsächlich um Wachsen und Reifen und Erlösung gerungen, und sie finde ich bei den wirklich lebendigen Menschen, denen ich begegne. Im Neuen Testament werden auch sie als „die Heiligen" bezeichnet.

Heute stoßen wir auf eine Vielfalt ideologischer Hysterie und aller möglichen Versatzformen von Religion, sowohl bei den Linken als auch bei den Rechten (New Age und neuer Fundamentalismus bei eher Progressiven; Papstkult und Orthodoxie ohne Geschichtsbewusstsein bei eher Konservativen): beides das gleiche Billigfutter, weil es nur kurzfristig den Hunger stillt, aber nicht wirklich Intellekt und Herz nährt. Die Billigreligion zeichnet sich gewöhnlich durch ihre Angst vor der Gegenwart und der Zukunft aus (was in Wirklichkeit Angst vor Gott ist). Von Menschen, die Gott begegnet sind, hört man dagegen, in der Gegenwart brauche man keine Angst zu haben, weil sie immer erfüllt sei von ihm, und vor der Zukunft keine, weil sich Gott um sie kümmere, und vor der Vergangenheit keine, weil er sie geheilt und vergeben habe. Solche Menschen benutzen Gott nicht dazu, um die Realität zu meiden oder sich eine private Realität zu schaffen, die ihr Ich bestätigt, sondern sie lassen sich von Gott in die Fülle der Realität führen. Nicht *heraus* aus allen zwiespältigen und paradoxen Situationen, sondern *mitten hinein* in sie!

(Siehe dazu Michael Dwinells besonders eindrucksvolles Buch *God-Birthing,* 1994).

Was immer wir neu aufbauen wollen, wir können es nicht auf irgendeiner Angst gründen und auch nicht auf Gegenreaktion, nicht einmal auf die Gegenreaktion gegen die Billigreligion. Was wirklich trägt, ist eine *voll menschliche Erfahrung* Gottes als des liebend Gegenwärtigen. Wo Religion damit beschäftigt ist, Sicherheiten zu schaffen, Angst einzusetzen, um ein positives Bild von sich selbst besorgt zu sein, oder wo sie strafend auftritt und meint, sie könne die Menschen mit Drohung und Zwang zu Gott führen, findet man darin sichere Anzeichen dafür, dass es sich um eine Billigreligion handelt. Echte Religion überlässt Gott die Zügel und lässt die Menschen von Gott in eine neue Zukunft führen, von der wir noch keine Ahnung haben und sie auch gar nicht zu haben brauchen.

Bernhard Häring, der größte katholische Moraltheologe des 20. Jahrhunderts, sagte, viele der Verhaltensmuster und Strukturen der derzeitigen institutionellen Religion offenbarten „praktisch einen Atheismus". Das ist eine kühne Aussage. Aber es ist tatsächlich so: Wenn man auf Kontrolle versessen ist, zeigt das, dass man nicht wirklich glaubt, Gott habe alles in der Hand, und folglich bringt man auch nicht das entsprechende Vertrauen auf, das heißt den Glauben, dass dies wahr ist. Wahrscheinlich ist der „praktische Atheismus" sogar das, was wir alle weithin leben. Ich jedenfalls muss das von den meisten Tagen meines Lebens zugeben.

Was lassen wir im Vertrauen auf diesen Gott tatsächlich los? Das Nächstliegende wäre unsere Angst. Aber ich gebe zu, dazu bedarf es eines gewaltigen Loslassens; man braucht sein ganzes Leben lang dazu, es nach und nach zu schaffen. In Wirklichkeit können wir das gar nicht *schaffen,* sondern werden von Gott mittels vieler kleiner heimlicher Vorstöße dazu verlockt, gezogen. Gott stiehlt uns wie ein Dieb nach und nach alles, woran wir hängen. Dann erst können wir uns wirklich dem Engagement für Gerechtigkeit, Frieden und Wahrheit widmen, und zwar dann als ein neu erwachtes Selbst und hoffentlich auf eine Art, bei der es nur noch Gewinner gibt.

Rupert Sheldrake spricht von einem *„transformative traditionalism",* einer Form der Treue zur Tradition, die über umwandelnde Kraft verfüge, im Gegensatz zu einem billigen Hängen an

Traditionen, das uns oft unter dem Panier von Treue und Rechtgläubigkeit innerhalb unseres bequemen Sicherheitsbereichs zusammenhalte. Diese Art fruchtbarer Tradition besagt, dass die Muster, nach denen Menschen Beziehungen knüpfen oder zerstören, immer die gleichen sind. Es mag sein, dass wir gewaltige Fortschritte auf naturwissenschaftlichem, medizinischem und technologischem Gebiet gemacht haben oder in der Art, wie wir uns schöne Häuser bauen; aber deshalb besteht noch lange kein Grund zu glauben, unsere Seele sei ein bisschen weiser als in den vorangegangenen Jahrhunderten. Die in echter, guter Tradition wiederkehrenden Wasserzeichen sind dagegen immer solche des Wachsens, der Veränderung, des reuevollen Innehaltens und nicht solche der platten Wiederholung, um uns unsere Angst zu nehmen. Der fruchtbare, umwandelnde Traditionalismus führt mich schnurstracks in die eigenen Ängste hinein, sodass ich (1) Gott begegnen, (2) mich erkennen und ändern kann – oder (3) unerwacht sterbe. Die alten Worte hierfür sind Himmel, Fegefeuer und Hölle.

Wesentliche Information, die wir zum Leben brauchen

Ich habe schon häufig das Buch von Bill McKibben, *The Age of Missing Information* (1993), empfohlen. McKibben zeichnete an einem bestimmten Tag vierundzwanzig Stunden lang die Sendungen aller in Amerika wichtigen Fernsehsender auf, also praktisch alles, was an diesem Tag über das Kabelfernsehen ausgestrahlt wurde. In den elf Kapiteln seines Buches analysiert er dann, welche Art Wirklichkeit da insgesamt vermittelt wird.

Im Vergleich dazu nahm er sich 24 Stunden Zeit, während der er allein auf dem Gipfel eines Berges in den Adirondacks im Staat New York saß. In den entsprechenden Kapiteln seines Buches beschreibt er, was er in diesen 24 Stunden erfahren und gelernt hat. Sein Fazit aus diesem Tagesvergleich ist, dass man alle wesentlichen Informationen, die der Mensch zum spirituellen Leben braucht, eher aus dem Schweigen bezieht als aus irgendeiner Fernsehsendung. Das hört sich an wie ein weltlicher Aufruf zur Kontemplation.

McKibben zeigt auf, dass uns im Fernsehen nicht nur nutzlose

Information geboten wird, sondern wir dabei Mustern begegnen, welche die Lebensweisheit, die wir brauchen, systematisch einlullen und zerstören. Das Fernsehen wirke kontraproduktiv – nicht nur mit seinem Inhalt, sondern auch mit seiner Form. Schon der Stil von MTV und vielen anderen kommerziellen Sendern zum Beispiel suggeriert uns, mit Stroboskop-Blitzlichtschnappschüssen vom Leben zufrieden zu sein, die alle ohne Anfang, Mitte oder Ende sind, bei denen nichts weitergeht und die keinen anderen Zweck verfolgen als die Stimulation durch diese Bilder selbst. Im MTV-Land gibt es nur episodischen Sinn. Alles ist dekonstruiert, in der Welt gibt es nichts Kontinuierliches, nichts Konstruktives.

Es tut der Seele nicht gut, Tausenden von Bildern ausgesetzt zu sein, die alle auf Sexualität und Gewalt hinweisen, aber ohne alle Konsequenzen. Da wird kein Charakter entwickelt, da gibt es keine fortbestehende Beziehung, da tut kein Mord wirklich weh, da kostet keine sexuelle Geste etwas und hat keinen weiteren Sinn. Das alles ist eine Lüge über die Natur der Wirklichkeit, und somit haben wir hier eine einfache Definition dessen, was das Böse meint. Mit nichts anderem als Stimulation ist uns sehr schlecht gedient. Alle großen Religionen lehren, in Wirklichkeit sei die *Reduzierung der Stimulation* die wichtigste spirituelle Disziplin.

Manche von Ihnen denken vielleicht, das gerade Beschriebene sei doch sehr übertrieben. Ich weiß, warum manche Familien schon so weit gegangen sind, den Fernseher ganz aus ihrem Haus zu verbannen. Sie machen sich verzweifelt daran, wieder tragfähigen Sinn zu suchen. Sie sehnen sich danach, sich wieder eine Welt nach überkommenen und auch neuen Werten aufzubauen. – Meistens sehe ich eher Konservative, die eine Umwandlung meiden, und eher Progressive, die Tradition meiden. Auf diese Weise verlieren wir alle die Lebensweisheit, welche die Seele zum Überleben braucht.

Eucharistie und Familienmahl als Rituale des Wiederaufbaus

Keine Menschengruppe hat irgendeinen prägenden Einfluss auf die Geschichte, wenn sie nicht über gemeinsame Rituale verfügt, die den Wechsel der Zeiten und den Sinn des Lebens benennen und gestalten, sowohl für den Einzelnen als auch für die Gemeinschaft.

Das zentrale Symbol der Christenheit ist eindeutig die Feier der Eucharistie bzw. des Abendmahls. Das griechische Wort *eucharistein* bedeutet „Dank sagen". So ist die Eucharistie also ein Danksagungsmahl. Die frühen Christen verbanden den jüdischen wöchentlichen Wortgottesdienst mit dem jüdischen Pessach-Mahl zu einer Mahlfeier, die als Symbol einer universalen Tischgemeinschaft gedacht war. Von daher gesehen ist es besonders enttäuschend, wenn sie immer wieder zu einem Zeichen ethnischer oder konfessioneller Gruppenzugehörigkeit oder zu einem Kriterium der Würdigkeit und Treue entartet.

Jesus benutzte während der drei Jahre seines öffentlichen Wirkens mit Vorzug das Bild vom Hochzeitsmahl für das, was er verkündete. Wenn er von diesem Festmahl sprach, erschien es immer als ein Fest mit endlos langen Tischen, an denen auch die normalerweise Ausgestoßenen Platz fanden, die nicht Dazugehörenden, jene, auf die als Außenseiter und als „draußen" Stehende herabgesehen wurde. (Man lese zum Beispiel, wie bei den Schilderungen der Festmahle bei Lukas die üblichen Regeln gebrochen werden, vor allem in Lk 14,1–24, oder in Matthäus 22,9 f: „Geht also hinaus auf die Straßen und ladet alle, die ihr trefft, zur Hochzeit ein" – „Böse und Gute"!)

Ich habe als Priester die Erfahrung gemacht, dass die heilige Messe immer dann am wirksamsten und ergreifendsten ist, wenn sie unverschnörkelt und auf das Gebet konzentriert gefeiert wird. Wenn man sich auf die schlichten Symbole beschränkt, werden sie ausdrucksstark, überzeugend und universal. Gandhi hat gesagt: „Die Welt ist so hungrig, dass Gott nur in der Form von Brot in die Welt kommen konnte." Da wir uns so sehr nach Freude sehnen, wagte Gott es obendrein, in Form von etwas Berauschendem in die Welt zu kommen, nämlich als Wein. Dessen übermäßiger Gebrauch hat schon viel Leid verursacht; aber dennoch steht bei den meisten von uns Wein für festliches Beieinandersein, für Gemeinschaft, Freiheit und Freude. Die Eucharistie, das Abendmahl, das gemeinsame Teilen von Brot und Wein, stiftet Gemeinschaft, Kommunion. Und als würde es nicht genügen, enthält nach Aussage C. G. Jungs die katholische Messe alle notwendigen Umwandlungs-Symbole.

Ich beobachte in unserer gegenwärtigen Zeit des kulturellen Umbruchs, dass das Priestertum vielerorts in den Hintergrund tritt oder sogar ganz verschwindet. Welche Botschaft will Gott unserer Kirche damit senden? Ich möchte davon ausgehen, dass es letztlich Gott ist, der dies so geschehen lässt. Vielleicht werden wir heute zu unseren ursprünglichen jüdischen Wurzeln zurückgeführt: Im Judentum werden die meisten wichtigen Riten und Festtage nicht in der Synagoge oder im Tempel begangen, sondern am Familientisch. Die Mutter und der Vater sind dabei die „Priester" des Mahls. Hier wird das Heilige in die Welt des Häuslichen und Alltäglichen verwurzelt.

In gewisser Hinsicht kommt mir unsere derzeitige Ratlosigkeit, wie es mit dem Priestertum weitergehen soll, fehl am Platz oder sogar unnötig vor. Auf irgendeine Weise wird die große Feier der Eucharistie, zu der sich die Christen versammeln, immer weitergehen, zumindest an den hohen Feiertagen und in den Kirchen vor Ort. Vielleicht müssten die Priester in gewisser Weise mehr wie Bischöfe werden, die alles ko-ordinieren, und die Häupter der Familien müssten mehr die Aufgabe einer Art von Priestern übernehmen! All die, denen es vor allem um Management und ums überkommene System geht, werden daran keinen Gefallen finden, dafür umso mehr jene, die nach Tiefe, nach lebendiger und zeitgemäßer Glaubenspraxis, nach Familiensinn und nach der Kraft des Persönlichen suchen. Die Frage des „Standorts", die heute allen erfolgreichen Unternehmern so wichtig ist, wird auch auf dem Gebiet der Spiritualität eine große Rolle spielen.

Als „Standort" von Religion müssten und könnten wir wieder das häusliche Heim entdecken, das es allgemein und überall gibt, oder wir bleiben dabei, dass wir weiter eine Kirche unterhalten, deren Mitglieder meist passiv oder in einem allzu infantilen Stadium der Teilnahme verharren, auch weil anderes die tradierte Ämterstruktur nicht zulässt. Die Priester und all ihre Vorgesetzten müssten selbstkritisch genug sein einzusehen, dass sie – wenngleich unbeabsichtigt – die spirituelle Führerschaft der zu Laien erklärten Männer und Frauen, der Väter und Mütter weithin zum Erliegen gebracht haben. Sie haben Religion auf ein Organisationsniveau reduziert, durch das sie durchweg anonym, unpersönlich, unverbindlich und daher für die meisten Menschen ineffizient erscheint. Kein Wunder und kein Zufall, dass die evangelikalen und von Einzelnen gegründeten Sektenkirchen wie Pilze aus dem Boden schießen, während die Kirche weiterhin eine große Zahl von Mitgliedern zählt, die nach dem traurigen Spruch von Kardinal Henri Newman „nur Eines wollen: in Ruhe gelassen werden".

Wir müssen dringend dafür sorgen, dass es in unseren Heimen spirituelle Mütter und spirituelle Väter gibt. Schließlich ist Gott auch bei ihrer alltäglichen Tischgemeinschaft gegenwärtig. Bei ihren häuslichen Mahlzeiten sollte Religion wieder eine lebendige Rolle spielen. Vielleicht sagt Gott gerade durch den derzeitigen Priestermangel etwas ganz Wichtiges; vielleicht ruft Gott die Kirche auf diese Weise dazu auf, dass es an der Zeit ist, die Familiengemeinschaft – die „ecclaesiola", die „Kirche im Kleinen" – endlich wieder zu heiligen und die normalen Feste stärker als bisher in ihnen zu verorten – ganz ähnlich wie im Judentum das wöchentliche Sabbat-Mahl und sogar das hohe Pessach-Mahl im Kreis der Familie stattfinden. Dabei führen die Eltern den Vorsitz.

Ich bin überzeugt: Wenn wir zu einer echten, lebensunmittelbaren Spiritualität finden, brauchen wir kaum mehr ein „mittleres Management". „Produkt" und „Kunde" bleiben dann ganz eng beieinander und ein unmittelbarer, persönlicher Bezug prägt das Geschehen. Es gilt also, dringend die Heiligkeit der Familie als grundlegende Institution der Gesellschaft wieder zu entdecken. Wenn wir das Heilige *dort* entdecken, werden unsere Väter ihr Vatersein und unsere Mütter ihr Muttersein als wirksames Priestertum verstehen können.

Ich verwende hier absichtlich das Wort *Priestertum*, weil mit „Priester" der gemeint ist, der den Zusammenhang zwischen der transzendenten und der weltlichen Welt benennt und sie in Gesten, Zeichen und Symbolen vereint. Wer diese ursprünglich ungetrennte Verbindung aufzeigt, ist Priester. Dies ist das existentielle Priestertum, zu dem alle Christen kraft ihrer Taufe zu „Priestern, Propheten und Königen" oder „Priesterinnen, Prophetinnen und Königinnen" berufen, befähigt und beauftragt sind. Die so genannten Amtspriester beschäftigen sich allerdings sehr viel häufiger mit der Verbindung zur institutionellen Kirche als mit der Verbindung von Alltag und Transzendenz in einem wachen spirituellen Leben. Das ist die übliche Verwechslung der

Reise mit der Wegbeschreibung oder der Speisekarte mit dem Essen selbst.

Wir dürfen ehrlich zugeben, dass viele christliche und insbesondere viele katholische Mütter und Väter hinsichtlich ihrer Rolle als spirituelle Wegbegleiter abgedankt haben. Vermutlich haben wir diese Rolle allzu gedankenlos einfach dem hierarchischen Priestertum und den ordinierten Geistlichen überlassen. Katholiken haben ihr Verständnis des Priestertums so sehr eingeengt, dass sie nur noch bischöflich geweihte Priester als echte Priester betrachten. Die heilige „Ordnung" (ich habe schon erläutert, dass im Englischen dieses Wort für die Priesterweihe verwendet wird) muss als Gegengewicht eine heilige „Nicht-Ordnung" bekommen. Schließlich war der Erfolg mit dem bisherigen System ja nicht derart überwältigend, dass man sich gar nichts Besseres vorstellen könnte!

Es wird gewiss immer Anlässe geben für eine klassische Festtagsliturgie in der Domkirche. Aber ich würde sagen, die Zeichen der Zeit deuten unübersehbar auf eine Entwicklung in zwei Richtungen: in Richtung der großen liturgischen Feier wie bisher und in Richtung eines fast täglichen oder wöchentlichen Familienrituals; wobei auch an wöchentliche oder monatliche Feiern befreundeter und nachbarschaftlicher Singles zu denken ist.

Es liegt sehr nahe, den sakralen Charakter des Familienmahls neu zu entdecken und damit ein besonderes Stück Wiederaufbau ins Werk zu setzen. Ich meine damit nicht, dass man das Herunterhaspeln des klassischen Tischgebetes neu einführen soll, wie: „Wir danken, Herr, für diese deine Gaben, die wir von deiner Güte empfangen haben durch Christus unsern Herrn. Amen." (Ich kannte eine Familie, die darin wetteiferte, wer das am schnellsten aufsagen konnte – und damit ihre Gäste schockierte!) Mir geht es um sehr viel mehr als nur um ein Tischgebet. Ich könnte mir vorstellen, dass man hier und da bei Tisch etwas vorliest oder über ein bestimmtes Thema spricht – und vieles andere, bei dem Vater und Mutter aktiv ihre Rolle als inspirierende Mentoren, spirituelle Führer des ganzen Geschehens wahrnehmen.

In gewisser Hinsicht erschaffen wiederkehrende Rituale Familiengeist und Gemeinschaftsgeist. Jede Mutter weiß, was ich meine: Wenn man etwas häufiger wiederholt, warten die Kleinen schon darauf, dass es beim nächsten Mal genauso kommt. Kennen Sie das? Sie erzählen Ihrem Kind eine Geschichte und beim dritten oder vierten Mal, wenn Sie einen Satz Ihrer Geschichte verändert haben, sagt Ihnen das Kind, wie es richtig heißt!

Kinder verfügen zudem über ein natürliches Gespür für richtige Zeitpunkte, für Rituale, Jahreszeiten und Feste. Rituale sind der Schlüssel dafür, dass die Dimension des Heilenden ins Heim einzieht. Ich möchte hier nicht im Einzelnen Rituale aufzählen, die eine Familie entdecken und miteinander gestalten könnte. Jede Familie hat da ihre eigenen Bräuche, und es gibt gute religiöse Überlieferungen, auf die man zurückgreifen kann, wenn man Anregungen sucht. Ich will hier nur sagen, dass wir diesen ganzen Bereich ernsthaft und mit Entdeckerfreude angehen sollten, zumal angesichts der derzeitigen Kulturkrise. Das könnte ein wunderbarer Beitrag sein, in unserer heutigen mehr oder weniger konsumorientierten Kultur und Gesellschaft einen hohen „Gegenwert" zu erschaffen; denn – gottlob! – aller Anfang eines Menschen liegt immer noch in der Familie als dem unverzichtbaren Grundbaustein des Sozial- und Sinngefüges.

Wie schön und Sinn stiftend wäre es, die Eucharistie, das Abendmahl – sowie nicht weniger das eigene Familienmahl oder das liebevolle Mahl als Single – als Fest der Gebefreudigkeit Gottes wieder zu entdecken, als Anlass zum Feiern, dass Gott sich uns gratis an jedem neuen Tag unseres Lebens schenkt. Wir dürfen dann darauf vertrauen, dass die materielle Welt und das in ihr, was Leib und Seele zusammenhält, zum sichtbaren Zeichen der spirituellen Welt werden kann und dass ganz gewöhnliche Dinge wie Brot und Wein oder die (Familien-)Mahlzeit dazu wunderbar taugen. Wir sollten deren sakramentale, heilende Natur wieder sehen lernen. Von Priestern gespendete Sakramente werden leer, wenn ein echtes sakramentales Verständnis der Lebenswirklichkeit in ihnen nicht mehr erkennbar ist. Wir müssen nicht die Alltagswelt um Gottes Willen verlassen, um die Welt des Heiligen zu finden. Wir tun Gott im Gegenteil keinen Gefallen, wenn wir „das Heilige" nur in kirchliche Verwaltung bannen.

Ich habe vor allem zwei Gegenden in der Welt gefunden, in denen das Gebetsleben im familiären Heim noch urwüchsig angesiedelt ist, um Familienaltäre und in der Weise des Familiengebetes: auf den Philippinen und im südindischen Kerala. In beiden Ländern bin ich Christen begegnet, die für mich zu den begeistertsten und zugleich tief innerlichsten auf der ganzen Welt gehören. Vor einigen Jahren sagte der Leiter des Missionsbüros der Kapuziner, er könnte geradezu statistisch nachweisen, dass die Länder, in denen die heilige Messe nur nach strengster Vorschrift zelebriert wird, zugleich die Länder sind, in denen der Glaube der „Gläubigen" am schwächsten und passivsten ist (vgl. dazu: Walbert Bühlmann OFMCap, *Wo der Glaube lebt. Einblicke in die Lage der Weltkirche*, 1974). Wenn dies auch nur zur Hälfte stimmen sollte, ist es einfach nur schrecklich. Wir könnten etwas Besseres zu Wege bringen, und ich bin überzeugt, dass wir dazu fähig sind. Die Geschichte zwingt uns außerdem dazu. Und Gott selber lädt uns dazu ein.

4 Umwandlung

Man könnte meinen, ganz unerwartet eintretende Ereignisse im Leben seien für uns besonders stressig. Aber Psychologen sagen, geplante Veränderungen seien wesentlich strapaziöser als ungeplante. Das, was einfach jäh passiert, ordnen wir irgendwie „gottlos" als „Schicksal" oder „mit Gott" als „Fügung Gottes" ein. Wir können uns wehren, es ignorieren oder aber akzeptieren. Jedenfalls wissen wir, dass wir „das", wenn es geschieht, nicht in der Hand haben oder selber regeln können, und so bringen wir nach einem anfänglichen Schreck oder einer Enttäuschung die Energie auf, es zu verkraften. Wir spüren, wenn es gut geht, dass uns mit der Prüfung auch die Kraft geschenkt ist, sie zu bewältigen. Wenn wir allerdings meinen, es sei ein böser oder kleiner Geist am Werk oder wir selber hätten es mit List und Tücke noch irgendwie abwenden können, dann wehren wir uns, grämen uns endlos und können nicht aufhören, uns daran zu reiben, zumindest innerlich. Das ist Stress in Hochpotenz.

Seit den letzten dreißig Jahren sind wir Experten für *geplante* Veränderungen – ein weithin neues Phänomen. Gott sei's geklagt, es ist inzwischen zu einer Grundhaltung, ja zum Lebensstil geworden. Viele meinen, sie könnten es und *müssten* es auch: planen, planen planen ... Damit will ich nicht sagen, einige der Veränderungen, die in Kirche und Gesellschaft auf den Wege gebracht worden sind, seien nicht gut und notwendig gewesen. Ich denke aber, wir haben innerlich einen sehr hohen Preis für ein derart prometheisches Selbstverständnis bezahlt, mit dem wir uns als eine Art Weltenschöpfer aufgespielt haben. Wir können jetzt auf vielen Gebieten nichts mehr einfach „laufen lassen", sondern sind von Natur aus Anfertiger, Veränderer, Anpasser, unablässige Ingenieure unserer eigenen Wirklichkeit. Das hat zur Folge, dass unsere Psyche sich stark verändert. Sie mutiert zu dem, was ich als die „kalkulierende Geisteshaltung" bezeichnen möchte, die im Gegensatz zum Ziel jeder reifen Spiritualität steht: zur kontemplativen Geisteshaltung.

Die Einstellung, die man für ein tiefes und das gesamte Lebenspanorama umfassendes Sehen braucht, ist nicht permanentes Anfertigen, Kalkulieren und Planen, sondern etwas ganz und gar anderes: Hinhören, Vertrauen, Abwarten, Reifen. Dies sind die einzigen Möglichkeiten, unser ständiges Urteilen, unsere Kontrollmechanismen und persönlichen Denkmuster, in denen wir sklavisch gefangen sind, aus dem Weg zu räumen. Vielleicht hat auch deshalb Jesus gesagt, wir würden durch Glauben, Vertrauen und Hingabe gerettet statt durch Selbermachen und Erzwingen, und der fruchtbarere Weg als die durchgeplante Aktion sei die Passion (das „Erleiden", d. h. das Annehmen der Wirklichkeit, die ist, wie sie ist). Interessanterweise sagen Christen ja, wir seien durch Leiden, Tod und Auferweckung Jesu erlöst – alles Erfahrungen, die ihm zuteil wurden und er nicht selber geplant hat.

Der Mensch als Gottes Kreatur braucht etwas Absolutes außerhalb seiner selbst. In einer Zeit, in der wir nichts wirklich Absolutes mehr kennen, sehen sich der ruhelose Geist und die Emotionen des Menschen nach etwas um, an dem sie sich festmachen und ihre Orientierungsnot besänftigen können. Wir brauchen offensichtlich einen Bezugspunkt außerhalb unserer selbst, um uns mit dem von unserer eigenen Phantasie erzeugten Schwindelgefühl irgendwo festhalten zu können und zwischendurch ein wenig vom Zwang pausenloser Entscheidungen ausruhen zu können.

So suchen wir immer wieder irgendeine Art Gott als festen Anker inmitten der Lebenswogen. Ich erschaffe mir auf diese oder jene Weise etwas Absolutes, um damit meine Entscheidungen rechtfertigen zu können: meine Fußballmannschaft, meine Ehe, meine Religion, mein Vaterland, das Bild meiner selbst, meine Rechte, mein Trainingsgerät, irgendetwas... – Gebt mir etwas, um das ich eine Zeit lang meine Gedanken und Gefühle wickeln kann, etwas außerhalb meiner selbst, eine Idee, ein Ereignis, einen Menschen, ein Projekt, um mich von der Langeweile und Tyrannei mit mir selbst zu erholen! Das *funktioniert* und gibt einem das Gefühl, Sinn und Richtung zu haben. Ohne das tun wir uns schwer, mit unserem Denken und unseren Gefühlen ganz auf uns selbst gestellt zu sein.

Dieser Ansatz ist nicht per se verkehrt, bloß greift er falsch. Denn die wichtigste Frage ist, ob man etwas Absolutes findet, das tatsächlich von absoluter Natur ist. Das macht den Unterschied aus zwischen einem weisen Menschen und jenem, der nur seinen eigenen Denkmustern folgt oder von etwas, was ich vorhin aufzählte, angetrieben wird. Wer weise ist, weiß, was es wert ist, Gott anbeten und verehren zu können; alle anderen begnügen sich mit dem Erstbesten, nur um einigermaßen über die Runden zu kommen. Ich denke, jeder Mensch glaubt an etwas, um überleben zu können, und wenn er nur an den Skeptizismus glaubt. Jeder findet seine Überlebenstechnik, und falsche Götter helfen ja auch eine Zeit lang weiter. Doch zweifelsfrei steht fest, dass wir uns etwas Absolutes suchen, das uns irgendeine Art von Sicherheit gibt, und sei es die absolute Überzeugung, es gebe keinen Gott.

Ich verwende die Begriffe „Glauben" und „kontemplative Geisteshaltung" fast austauschbar. Für mich bezeichnen sie die gleiche Wirklichkeit; denn beide beschreiben jene vertrauensvolle Einstellung, bei der Gott im Mittelpunkt steht. Mit dieser „anderen Geisteshaltung" versuchen wir nicht so sehr, die Wirklichkeit oder andere Menschen zu verändern, sondern lassen es zu, dass wir selbst verändert werden, damit wir *für Gott brauchbar* sind. Es ist dann nicht so wichtig, *was* wir tun, sondern viel wichtiger, *wie beschaffen der ist*, der es tut. Darauf kommt alles an und das ist auch der Kern dessen, was mit dem außer Kurs geratenen Wort *Heiligkeit* gemeint ist. Wenn wir „heilig", heil sind, ist das *Ich*, als das ich mich erfahre, radikal umgewandelt, sowohl für mich selbst als auch in den Augen derer, die mir begegnen. Das kleine „Ich" ist in ein größeres Selbst umgewandelt, das Mystiker den Christus in uns nennen: „Nicht mehr ich lebe, sondern Christus lebt in mir ..." (so Paulus in Galater 2, 20).

Im Bauch des Wales

Das Wort *Veränderung* bezieht sich normalerweise auf neue Anfänge. Aber *Umwandlung*, jener geheimnisvolle Prozess, den wir jetzt etwas genauer betrachten wollen, geschieht dann, *wenn nicht etwas Neues anfängt, sondern etwas Altes auseinanderfällt*. Der Schmerz darüber, dass etwas Altes zerbricht, lädt uns dazu ein, in eine tiefere Schicht hineinzuhören. Er lädt uns ein, ja zwingt uns zuweilen, uns an einen neuen Ort zu begeben, weil der alte zerfällt. Die meisten von uns würden sich ohne diese Nötigung wahrscheinlich nie an einen neuen Ort begeben.

Zur Beschreibung des damit verbundenen Chaos verwenden die Mystiker eine ganze Reihe von Bezeichnungen: Feuer, Finsternis, Tod, Leere, Verlassenheit, Prüfung, Nacht. Was immer es ist, auf jeden Fall wirkt es zunächst immer sehr beängstigend und gar nicht wie etwas Göttliches. Man würde daher zunächst gerne *alles* tun, um das Alte am Zerfall zu hindern. In dieser Situation braucht man Geduld und Anleitung sowie die *Freiheit loszulassen*, statt sich noch stärker an seine bisherigen Gewissheiten zu klammern. Jesus beschreibt wohl genau dieses Phänomen, wenn er sagt: „Das Tor, das zum Leben führt, ist eng, und der Weg dahin ist schmal, und nur wenige finden ihn" (Matthäus 7, 14). Nicht zufällig spricht er von diesem engen Tor, nachdem er die „Goldene Regel" formuliert hat: „Alles, was ihr von anderen erwartet, das tut auch ihnen!" (7, 12); denn er weiß, dass es auch dazu viel Loslassen braucht.

So kann eine Veränderung eine Umwandlung erzwingen. Zu einer spirituellen Umwandlung gehört eine zunächst verunsichernde Neuorientierung. Sie kann den Menschen entweder inspirieren, einen neuen Sinn zu entdecken, oder er reagiert so, dass er sich verschließt, wehrt und verbittert. Was von beidem geschieht, hängt entscheidend von der Qualität seines inneren Lebens, seiner Spiritualität ab. Eine Veränderung ergibt sich, aber bei einer Umwandlung handelt es sich immer um einen Prozess des Loslassens, wobei man eine Zeit lang auf einem finsteren Meer schaukelt und dann schließlich im Morgengrauen unerwartet an ein neues Ufer gespült wird. Daher ist für Juden und Christen der Prophet Jona im Bauch des Wals gemäß der Bibel wie auch heute ein bedeutsames Symbol.

In Zeiten der Unsicherheit und Krise hilft einem alles „man sollte" und „man müsste" nicht weiter, sondern *steigert* nur noch Gefühle der Scham, der Schuld, des Unter-Druck-Stehens und des Rückschritts. Was einen hindurch zu tragen vermag, ist ein aus großer Tiefe gesprochenes *Ja*. Es meint jenes Tiefere, *für* das man sich mit aller Kraft öffnet, was zum geduldigen Abwarten hilft. Es ist letztlich jener große Jemand, an den man absolut glaubt und dem man sein ganzes Wollen anvertraut. Oder direkt gesagt: Die Liebe zu Gott hält einen Tag um Tag über Wasser.

Leider haben wir – scheint mir – in dieser Hinsicht zu wenig Stehvermögen. Wir suchen nach kurzfristigen Lösungen, statt uns auf eine schrittweise und manchmal auch mühevolle Umwandlung einzulassen, die langfristig sehr viel fruchtbarer ist. Aber wir sind nun einmal von unserer säkularen Kultur geprägt, die auf ständige Produktion und Effizienz getrimmt ist und kaum mehr Geduld für allmähliches Reifen aufbringt. Gott ist da eindeutig geduldiger – und daher letztlich auch wirklich effizienter. Er lässt Jona in die falsche Richtung laufen, findet jedoch einen Um- und Ausweg, um ihn schließlich dorthin zu bringen, wo er ihn braucht, und das gegen Jonas Willen – ein Musterbeispiel für den Prozess innerer Umwandlung. Nur Gott scheint wirklich das Talent dafür zu haben. Wir Menschen bevorzugen Ordnung, Kontrolle, Vorhersehbarkeit und das „Sofort". Ich denke, das ist wohl der augenfälligste Unterschied zwischen institutioneller Religion und dem einfallsreichen Gott des Erbarmens.

Der Verlust von Kriterien

In all der bisherigen, vom Bild eines persönlichen Gottes geprägten Weltsicht stellte man sich die ganze Wirklichkeit als eine große „Kette des Seins" vor. In den großen monotheistischen Religionen sah man Gott so, dass er unabhängig von der Welt als ihr Schöpfer existiere und dass auf ihn alles bezogen sei. Alle niedrigeren Dinge verstand man von den höheren her, was allem seine eigene Wesensbedeutung im Universum verlieh. Alles gehörte zum Höchsten und spiegelte dieses wider. In der großen Seinskette ist alles *innerlich* miteinander verbunden und bezieht von daher seine Würde und seinen Sinn. So sah die Abstufung der Weltordnung folgendermaßen aus: (1) der göttliche Bereich, (2) der Bereich des Himmels und der Engel, (3) die Menschen, (4) die Tiere, (5) die Pflanzen, (6) das Wasser und die Mineralien in der Erde und (7) die Erde selbst, die alles zusammenhielt.

Das alles war auf Zweck, Sinn und Heilsein hin miteinander verbunden. Unsere heutigen Bilder dafür sind die vom nahtlosen Gewand oder vom kosmischen Ei (was im 5. Kapitel genauer beschrieben wird), oder wir sprechen von einer spirituellen Ökologie oder der Integrität der gesamten Schöpfung. Solange es einen transzendenten Bezugspunkt gibt, eine von außerhalb her existierende Quelle, die sich selbst fortwährend verströmt, werden alle anderen Glieder der Kette durch und durch von Sinn erfüllt und getragen. Das ergibt ein verzaubertes und zusammenhängendes Universum, und in einem solchen haben seit Anbeginn der Menschheitsgeschichte fast alle gelebt. Wenn man zu dieser Gesamtschau des Lebens findet, ist darin nichts mehr nur profan. Wir Menschen heute sind da die traurige Ausnahme; denn wir leben in einem dualistischen und schließlich zertrümmerten Universum, das überhaupt kein *Universum* mehr ist, denn „Uni-versum" heißt wörtlich: „Das, was sich um ein Einziges dreht." Fast alle Menschen früherer Zeiten, die auf diesem Planeten lebten, waren sich dieses Einzigen und Höchsten sicher und bewegten sich von daher mit Klarheit und innerer Gewissheit auf der Erde. Weil sie in einem höchsten Wesen die Quelle alles Guten, Wahren und Schönen sahen, kannten sie einen klaren Bezugspunkt für ihre Lebenswirklichkeit. So vermochte Franziskus sogar in einem Wurm ein Bild Gottes zu erkennen. Wenn es einen Schöpfer gibt, ist alles andere ein Geschöpf und reflektiert das Bild dieses göttlichen Schöpfers.

Entweder man sieht Gott in allem oder man hat die Grundlage verloren und sieht ihn in überhaupt nichts mehr. Sobald der dualistische Geist auf den Plan tritt, zieht sich das Ego auf sein Spiel von „Unterscheiden, Auswählen, Zugreifen" zurück, was der Anfang einer Religion ist, in der ausgeschlossen und bestraft und sogar Gewalt angewendet wird. Wo Menschen Religionen errichteten, machten sie immer eine Unterscheidung zwischen Rein und Unrein. Jesus stellte hingegen immer wieder diese seinsfeindliche Unterscheidung in Frage. Ja, fast die Hälfte seiner in den Evangelien beschriebenen Taten haben damit zu tun!

Für die Postmoderne ist alles relativ (was letztlich anfechtbar bleibt; denn wenn alles relativ ist, dann ist es auch dieses ihr Prinzip der Relativität). Weil unserem zeitgenössischen Denken zufolge alles relativ statt relational ist (d. h. auf etwas oder jemanden bezogen, gemäß dem theistischen oder personalen Weltbild), zwingt es den Einzelnen, sich seine eigene Größe selber zu schaffen. Ich vermute, hier ist der Denkfehler: Wir haben „relativ" mit „relational" verwechselt. Das relative Denken führt uns dazu, dass wir allem die göttliche Urenergie absprechen oder sie aus ihm eliminieren. Das relationale Denken hingegen schenkt uns die Möglichkeit, um jene Energie in allem zu wissen und in Ehrfurcht vor Gott-in-allen-Dingen niederzuknien. Die Vertreter dieser beiden Grundeinstellungen würde ich als die „Abschätzer" bzw. die „Wertschätzer" bezeichnen.

Wenn Gott nicht mehr die Mitte ist, werde *ich* damit belastet, der Mittelpunkt sein zu müssen. Das ist eine maßlose und von vornherein zum Scheitern verurteilte Aufgabe. Damit bin ich unablässig der Spielball meiner eigenen Wünsche. Die allerwichtigsten Fragen lauten dann: „Was will *ich* jetzt?", und: „Bin ich jetzt und morgen und immer wirklich wichtig?" Das sind in Wahrheit die falschen Fragen, weil sie uns in unserer ichbezogenen Kleinkariertheit einsperren. Nur weltlich denkende und sich orientierende Menschen tragen die schwere Last, der jede Gelassenheit fremd ist, ihren Sinn und ihre persönliche Wichtigkeit ganz auf eigene Faust finden zu müssen. Damit kreisen sie endlos um sich selbst und reproduzieren immer wieder nur das Gleiche –ständig im Wettbewerb, immer damit befasst, sich mit anderen zu vergleichen, fortwährend im Stress, ihr kleines Selbst „aufmotzen" zu müssen, das in Wirklichkeit keinen verlässlichen Bestand, keinen festen Grund und keinen unzerstörbaren Sinn kennt.

Ohne die ihm innewohnende Würde, die ihm von dem zukommt, der er in Gott ist, muss der einzelne Mensch unvermeidlich immer übersteigerter, immer überdrehter und übertriebener werden; denn er muss sich von allen anderen absetzen, um zu gewährleisten, dass er unter über fünf Milliarden Menschen doch noch etwas Besonderes ist. Der Exzentriker ist der, der „außerhalb des Zentrums" lebt, d. h. der die Mitte verloren hat. Bei einem jungen Menschen, der erst noch seine Mitte finden muss, finde ich dies einigermaßen normal; aber inzwischen gibt es viele Siebzig- oder Achtzigjährige, die immer noch im Stadium des pubertären aufgeblasenen Ego verharren. Wenn selbst das Alter keinen festen Boden mehr unter den Füßen spürt, ist das ein deutliches Anzeichen dafür, dass wir nicht mehr in einer Weisheitskultur leben.

Die postmoderne Geisteshaltung läuft auf das hinaus, was manche als *Reduktionismus* bezeichnen, d. h. man vermag sich nicht mehr auf eine überraumzeitliche Lebensmitte zu besinnen und in allen Seinsstufen der Schöpfung einen universalen Sinn widergespiegelt zu sehen. Alles ist losgelöst, steht für sich allein, kann von nirgendwoher anders als aus sich selbst seinen Wert beziehen. Damit ist alles auf Singuläres *reduziert* und geheimnislos geworden. Das Beste, was wir dann noch tun können, ist, dass wir uns auf der niedrigsten Stufe, auf der wir etwas begreifen und in den Griff bekommen können, ansiedeln und uns von da aus Stufe um Stufe höher arbeiten – falls wir uns dazu überhaupt zu entschließen vermögen.

Die Sprache des Reduktionisten ist voller „nur" und „bloß", weil er voller Skepsis möglichst allem abspricht. Wer so redet, bestimmt von vornherein, wie viel er zu sehen vermag. Der geniale Denker Ken Wilber spricht zwar nicht als Christ, sagt aber auch, diese Denkungsart verursache das kranke, hinfällige Sehvermögen unserer Zeit. Wer sich über das reduktionistische postmoderne Denken hinaus herausfordern und bewegen lassen möchte, kann fast jede der Schriften Wilbers mit großem Gewinn lesen.

Der reduktionistische, alles in Frage stellende Geist ist in eine Welt geraten, in der er immer „Verantwortung für alles" trägt, was jedoch nur auf niedrigstem Niveau und mit einem höchst ungesicherten Ich möglich ist – im eigenen winzigen Abschnitt der Geschichte, mit der eigenen sehr begrenzten Fähigkeit, alles zu begreifen. Von reduktionistischen oder immer skeptischen Geistern ist nie etwas Großes zu erwarten, außer dass sie gleich von Anfang an alle Themen abwehren, über die man diskutieren könnte. Der Glaube ist das genaue Gegenteil davon: *Der Glaube in seinem umfassendsten Sinn ist die Offenheit für Großherzigkeit, für Geheimnisvolles und Unendliches.*

Das Buch *Idee und Leidenschaft* von Richard Tarnas lässt mich sehen, wie jedes Jahrhundert in seinen eigenen Denkmustern, seinen je reduktionistisch beschränkten Kategorien und Verstehensmöglichkeiten gefangen ist. Heute sind wir zum Beispiel in einer „Markt"-Weltsicht gefangen: Wir beurteilen alles nach den Maßstäben der Märkte. Diese Weltsicht ist sehr pragmatisch und individualistisch; ihre Sprache ist die des romantischen Expressionismus: Ihre starken Worte sind „Ich habe", „Ich brauche", „Ich kaufe mir". Bei dieser Art, mit der Welt umzugehen, geht es nicht mehr um größere historische Perspektiven, um große philosophische Zusammenhänge, um umfassendes Denken, sondern nur noch um die Marktwelt von Kaufen und Verkaufen. Sehr oft sind auch Christen genau wie alle anderen ganz auf Marktwerte statt auf wesentlichere Lebenswerte konzentriert.

Wir sollten sorgfältig darauf achten, dass uns nicht jede reformerische Parole auf unsere eingespielte skeptische und dekonstruktive Denkungsart zurückwirft. Ich finde zum Beispiel die feministische Kritik durchaus wichtig, dass wir im Laufe der Menschheitsgeschichte viel zu wenig von den Frauen gehört und gesprochen haben (oder von anderen Minderheiten wie Homosexuellen, Armen oder Verlierern jeglicher Art). Aber dürfen wir deshalb sagen, dass Aristoteles und Erasmus kein Geschenk für die Menschheit waren, nur weil sie Männer waren? Oder dass eine bestimmte Frau von heute schon deshalb im Besitz der Wahrheit ist, weil sie eine Frau ist? Solche zunächst verständlichen, aber überzogenen Reaktionen auf geschichtliche Fehlentwicklungen lassen zeitgemäße Ideen eher wieder dekonstruktiv als konstruktiv werden. Sie läuten lediglich eine weitere Phase übersteigerter Abwehr und Überkompensation ein. Dafür haben wir heute wirklich keine Zeit mehr.

Eine derartige Dekonstruktion nach dem Schema Entweder-Oder hat dem akademischen Studium leider einen sehr schlechten Ruf eingetragen, vor allem in einem Land wie den USA, das wegen seines immensen Einflusses auf die ganze Welt dringend möglichst viele gebildete gute Geister braucht. In gewisser Hinsicht hatten wir von den Anfängen der Amerikanischen Revolution an eine dekonstruktive Einstellung.

Im Allgemeinen sind dekonstruktive Einstellungen nur in einer Anfangsphase hilfreich. Sie können Klarheit und Konzentration gewährleisten; aber aus sich selbst heraus liefern sie keine positive oder schöpferische Grundlage, auf der man langfristig aufbauen könnte.

Der Sauerteig des Evangeliums

Die Postmoderne hat versucht, die Leere oder den Nihilismus der Moderne zu überwinden, indem sie sich weigerte, sich überhaupt auf eine Weltsicht einzulassen. Man könnte sie geradezu als systematischen Dauerhunger bezeichnen, was in der Menschheitsgeschichte ohne vergleichbares Vorbild ist. Es ist kaum zu bestreiten, dass die Moderne, die alles technologisch-wissenschaftlich erklärte, die Seele des Menschen nicht zu nähren vermochte; sie kannte keinen tieferen Sinn. Wir wurden nicht wirklich genährt, sondern marschierten in den Hunger hinein, indem wir bestritten, dass es überhaupt eine nahrhafte Kost gebe.

Der *Skeptizismus* stellt eine geschickte Möglichkeit dar, nie etwas zu wagen und folglich auch nie verletzt zu werden. Heute herrscht als Denkstruktur eine Art universaler Skeptizismus vor. Das kritische Denken wirkt oft ziemlich intelligent, und manchmal ist es das ja auch. Man kann Bischof sein und eine völlig unkontemplative Art des Denkens und Handelns haben, man kann radikal kritisch und skeptisch sein, und trotzdem würde man keineswegs als Häretiker bezeichnet. Das ist genau besehen doch sehr seltsam.

Skeptizismus und kritische Einstellung sind sichere Schutzmaßnahmen für die Psyche; aber wenn man sich darauf versteift, hat man sich von etwas Tieferem und Wichtigerem verabschiedet. Für eine humane Kultur und ihren Fortbestand sind andere Tugenden wichtig: die Fähigkeit zu Toleranz, Geduld und zur Bescheidenheit, zum Risiko und zur Solidarität mit anderen. Nur in einem Garten mit diesen Blüten können Menschen sich wirklich entfalten.

Jesus befürwortete oder erwartete keine Welt, in der die Menschen nie verletzt oder schuldig würden oder nie ein Unrecht erlitten. Seine ganze Sorge richtete sich auf die Frage: *Was tun wir mit Fehlern, wenn sie passieren – und wir wissen, dass sie immer wieder passieren?* Das „siebzig mal sieben"-fache Vergeben ist ein unverzichtbares Medikament für eine heilende Gemeinschaft, nicht für eine Gemeinschaft, die alle Antworten schon im Voraus weiß oder alle angemessenen Strafen für Verfehltes.

Wenn man geliebt hat und in Beziehungen einige Male gescheitert ist, scheut man sich, noch einmal jemanden zu lieben. Wenn man gelitten hat, wie Menschen angesichts von 100 Millionen Kriegstoten des 20. Jahrhunderts gelitten haben, dann ist damit zu rechnen, dass man Vorkehrungen trifft, um ein solches Leiden nicht noch einmal erleben zu müssen. Der Postmodernismus ist ein Versuch, diese Vorkehrung zu treffen: Um nie mehr enttäuscht oder verletzt zu werden, gibt man sich an nichts mehr hin, lässt sich auf nichts mehr ein, anerkennt nichts Absolutes und entwickelt für nichts mehr Leidenschaft. Das mag in Einzelfällen durchaus sinnvoll sein; aber nach den Lektionen des Gekreuzigten sollten wir eigentlich eine andere Einstellung kennen. Wir müssen uns nicht gegen alles abschotten, um nie mehr angreifbar zu sein. Ja, wir gehen sogar davon aus, dass ein Leben im Sinne Jesu zu irgendeiner Weise des Verfolgtwerdens führen kann.

Wenn wir uns dem Geheimnis Christi verschreiben, liefern wir uns der Möglichkeit aus, aufs Rad des Lebens gespannt und verletzt zu werden und, wie wir es nennen, den Kreuzweg gehen zu müssen. Kein Wunder, dass der Großteil der Welt sich dagegen sträubt! Wer möchte schon auf dieses Rad gespannt sein? Wer möchte mit dem tragischen Geheimnis aller Dinge solidarisch sein? Wer möchte vom dunklen Geheimnis Gottes berührt werden, seine dunkle Seite ertragen? Ich denke, nur wenige: nur jene, die durch das Geheimnis des Todes und der Auferstehung hindurch geführt worden und weiter und wacher daraus hervorgegangen sind. (Das ist es wohl, was die Tradition mit dem so oft missverstandenen Ausdruck der *Auserwählung* ausdrücken wollte.) In diesem Sinne, wage ich zu behaupten, war das Christentum bereits von Jesus als Minderheit vorgesehen und wird eine solche immer bleiben. *Er teilte die Welt nicht in die von Gott Geliebten und nicht Geliebten auf. Jesus schuf vielmehr einen Rest, mit dem Gott sein Ziel realisieren konnte: die ganze Welt von ihrem Weg der Gewalttätigkeit in Richtung Selbstzerstörung zurückzuhalten. Jesus liebt uns alle und zieht uns in Gott hinein*. Oder wie Johannes es formuliert hat: Er „wollte die versprengten Kinder Gottes wieder sammeln" (11, 52). Das ist etwas ganz anderes, als einen neuen Stamm erlöster und höher stehender Menschen zu gründen.

Jesus sprach vorwiegend davon, wir sollten Licht, Sauerteig, Salz und Senfkörner sein. Das steht sowohl am Beginn seiner Antrittsrede bei Matthäus (5, 13–16) als auch in seiner Gleichnisrede bei Lukas (13, 18–21) eindeutig im Vordergrund. Es ist eigentlich kaum zu glauben, dass wir das derart übersehen und lieber Visionen von einem „einzig wahren" Christentum, von „moralischen Mehrheiten", von durchorganisierten Verwaltungseinrichtungen, Wahlgremien und „Exzellenzen" entwickelt haben. Damit bleiben wir im byzantinischen Kaiserreichsdenken eines alten Ich, das völlig im Gegensatz zum sich vertrauensvoll ausliefernden Geist Jesu steht. Allem Anschein nach wollte Jesus – irdisch gesprochen – im Grunde nur einen Sauerteig der Wahrheit in die Welt bringen, der als Treibmittel in der Geschichte wirken sollte. Paradoxerweise wirkt dieser Sauerteig in Menschengestalten, genannt Christen, auf die Zeitgenossen eher wie eine unmoralische Minderheit als eine moralische Mehrheit. Sein Plan war tatsächlich subversiver Natur und der einzige, der jemals eine Chance auf Erfüllung hatte.

Jemand hat einmal gesagt: „Konservative sind Leute, die in derzeitige Übel verliebt sind; Progressive sind Leute, die derzeitige Übel durch neue Übel ersetzen." Das Evangelium geht weit über beide Einstellungen hinaus.

Die Geschichte Jesu setzt uns immer noch zu und frustriert Machthungrige zur Linken wie zur Rechten. Jesu Beispiel schockiert immer noch und enttäuscht geradezu: *Er setzt große Hoffnung auf Sünder* (was eigentlich eine *frohe* Botschaft für jeden Menschen sein könnte, weshalb sie auch als solche bezeichnet wurde). *Jesus hat nur Probleme mit denjenigen, die meinen, sie seien keine Sünder.* Dies stellt die gesamte Religionsgeschichte auf den Kopf. Die Suche nach so genannter Reinheit und Schuldlosigkeit ist damit erledigt. Jetzt geht es um Ehrlichkeit und Demut. Wir bezeichnen das mit dem herben Wort *Buße*.

Ob wir es glauben wollen oder nicht, in jedem menschlichen Szenario gibt es immer mindestens drei Charaktere: Jesus, die Guten und die angeblich Bösen. Jesus sagte: Macht euch auf die große Überraschung gefasst, wer in Wirklichkeit jemand ist. Der Sauerteig des Evangeliums lässt unweigerlich vieles absurd erscheinen: etwa die Todesstrafe, Kriege gegen die Armen, Rechtfertigungen für Kriege ganz allgemein, starre juristische Systeme, die Idealisierung der Reichen und derer ganz oben, Traditionen des Folterns und Unterdrückens von Menschen ...

Der vom Evangelium vorgezeichnete Verlauf der Menschheitsgeschichte wird sich in ihrem Schlusskapitel durchsetzen. Gott gewinnt. Das ist eine frohe Nachricht für *alle* Menschen, vor allem für jene, die noch gar nicht wissen, dass sie „unter der Gnade" stehen. Diese Gnade schafft immer und immer wieder die

Möglichkeit, „die Mächtigen vom Thron zu stürzen und die Niedrigen zu erhöhen" (Lukas 1, 52). Es ist kein Zufall, dass diese revolutionären Worte Maria in den Mund gelegt werden, der Frau und Ersten an Jesus Glaubenden.

Religion – vom Urpersönlichen über die Stadien der Institution bis zum geschlossenen System

Es heißt, alle großen Aufbrüche der Geschichte würden durch einen einzelnen Menschen angestoßen. Hat der Betreffende etwas Wesentliches zu sagen, was die Wirklichkeit ins Herz trifft, folgt darauf oft als zweite Stufe, dass eine „Bewegung" entsteht. Dies ist die Phase, in der sich am meisten Energie entfaltet. Die Kirche zum Beispiel verfügt als „Gottes*bewegung*" über ihre größte Vitalität, während sie als Institution nur ein Vehikel dieser Bewegung ist. Weder Papst noch Präsident können eine echte Bewegung jemals unter Kontrolle bekommen, weder mit irgendeiner Theologie noch mit Doktrin oder Dogmatik. Das Wehen des Heiligen Geistes lässt sich nicht reglementieren. Es zeugte für einen Augenblick von der Reife der römischen Kirche, dass sie in der Lage war, dies zur Zeit des Zweiten Vatikanischen Konzils offiziell zu lehren (siehe vor allem die Dokumente des Konzils über die Kirche und das Dekret über die nichtchristlichen Religionen).

Eine Phase der Bewegung ist immer sehr aufregend, kreativ und auch – riskant. Riskant ist sie deshalb, weil die „Bewegung" Gottes in der Geschichte weit über jede Konfession, Kultur und Tradition hinausreicht und von keiner Einrichtung angemessen ins Wort gebracht werden kann. Wollte jemand allen Ernstes, dass sie etwas Geringeres wäre? Wäre es uns tatsächlich lieber, wir könnten den unfassbaren Gott aufs Format eines Westentaschen-Gottes reduzieren? Würden wir vor einem Gott, den wir im Griff hätten, noch Respekt haben? Würden wir eine Kirche respektieren, die behauptete, sie könne Gottes Wirken vorhersagen und lenken? Ich glaube nicht; aber trotzdem scheint es das zu sein, was Religion in ihrer unreifen Form oft gerne hätte – die Kontrolle über Gott, indem man ihn beispielsweise „vorschriftsmäßig" anbetet. Tut man das, begibt man sich ziemlich rasch über das aufregende Stadium der „Bewegung" hinaus ins Stadium einer Art von „Maschine", d. h. einer „Institution". Das ist nur allzu menschlich, irdisch und daher verständlich, allerdings eine unglückliche Entwicklung.

Das institutionalisierte oder „maschinelle" Stadium einer Bewegung retardiert jedoch unvermeidlich zu einer *weniger lebendigen Ausprägung* der ursprünglichen Inspiration, was nicht absolut schlecht sein muss, jedoch jene immer wieder irritiert, die die Kirche nicht nur als Selbstzweck betrachten, sondern vielmehr als Weggemeinschaft zur Verwirklichung einer Inspiration. Immerhin sind auch „die weniger edlen" Glieder des Körpers willkommen, um nicht nachzulassen, in der Liebe weiter zu wachsen (vgl. 1 Korinther 12, 22–24). Zudem können wir von den weniger reifen Lebensstadien einiges lernen. Die Schritte zur Reife hin sind immer Schritte durch unreife, jedoch lernintensive Phasen hindurch. Es gibt keinen anderen Weg.

Es ist so wichtig, uns dessen bewusst zu bleiben, dass eine „Maschine", eine Institution, nur über begrenzte Fähigkeiten verfügt, und wir dürfen nicht versuchen, von ihr mehr zu erwarten, als sie als solche leisten kann. Konfrontiert mit zu hohen Erwartungen reagiert sie zum Selbstschutz wie ein noch geschlosseneres System, als sie es ohnehin ist, das nur mehr gemäß seiner Eigenlogik um sich selbst kreist und sich verteidigt.

Indes scheint eine solche Entwicklung fast unvermeidlich zu sein, vor allem, wenn wir bei allem – und so auch bei einer Institution – absolute Sicherheit suchen: Sicherheit im Beruf, feste Normen für alles und jedes, ein sicheres Image, eine sichere Identität. Sobald allzu viele auf fest normierte Arbeits- und Berufsbedingungen eingeschworen und nur noch auf Status, Sicherheit und Zuverlässigkeit bedacht sind, fällt es immens schwer, noch etwas für Gott oder die Werte des Evangeliums zu wagen. Schließlich werden dieses geschlossene System, seine Pflege und sein Selbsterhalt zum Selbstzweck.

Wo es um Glaube und Spiritualität geht, wettert der Prophet Jeremia gegen eine derartige Formalisierung und ruft: „Vertraut nicht auf die trügerischen Worte: Der Tempel des Herrn, der Tempel des Herrn, der Tempel des Herrn ist hier! ... Ist denn in euren Augen dieses Haus, über dem mein Name ausgerufen ist, eine Räuberhöhle geworden? Gut, dann betrachte auch ich es so – Spruch des Herrn" (Jeremia 7, 4.11).

Wahrheit wird erst dann wahr, wenn sie zu meiner ureigenen wird, für die ich auch zu leiden bereit bin und die ich mir innerlich angeeignet habe. Authentische Religion kann sich auf keinen Fall mit weniger zufrieden geben. Ich will dazu ein erhellendes, eindrucksvolles Zitat von John Stuart Mill aus seiner Schrift *On Liberty* nennen. Er warnt darin vor den Stadien der „Maschine" und des geschlossenen Systems:

> „Selbst wenn die allgemein anerkannte Überzeugung nicht nur wahr, sondern die volle Wahrheit sein mag, wird sie doch erst dann zur lebendigen Wahrheit, wenn wir für sie leiden und sie uns etwas kostet, weil sie energisch und ernsthaft in Frage gestellt wird. Solange das nicht der Fall ist, werden die meisten, die sie übernehmen, sie *nur nach Art eines Vorurteils vertreten* und ihre vernünftige Begründung kaum erfassen oder empfinden."

Jede Generation muss sich ihre tiefsten Überzeugungen neu und ganz persönlich aneignen. Dafür gibt es den schönen Spruch: „God has no grandchildren" – Gott kennt nur Söhne und Töchter, keine Enkel! Jede Generation muss sich neu und unmittelbar von Gott herleiten und sein Geheimnis für sich selbst entdecken. Doch wir neigen dazu, uns mit den Hausaufgaben, die andere gemacht haben, zufrieden zu geben. Und so reicht uns allzu oft das vorgefundene geschlossene System. Darin lässt sich mühelos einsteigen, ohne dass man viel zu wissen oder in sich selbst eine allzu tiefe Sehnsucht zu empfinden braucht. Man überspringt die ersten beiden Phasen des Urpersönlichen und der Bewegung und landet bei einer Art von „eingefrorenem Gottesvolk", in dem sich nicht mehr viel regt und vom Schwung einer Auserwählung, einer besonderen Liebe oder Weggemeinschaft nicht mehr viel zu spüren ist.

Auf diese Weise wird Religion – eingebunden in eine Institution – irgendwie zu einer Art Entschuldigung dafür, in einem Zustand der Unbewusstheit und Stagnation zu verharren, zur bloßen Erinnerung an etwas, das einmal ein spannendes Abenteuer gewesen sein muss. Religion hat dann in Wahrheit kein Leben mehr, zumindest kein inspirierendes, vorantreibendes Leben mehr in sich, sondern ist zu einem Lebensersatz geworden oder schlimmer noch: zur Lebensvermeidung. Aber Gott kennt keine Enkel, nur Söhne und Töchter, sozusagen Verwandte ersten Grades! So kommt es ganz wesentlich darauf an, mit den Phasen des zündenden Ursprungs, des Urpersönlichen und der inspirierenden Bewegung nah in Kontakt zu bleiben, ohne naiverweise zu meinen, die Institution, die „Maschine", sei völlig unnötig, sondern mit dem toleranten Wissen darum, dass es unvermeidlich immer Leute geben wird, die geschlossene Systeme brauchen. – Zudem sollten wir ehrlich zugeben: Sofern in sich geschlossene Systeme unser *eigenes* Urpersönliches, unsere Bewegung und auch unsere Institution stabilisieren und sich zugleich ein gewisses Maß an Inspirationskraft bewahrt, sind wir durchaus nicht abgeneigt, nicht per se gegen sie.

Zurück zur Quelle – zur persönlichen Inspiration

Manchmal können Menschen, die sich im Stadium der „Maschine" oder eines geschlossenen institutionellen Systems eingerichtet haben, wieder von einer ganz persönlichen Inspiration oder von der Bewegung gepackt werden. In unserem „Zentrum für Aktion und Kontemplation" in Albuquerque/USA wurden wir oft von unserem Freund Frank Strabala († 1999) besucht. Er arbeitete in einer Anlage für Nukleartests außerhalb von Las Vegas in Nevada und war etliche Jahre deren Leiter. Doch schließlich brachte er dank des Evangeliums den Mut auf, diese Arbeit in Frage zu stellen.

Einmal schloss er sich mir an, als wir am Testgelände eine Aktion zivilen Ungehorsams durchführten. Ich werde nie vergessen, wie er damals zu mir kam, im Gesicht eine Mischung aus Besorgnis und Lächeln, und zu mir sagte: „All die Jahre habe ich dir und deiner Botschaft vertraut; jetzt muss ich auch darauf vertrauen, dass sie mich von diesem Punkt an weiterführt." Wir standen nebeneinander, als dann die Angestellten, deren Chef er früher war, vorbeifuhren und ihren ehemaligen Vorgesetzten mit allem anderen als schmeichelhaften Winken und Zurufen bedachten. Angesichts solchen Mutes und solcher Demut kam ich mir ganz klein vor; ich konnte ihn nur ehrfürchtig bewundern. Er hatte sein sicheres geschlossenes System verlassen, weil er in sich ganz persönlich Jesus begegnet war und dadurch der kraftvollen Vision der Friedensbewegung.

Es fällt ungemein schwer und gelingt selten, den eigenen lukrativen Beruf in Frage zu stellen. Als Jesus seine Jünger berief, rief er sie jedoch tatsächlich von ihren Berufen und Familien weg, und sie folgten ihm (vgl. zum Beispiel Matthäus 4,22), was ich als sehr imponierend empfinde. Denn solange man an der Gesichertheit seines Berufs hängt, gibt es vieles, was man nicht sehen und sagen kann. Das ist heute – meine ich – einer der großen Nachteile eines von der Kirche besoldeten Klerus und vielleicht auch der Grund dafür, dass Franziskus nicht wollte, dass seine Brüder geweihte Priester wären. Man neigt dann allzu leicht dazu, nichts zu denken und zu sagen, was die eigene „Firma" schädigen könnte, von der man schließlich lebt.

Jeder, der schon einmal für einen anderen gearbeitet hat, versteht das, und ich denke, das liegt auch ein gutes Stück weit dem Antiklerikalismus zugrunde, der vor allem in der Arbeiterschicht verbreitet ist. Oft durchschauen diese Menschen recht deutlich klerikale Absichten. Einmal sagte ein wütender Bauarbeiter zu mir: „Warum predigt ihr uns von der Unfehlbarkeit des Papstes? Warum behauptet ihr, nur geweihte Priester könnten bei der Messe die Wandlungsworte sprechen? Doch bloß deshalb, weil ihr davon recht gut leben könnt! Das sind doch typische Sprüche von solchen, die an der Macht sind. Mit den Fragen, die uns Arbeiter beschäftigen, hat das überhaupt nichts zu tun!"

Autsch! Wir müssten demütig genug sein, uns das ernsthaft anzuhören. Ich weiß, dass dieser Arbeiter einen echten Nerv trifft, wenn ich daran denke, wie glasig die Augen der Zuhörer in den Bänken würden, wenn einer heutzutage noch anfangen wollte, über die Erhabenheit und Herrlichkeit der Priesterweihe und des Zölibats zu schwadronieren!

Jesus rief die Jünger auch von ihren Familien weg. Denn die Familie als ein geschlossenes System ist eine weitere wichtige Ursache dafür, für eine weit größere Wahrheit allzu leicht blind zu sein, und sie ist – Pardon! – eine noch heiligere Kuh als der Job, oder etwa nicht? Familien können entweder immens förderlich oder aber recht hinderlich sein für das Wachsen und Reifwerden des Einzelnen. In jedem Fall sollten sie nicht mehr, aber auch nicht weniger sein als Startbahnen für das Abheben in die Weite des eigenen Weges. Oder wie jemand gesagt hat: Die Familie besorgt die Wurzeln, die Flügel müssen von anderswoher kommen.

Stellen Sie sich vor, wir gingen heute Abend alle heim, würden einen Familienrat einberufen und verkünden: „Der Fernseher wird abgeschafft." Ohne eine umfassende, alternative Sinnperspektive wäre das nur sehr schwer durchzusetzen. Diese Art Flügel für den Aufbruch in eine umfassendere Welt lassen sich nur selten aus der Kernfamilie heraus entwickeln. Die Möglichkeiten innerhalb der Familie beschränken sich im Wesentlichen darauf, und das ist sehr viel, eine feste Grundlage für Liebe und Sicherheit zu legen, auf der später weitere Anregungen aufbauen können, die jedoch in der Regel nicht aus dem Innenbereich des Familiensystems heraus erwachsen, sondern von außen kommen. Die Familie erfüllt für viele Menschen eher die Funktion, einen sicheren Bereich hinter einem Schutzzaun zu schaffen. Allerdings liefert sie nicht selten auch eine Backsteinmauer, gegen die man stößt, von der man umgeben ist und die zu übersteigen manchmal viele, allzu viele Lebensjahre kostet.

Ich denke, aus diesem Grund brachte Jesus hartnäckig umfassendere Fragen aufs Tapet als jene, die für gewöhnlich in den Familien auftauchen. Seine Botschaft lautete: Fühlt euch in eurem Beruf nicht zu sicher und tut nicht so, als verfüge eure Kleinfamilie über alle Antworten. – Das klingt heute wie eine uns ferne Weisheit, schon immer ist sie jedoch in fernöstlichen Kulturen gepflegt worden. Die Kleinfamilie ist sehr eng und zudem eingebunden in Hüllen ausgedehnterer Verbände wie etwa dem des Wohnviertels, der Verwandtschaft, des Vereins, der Partei oder der Religion. Traurigerweise verwirklichen wir Westmenschen oft weder den innersten Kreis noch die Weite auf lebendige, wachstumsfördernde Weise!

In Indien beispielsweise sind dagegen grundsätzlich vier Lebensstadien im Blick: (1) das des Schülers, (2) das des Haushälters, (3) das des Waldbewohners/Suchers und (4) schließlich das des weisen Menschen. Die dritte und vierte Stufe, die der Fülle des Lebens, kann der Mensch erst erreichen, wenn er die zweite hinter sich lässt. Im ganz aufs Praktische konzentrierten Westen hören wir meist mit dem zweiten Stadium auf, und mit zunehmender Tendenz verlieren wir sogar die Fertigkeiten, diese zweite Phase mit Erfolg zu bewältigen. Ich bin überzeugt, dass dies auch in etwa erklärt, warum wir heute in der abendländischen Kultur über so wenig echte Lebensweisheit verfügen. Dies zeigt sich beispielsweise in unserer – entgegen aller Globalitätseuphorie – insular, d. h. national, innersystemisch gebliebenen Politik sowie in unserer in der Kirche weithin vorherrschenden geschlossenen Stammesmentalität.

Allzu viele Männer sind nicht wirklich von der „Mama" losgekommen, auch nicht von der „Mutter Kirche" und der Firma (vgl. meine Bücher *The Wild Man's Journey* und *Quest für the Grail*). Weil ihr Lebensweg als Mann von keiner Spiritualität erleuchtet wurde, verbringen viele den Rest ihres Lebens damit, mit „Mama" verheiratet zu bleiben – fragen Sie die Frauen –, fürchten sich vor jeder echten Nähe zu Frauen oder brauchen die Sicherheitssysteme, die ihnen ihre „Mama" immer geliefert hat.

Nach dreißig Jahren als Seelsorger verblüfft es mich immer noch, wie viele unserer engagiertesten christlichen Männer (einschließlich Priester) sehr weiche und auf (mütterliche) Sicherheit bedachte Menschen sind und in keiner Hinsicht ein Risiko eingehen wollen. Mama Kirche und die Mutter Maria in ihrem blauen Kleid sind ihnen lieber als die Bergpredigt oder 40 Tage in einer Wüste, *gleich welcher Art*. Dies hat sich jahrhundertelang äußerst nachhaltig auf die Art ausgewirkt, in der wir das Evangelium gepredigt haben. Wir sind noch nicht von daheim ausgezogen und dadurch ist das ursprünglich zündende Evangelium regelrecht domestiziert worden. Wenn die Sicherheit garantierenden Kriterien von Familie, Gesellschaft und Kirche das Stadium eines geschlossenen Systems erreichen, könnte man meinen, dass sozusagen nur noch eine gehörige Portion Dynamit oder eine Totaloperation einen Durchbruch herbeizuführen vermögen. Aber aus einem solchen Frontalangriff geht man letztlich nie als Sieger hervor. Man wird stattdessen nur zu dessen Spiegelbild in etwas vorteilhafterer Verkleidung. Jesus bezeichnete das als den Versuch, mit Hilfe des Anführers der Dämonen die Dämonen auszutreiben (vgl. Lukas 11, 14–22).

Franz von Assisi zum Beispiel machte es deshalb anders. Er ging an die Ränder des Lebens und erreichte damit weit mehr. Wenn Sie jemanden oder etwas direkt angreifen, überlassen Sie ihm die Wahl der Energie, des Stils und der Art des Zweikampfs. Sie werden ihm bald unversehens gleich, wenn auch in kaschierter und meist verleugneter Form. Das ist der Trick des Dunklen, des Systemischen, mit dem es sich so erfolgreich ausbreitet. Seine

Verkleidung ist fast perfekt, und ohne gründliche spirituelle Unterscheidung lassen sich sogar die Besten von ihm an der Nase herumführen. Deshalb respektierte Franziskus zwar die Systeme, war ihnen sogar mit Sympathie zugetan, ging aber zugleich zur ursprünglichen Dynamik und zum gewaltfreien Stil Jesu zurück, von dem er sich ganz persönlich inspirieren ließ.

Wenn Sie in Assisi waren, kennen Sie die Stadtmauern und innerhalb dieser die Kathedrale San Francesco sowie all die anderen Kirchen. Dort hörte Franziskus als reicher Kaufmannssohn zum ersten Mal das Evangelium und war von Jesus fasziniert. Aber dann ging er in aller Ruhe aus den Mauern heraus und baute einige zerfallene Gemäuer namens San Damiano und Portiunkula wieder auf. Er verlor kein Wort damit, den anderen zu sagen, sie täten etwas Falsches, sondern versuchte einfach, in aller Ruhe und Versöhnlichkeit etwas Besseres zu machen. Meiner Überzeugung nach sieht so echter Wiederaufbau aus.

Die beste Kritik am Schlechten besteht im Tun des Besseren. Das könnte als Wahlspruch für jede Wiederaufbauarbeit gelten. Damit zerstört man nicht – unnötig Kräfte zehrend – Institutionen und geschlossene Systeme, sondern trägt in sie neue Energie und neuen Geist hinein. San Damiano war immer noch ein Kirchengebäude, aber ein kleines, armes ganz am Rand.

Moralischer Realismus

Robert Inchausti schrieb ein Buch mit dem Titel *The Ignorant Perfection of Ordinary People*, der sich sinngemäß übersetzen ließe mit „Die spontane, unreflektierte Richtigkeit gewöhnlicher Menschen". Das sagt eigentlich schon alles. Der Autor schildert, wie die spirituellen Sehnsüchte ganz gewöhnlicher Menschen die Grundlage für die meisten großen sozialen und politischen Reformen lieferten. Und er bezeichnet dies zutreffend als „konstruktiven Postmodernismus". Genau davon sprechen wir hier: von Menschen, die die dunkle Seite kennen, aber trotzdem aufbauen. Hier sind nicht naives Leugnen am Werk, nicht weltfremder Idealismus, nicht utopisches Denken, sondern die echte biblische *Hoffnung, die sich erst auf der anderen Seite, auf der des Leidens und Scheiterns, einstellt.*

Wer dies heute hört, hält es entweder für baren Schwachsinn oder er fühlt sich gelähmt oder ist der Meinung, nach einer gründlichen Analyse aller Probleme, aller Schuld, aller Skandale und der ihrem Wesen nach tragischen Natur des menschlichen Daseins werde uns die große Erleuchtung beschieden sein. So begeben wir uns ins ewige Dekonstruieren, ohne über das konstruktive Geschenk einer Vision oder Hoffnung zu verfügen. Dies ist vermutlich die größte Last jedes Nichtglaubenden oder Ideologen: die perspektivenlose oder zynische Einstellung so vieler Akademiker und sozialer Aktivisten.

Menschen von solch „unreflektierter Richtigkeit" begegne ich ab und zu und staune immer voll Ehrfurcht darüber, was Gott lautlos in ihnen wirkt. Es ist, als begegne man einem wunderschönen Menschen, der sich seiner Schönheit gar nicht bewusst ist. Solche Menschen vertreten gewöhnlich eher traditionelle Werte. Vielleicht wirken sie sogar wie Menschen mit einer „ersten Naivität" statt der viel beschworenen „zweiten", erwachten. Gewöhnlich verfügen sie über einen nüchternen, gesunden Menschenverstand. Gesunde Menschen, die mit beiden Füßen auf dem Boden stehen, sind moralische Realisten. Sie sind weder nach rechts noch nach links ideologisch festgelegt. Sie vermögen Menschen gelten zu lassen, die andere aus irgendeinem Grund verurteilt haben. Sie zerbrechen sich nicht den Kopf darüber und entwickeln keine großen Erklärungen dafür, warum etwas falsch oder warum es richtig ist. Man kann sie nie aus der Fassung bringen. Sie gehen nicht mit einem moralischen oder dogmatischen Kompass an die Wirklichkeit heran, sondern mit „compassion", d. h. mit dem Blick des Mitempfindens. Sie holen sich ihre Antworten nicht von irgendwo oben her, sondern finden sie im Inneren, unten. Und aus irgendeinem Grund tun sie eines nicht: Sie vergleichen nicht permanent! Sie nehmen das, was direkt vor ihnen ist, als das, was es ist, und lassen jedem eine Chance, sich zu erklären.

Ich mag solche Menschen ganz besonders und halte nach ihnen Ausschau, weil mein Vater (1910–1999), ein Farmer und Eisenbahnarbeiter in Kansas, aus diesem Holz geschnitzt war. Ich habe einfache Ordensschwestern kennen gelernt, die sich um Prostituierte und Strafgefangene kümmern und sich in aller Geduld mit dem befassen, was unmittelbar ansteht, ohne auch nur einen Gedanken darauf zu verschwenden, dass es dazu sehr viel Geduld braucht. Sie sind auf eigenartige Weise zu einer neuen Form erblüht. Ich vermute, irgendwann waren sie bei dieser schweren Arbeit zunächst einmal wie „abgebaut", bis auf den Kern entblößt, und von diesem klaren und armseligen Punkt aus lernten sie neu, wie man wirklich lebt. Dieser spirituelle Realismus ist etwas anderes als ein moralischer Skeptizismus oder eine Kapitulation, sondern paradoxerweise eine Weise echter, weil erleuchteter Verbindung mit der Kraft des jesuanischen Anfangs.

Nur die *äußere* Form der Sünde des Menschen ändert sich in jeder Epoche, aber grundsätzlich geht es immer um die gleichen Illusionen und falschen Versprechungen des Ego (darauf beruht die ewige Gültigkeit alter Typologien wie derjenigen des Enneagramms wie auch der „Hauptsünden" oder „-dämonen" der meisten Traditionen). Die Grundmuster, mit denen jede Generation neu zurechtkommen muss, sind die gleichen wie die ihrer Vorfahren, und wem einmal das Gesicht und der Name der Sünde in sich selbst aufgegangen sind, den bringt keine Sünde mehr aus der Fassung. Das Böse ist genau wie Gott ein Eines und immer Gleiches, und wahrscheinlich deshalb haben Menschen Satan personifiziert. Aber sobald man den „Duft" Satans riecht, nimmt er alle möglichen Gestalten und Formen an, von denen einen dann keine mehr wirklich verblüfft. Sie machen einen nur noch klarsichtiger.

Was diese Scharfsicht heute erschwert, ist der Umstand, dass die Fülle an Information (nicht Weisheit) seit Anbeginn der Zeit während der letzten Generation ins geradezu Unermessliche angeschwollen ist. Wir warten immer darauf, dass endlich die letzte und echte Antwort erfolgt. Diese Datenexplosion verleitet uns zur Annahme, dass die Weisheit immer noch *da draußen* vor uns liege. Unglücklicherweise wenden wir uns daher vom weisheitsschwangeren „Jetzt", vom Lebenswissen unserer Vorfahren, von der heilenden Kraft der Erinnerung ab. Wir verwerfen die gesunde Tradition, ja sogar die uns umwandelnde Tradition zugunsten einer künftigen Antwort, die nie wirklich kommt; denn wenn sie kommt, verwerfen wir auch sie unverzüglich als „veraltete" Vorstellung, und innerhalb von zwei Monaten steht schon wieder ein anderer Guru auf dem Teppich. Sie brauchen sich bloß die Flut unzähliger Bücher mit Anleitungen zur Lebenshilfe anzusehen, die heute „in" und morgen schon wieder verramscht sind.

Mit „traditioneller Weisheit" oder „moralischem Realismus" meine ich Eigenschaften oder Haltungen wie Schweigen und Stille, Alleinsein und inneren Abstand, Wahrhaftigkeit, Wahrnehmen und offenes Eingestehen, Vergeben und radikale Demut. Kein neuer Autor, kein neues Buch können all das überbieten. Wir können nur hoffen, dass sie es uns besser erschließen. Keine dieser Grundhaltungen und Lebensvollzüge hat etwas besonders Spektakuläres an sich – dazu brauchen wir uns nicht auf Prophezeiungen, günstige Tage oder eine hochqualifizierte Priesterkaste einzulassen.

Die bedeutendste Lebensweisheit lässt sich vom menschlichen Leiden lernen und besonders vom ungerechtfertigten Leiden. Kaum eine der großen Weltreligionen hat sich damit frontaler und dramatischer befasst als das Christentum. Es ist die einzige Religion, die den verehrt, der selber zum Opfer geworden ist. Wie bereits ausgeführt haben Christen den, der zum Sündenbock gemacht wurde, zum „Herrn der Geschichte" erklärt. Allem Anschein nach versucht Gott, wenn er in Jesus als Gekreuzigter und Vergebender zu uns kommt, uns die Antwort auf ein sehr zentrales menschliches Problem zu geben. Ich frage noch einmal: Macht das nicht früher oder später den Kern der spirituellen Suche von uns Menschen aus, was wir mit all unserem Schmerz tun sollen?

Warum gibt es das Böse? Warum das Leiden? Selbst Ijob erhält keine Antwort und dürfte wohl die Quintessenz der menschheitlichen Sinnfrage nach dem Leid in der hebräischen Heiligen Schrift darstellen, d. h. der Theodizeefrage. Bei ihm geht es um die gleiche Erfahrung wie bei Jesus. Ijob fleht als zutiefst Verwundeter um Antwort auf seine verzweifelten Fragen an Gott und stößt schließlich zum erlösenden Vertrauen vor, als er erfährt, dass Gott ihn zutiefst ernst nimmt und „mit ihm im Gespräch" ist (vgl. Ijob 42). Später wird Jesus in seinem Leiden, Sterben und Auferstehen zur Antwort auf alle Ijob-Fragen. Im Grunde ist es die Antwort an Ijob: Du kannst auf Gott vertrauen. Die Welt ist immer noch gesegnet. Wir werden geläutert, indem wir angesprochen und in ein kosmisches Gespräch einbezogen werden. Was wir wirklich brauchen, sind in Wirklichkeit nicht definitive Antworten, sondern wir wollen als Dialogpartner ernst genommen werden. Dies allerdings geht uns erst im Nachhinein, nach allem Leiden und Kämpfen auf. Theoretisch oder theologisch oder bevor sich alles abgespielt hat, lässt sich das nicht verlässlich wissen. Daran scheuern wir uns ständig wund, das enttäuscht uns endlos. Doch diese Hausaufgabe muss ich selber machen, kann sie von niemandem abschreiben. Ich kann mich von anderen nur dazu inspirieren lassen, und das ist ein ganz guter Anfang.

Unsere Gotteserfahrung ist nur auf dem Weg der Anteilnahme möglich. Gott weigert sich, sich intellektuell „denken" zu lassen. Er lässt sich vor allem im Leiden und im Schmerz erfahren, weil sich die Fragen dann ganz und gar persönlich und existentiell stellen. Die Mystikerin Caterina von Genua soll Jesus in einer ihrer Unterredungen die Frage gestellt haben: „Jesus, warum gibt es so viel Schmerz auf Erden? Warum müssen die Menschen leiden?" Und Jesus soll ihr zur Antwort gegeben haben: „Caterina, wenn es einen anderen Weg gäbe, hätte ich ihn schon lange gewählt." Es scheint, dass es keinen anderen Weg für uns gibt, um Loslassen und Mitgefühl, Hoffnung und Achtsamkeit zu lernen. Es gibt keinen anderen Weg, uns dazu zu bringen, unsere irdischen Verkrampfungen zu lösen, als uns an die Grenzen unseres eigenen Vermögens zu führen und unserem himmlischen Ursprung zu vertrauen. Dann erst rühren wir an den Grund unseres Wesens.

Trauen Sie keinem spirituellen Lehrer, der nicht schon selbst gelitten hat! Suchen Sie keinen Lehrer, der die Zukunft voraussagt, vielmehr den, der Sie im Frieden mit der Vergangenheit versöhnt und vor allem mit den Leiden der Vergangenheit.

5 Das „kosmische Ei", das Sinn schenkt

Wenn wir unsere Gesellschaft erneuern wollen, müssen wir zuerst selbst „aufgebaut" werden. Eine gesunde Psyche ist von wenigstens drei Sinn-Schalen umhüllt. Der Genius der biblischen Offenbarung besteht ein gutes Stück weit darin, dass er alle drei berücksichtigt und ins Leben integriert. Die Schwäche der sinnentleerten Gesellschaft dagegen besteht unter anderem darin, dass sie bestenfalls auf eine dieser drei Sinn-Ebenen eingeht und sich zudem mit dieser einen nur sehr dürftig abzugeben vermag. Die meisten postmodernen Menschen sind von der engsten Schale umhüllt, sofern sie säkulare Individualisten sind; in der zweiten Hülle, wenn sie lediglich Kulturkonservative sind, und in einer falschen Version der dritten Hülle, sofern sie in irgendeiner Weise Fundamentalisten sind.

Ich will es etwas genauer erklären. Stellen Sie sich drei Kuppeln oder Ebenen des Sinns vor. Die erste (engste) heißt „Meine Geschichte", die zweite „Unsere Geschichte" und die dritte *„Die Geschichte"*. Letztere möchte ich als das „kosmische Ei" bezeichnen. Dieses ist das Wesentliche, was jede gesunde Religion zu erschließen vermag, und zwar fast unbewusst.

(1) Das bin ich – meine Geschichte

Die moderne und inzwischen postmoderne Welt ist die erste Epoche der Weltgeschichte, in der es für eine große Anzahl von Menschen möglich wurde, ihr ganz persönliches Leben und ihre Identität ernst zu nehmen. Viele unserer Väter und Mütter verfügten noch nicht einmal über eine Sprache dafür. Wir stehen hier vor einer wunderbaren Entwicklung zur Individuation. Allerdings stellt diese zugleich auch eine Minderung und Anfälligkeit dar, wenn sie das Einzige bleibt, was wir haben. Das Wort *Individua-*

tion ist grundsätzlich ein positiver Begriff, mit dem ein gesundes Selbstbewusstsein und Selbstwertgefühl, ein klares Ich mit angemessenen Abgrenzungen bezeichnet werden. Mit *Individualismus* dagegen ist eine überzogene Selbsteinschätzung gemeint, bei der Egoismus und allzu selbstsüchtig verteidigte Grenzen mit im Spiel sind.

Unter dieser ersten Kuppel spielt sich mein persönliches Leben ab; da geht es um alles, was mich besonders unterlegen, überlegen, richtig, falsch, behindert oder begabt sein lässt, je nachdem, wie „ich" das sehe. Mein „Ich" und meine Gefühle und Ansichten sind der Bezugspunkt, von dem her ich alles einschätze. Dieser ist genau das, was es loszulassen gilt, wenn man sich ins Gebet einübt. Doch ist es gerade dieses ganz kleine und falsche Selbst, was die Menschen von heute zur letzten Norm erheben und sogar für ausreichend halten.

Die Kuppel des „Das bin ich" überwölbt alles, was der postmoderne Mensch übrig gelassen hat: meine Macht, mein Prestige und meine Habe. Darunter ist die kleine Bühne aufgebaut, auf der ich *meinen* Tanz aufführe und gewöhnlich die Fragen verhandelt werden: „Wer schaut mir zu? Wie fühle *ich* mich? Was glaube *ich*? Was macht *mich* einmalig?"

Machen wir uns nichts vor: Diese Bühne ist sehr vergänglich. In wenigen Jahren wird sie abgebaut, und wenn das alles ist, worüber ich reden kann, ist das schlicht langweilig. Meine Geschichte ist nicht groß und nicht wahr genug, um aus sich heraus weiträumig angelegte oder sinnvolle Lebensmuster zu erschaffen.

Aber viele Menschen verbringen ihr ganzes Leben auf diesem Niveau der Anekdote und der Selbstdarstellung, ohne es je unter die größeren Sinnkuppeln zu stellen. Sie *sind* das, was sie getan haben und was man ihnen angetan hat. Und das ist alles. Man sieht, wie zerbrechlich und ungeschützt ein solches Ich dann ist; deshalb ist es ständig dabei, sich abzustrampeln. Es lässt sich sehr leicht verletzen, hat gewaltige Angst und setzt sich darum gern in Pose und tut, als sei es stark.

Meiner Überzeugung nach besteht die Gefahr, ins Pathologische zu geraten, wer ausschließlich unter dieser kleinsten Sinnkuppel verbleibt. Jean Houston hat treffend gesagt: „Wo es keine

Das kosmische Ei

***Die* Geschichte**
Was wirklich *ist*

***Unsere* Geschichte**
Das sind wir
Gruppenidentitäten
und -loyalitäten,
die unseren Sinn für das
Selbst erweitert

***Meine* Geschichte**
Das bin ich
Kleines, begrenztes
Leben auf der Suche
nach Bedeutsamkeit
durch Macht, Prestige
und Besitz

Die großen Lebensstrukturen, die *immer* gelten

Ethnisches Denken
Gruppenmentalität

Nationalismus
Alltagsreligion

Befreit uns aus den Illusionen des »Wir« und der Begrenztheit des »Ich«

Gesunde und in der Bibel begründete Religion
umfasst das ganze kosmische Ei

Mythologie mehr gibt, bleibt nur noch Pathologie übrig." Da das kleine und zerbrechliche Selbst jedoch auf etwas Größeres und Energetischeres hin angelegt ist, erschafft es sich selbst seine eigenen Dramen, Tragödien und Opferzustände, um das Gefühl zu haben, sich auf einer wichtigen Bühne zu tummeln. Man braucht sich nur das Fernsehen anzuschauen, wo alle möglichen Banalitäten und Faseleien zur Kunstform erhoben werden: von den Vorabendsendungen über Werbung bis zu Shows und unsäglichen Talkshows. Leider ist dies in vielen Haushalten zu dem geworden, was man heute bevorzugt: nur noch episodischer Sinn, der das kleine, von allem losgelöste Ich zur Scheinwichtigkeit aufbläht. Eine Frau behauptet, Marienerscheinungen zu haben; ein Todesschütze möchte einmal im Leben Schlagzeilen machen: Beides ist losgelöst, surreal und episodisch.

Unlängst sah ich eine Karikatur, auf der zwei Toilettentüren abgebildet waren. Statt der üblichen Beschriftung ER und SIE trugen sie die Aufschriften: „Unterdrücker" und „Opfer". Das ist eine unglaublich simple, destruktive Art, auf die man heute die Wirklichkeit reduziert. Selbst Kategorien politischer Korrektheit sind so angelegt. Sie dienen dazu, dem kleinen Ich das Gefühl zu geben, in ein Drama einbezogen zu sein und ständig entscheiden und darum kämpfen zu müssen, wer was ist, wer Verlierer und wer Held. Das Leben wird inszeniert als ein einziger, riesiger Wettkampf darum, wer „winner" und wer „loser" wird, und gerät damit im Grunde zu einer säkularen Form von Himmel und Hölle.

Das kleine Selbst ist jedoch von innen her unglücklich, weil es ontologisch keinen Boden unter den Füßen hat. Es ist nicht wirklich. Es existiert nicht wirklich. Es bleibt immer unsicher, hat Angst, strampelt um Wichtigkeit. Ein rein säkularer Lebensentwurf neigt dazu, Katastrophen hervorzurufen. Die Bühne ist nicht groß genug, damit wir alle auf dieser kleinen Erde etwas Besonderes vorführen können. Das ist nur unter dem großen Baldachin weiträumigerer Sinnkuppeln möglich. Mit Jesus gesprochen: Der vom Rebstock abgeschnittene Zweig taugt zu nichts mehr (vgl. Johannes 15, 5).

(2) Das sind wir – unsere Geschichte

Der nächste und weitere Sinnbereich handelt vom „Wir". Das ist die Kuppel der Gruppe, der Gemeinschaft, des Landes, der Kirche, vielleicht auch unserer sprachlichen oder ethnischen Zugehörigkeit. Bei Jugendlichen sind das oft ihre Freunde, ihre Clique oder ihre Musikszene, die Disco. Wir scheinen das zu brauchen, um uns unsere eigene Identität und Sicherheit als soziale Wesen zu erhalten. Auch das ist zunächst einmal gut und notwendig. Wo es keine Gruppe oder Familie gibt, entsteht ein asoziales Wesen, ein gemeinschaftsunfähiger oder psychopathischer Mensch, der nirgendwo Anschluss finden kann. Die meisten von uns kennen eine Vielzahl von Sinn stiftenden Zugehörigkeiten: Familien, Wohngebiete, Vereine, Kirche, politische Gemeinde etc. Alle diese Bereiche schulen uns im Beziehungsverhalten, im Zusammenstehen und in fast allen zwischenmenschlichen Tugenden, wie wir sie kennen.

Jeder Mensch hat für diese Dimension ein Gespür, bewusst oder unbewusst, negativ oder positiv, es sei denn, er wäre autistisch. Wir sind unserer Natur nach soziale Wesen und leben innerhalb gemeinsamer Sinnvorstellungen, die das Koordinatensystem unserer Gemeinschaften bilden und unseren Wegen vorgegeben sind. Gemeinschaft ist der unverzichtbare Übungsraum für ein Dazugehören, für Verbundensein, Vertrauen und Lieben. Wenn Sie fest in einer gesunden Familie verwurzelt sind, wenn Sie das Gefühl haben, Ihr Land stehe besonders gut in der Welt da, wenn Sie stolz auf Ihre Religion sind und Ihrer Gruppe allerhand Leistungen zutrauen – dann könnten Sie fast schon selber eine Bibel schreiben! Aber leider fixieren sich so viele auf ihre Gruppe und verschwenden ihre gesamte Lebensenergie darauf, die Räume und die „Großartigkeit" ihrer Gruppe zu verteidigen. Sie entwerfen irgendwann auch Programme für Kriege, für die Schaffung von Sündenböcken und für große Illusionen oder zumindest für das Kleinmachen anderer. Der Gruppenegoismus ist gefährlicher als der persönliche Egoismus. Zuweilen wirkt er wie Größe und ist in Wirklichkeit verkappte Ichbezogenheit der Gruppe.

Diese zweite Sinn stiftende Kuppel kreiert Mythen, Kulturhelden, Gruppensymbole, Flaggen, spezielle Speisen, ethnisches Bewusstsein und Patriotismus. All das lässt einen spüren, dass man nicht allein ist; außerdem verbindet es uns mit einer größeren Geschichte. Wir wissen, dass dies alles ein gutes Stück weit bloße Phantasie bleibt; aber es beschert *gemeinsamen* Sinn, und das ist wichtig. Der Umstand, dass alle *meinen*, Martin Luther habe an ein Kirchenportal 95 Thesen angeschlagen, ist wichtiger als die Beantwortung der Frage, ob es historisch auch *tatsächlich* stattgefunden hat. Eine Vielzahl von Leuten bleibt auf dem Niveau gemeinsamer Meinungen stehen, weil es dem kleinen Selbst eine Menge mehr Trost und Sicherheit bietet. Tatsächlich ist das Zusammenhalten auf diesem Niveau bis heute weithin der Motor der Menschheitsgeschichte gewesen.

Die Identität, die eine Gruppe verleiht, geht so tief, dass viele Menschen für sie, für ihr Land, ihre Religion ihr Leben eingesetzt haben und in den Tod gegangen sind. Identität ist die unmittelbare Vorstufe zu echter Transzendenz, weshalb sie leicht mit dieser verwechselt und dann zum Gottes-Ersatz werden kann. Man braucht nur zu beobachten, welche Emotionen viele Menschen bei Themen wie Krieg, Nation, Religion, Team entwickeln. Für so etwas zu sterben kann sich anfühlen, als sterbe man für Gott, und darum ist es in manchen Ländern der Erde immer noch leicht, junge Männer für das Sterben im Krieg zu begeistern.

Männer scheinen einen ganz besonderen Hang dafür zu haben, ihren Trost aus einer Gruppenzugehörigkeit zu beziehen, vielleicht deshalb, weil sie sich mit echter menschlicher Nähe schwerer tun. Frauen würden für ein Kind sterben; Männer sterben eher für eine Sache, eine Idee. Wir haben es hier eindeutig mit archetypisch emotionalen Sinnstiftungen zu tun. Hat man nicht den Kontakt zur dritten Ebene gefunden, bleiben dies die einzigen Götter, denen man zu huldigen vermag.

Menschen versuchen, ihre Identität mittels einer Gruppe, mittels der Zugehörigkeit zu einer Institution oder Nation, mittels des Einsatzes für ein öffentliches Anliegen oder – heute mehr denn je – für öffentlichen positiven oder negativen Ruhm zu finden. Aus irgendeinem Grund in den Nachrichten oder in der Zeitung vorzukommen hat den Geruch und die Begeisterung von „unsterblich" werden. Es mildert zumindest die Angst davor, ein ganz persönliches Selbst entwickeln zu sollen. Innerhalb einer Gruppenidentität oder im Glanz öffentlicher Bekanntheit fühlt man sich geborgen. Wir sind Mitglieder einer Partei, Harley-Davidson-Fahrer oder Fans von Bayern München etc. und legen uns stolz entsprechende Abzeichen zu. Das erleichtert spürbar die Last, sich persönlich im Leben zu behaupten, und es ist richtig erholsam, unter seinesgleichen zu sein. Man muss nicht ganz für sich allein Größe entwickeln, sondern kann sich im Glanz der Siege des eigenen Vereins oder des Ansehens der eigenen Automarke sonnen.

Viele Amerikaner verlegten sich vor allem nach den beiden Weltkriegen ganz besonders auf diese zweite Sinnebene. Sie bezogen daraus einen äußerst wirksamen Mythos für ihr Land. Man konnte ungemein stolz darauf sein, Amerikaner zu sein, waren doch sie die Befreier Europas und die „Guten" in fast allen Auseinandersetzungen auf der Welt! Diese romantisierte Mythologie tat den Amerikanern ungeheuer gut (wenn auch nicht dem Rest der Welt), bis sie in den 1960er Jahren – durch Vietnamkrieg, Bürgerrechtsbewegung, politische Morde und Hippie-Bewegung – mit der kategorischen Ablehnung all ihrer kulturellen Illusionen sich aufzulösen begann.

Während die Desillusionierung und das Auseinanderfallen in Europa schon viel früher begonnen hatten, setzten sie in Amerika erst in den 1960er Jahren wirklich ein; manche würden ihren Anfang genau auf das Jahr 1968 datieren. Nach 1968 wurde eindeutig alles anders als davor, und wir sind immer noch damit beschäftigt, genau zu verstehen, was damals auseinander fiel und warum. Da man sich vorher doch so wohl gefühlt hat, kann es nicht falsch gewesen sein, meinen außerdem manche.

Bei amerikanischen Katholiken kam dann noch ein zweiter Umbruch hinzu, unter dem sie zusätzlich litten; denn ungefähr zur gleichen Zeit schloss das Zweite Vatikanische Konzil. Da bestand für sie die schreckliche Versuchung darin, Vergangenes zu idealisieren, was in Wirklichkeit genauso seine Problematik hatte wie der nun begonnene Neuaufbruch.

Die große Sinnkuppel des „Das sind wir" findet sich im Spruch „Für Gott und Vaterland" zusammengefasst. In Amerika wurde dieses „For God and Country" auf so viele Türsturze geschrieben, als Wahlspruch so vieler Organisationen verwandt und auf so viele Briefköpfe gedruckt, dass die meisten Christen gar nicht erst stutzig wurden und nicht merkten, dass es eigentlich Häresie und

Götzendienst war, beides in einen Topf zu werfen! Und natürlich hatte jede Gruppe Gott für sich allein gepachtet, genau wie unsere jüdischen Vorfahren Gott in ihrem Tempel für sich haben wollten und es trotzdem wagten, Jahwe als „den Herrn des Himmels und der Erde" anzurufen. Bei Menschen, die sich ganz unter die zweite Kuppel zurückziehen, ist der Hang zu Stammesgöttern besonders ausgeprägt.

Seit ich in allen Erdteilen zu Vorträgen unterwegs bin und dort Kirchen gesehen habe, wundere ich mich immer noch, dass es Amerikaner als selbstverständlich betrachten, in den Altarräumen der „kat-holischen" (d. h. grenzen-losen) Kirchen die amerikanische Nationalflagge anzubringen. Ich wundere mich auch, dass Gott in der Schweiz dazu neigt, wie ein Banker auszusehen, in England wie ein gesetzter Gentleman und in fatalistischen Kulturen wie ein gekreuzigter, noch nicht auferstandener Jesus. Aber ich vermute, Gruppenmentalität schafft einfach immense blinde Flecke. Viele Frauen hatten bis in die 1980er Jahre noch keinen Blick für die Übel des Sexismus und des monopolistischen Patriarchats oder erkannten diese zumindest nicht mit entschlossener Klarheit.

Ich kann aufrichtig sagen, dass ich während der ganzen Zeit meiner frühen Lebensjahre in Kansas in einer katholischen Kirche nie irgendwelche antiprotestantischen Predigten oder Gefühle wahrgenommen habe. Wir machten die Protestanten zwar nie schlecht, sondern hatten einfach Mitleid mit ihnen. Ja, ich muss es leider sagen, wir hatten tatsächlich Mitleid mit ihnen! Wie alle Gruppen fühlten wir uns innerhalb unseres eigenen selbstsicheren Universums als besonders auserwählt und geborgen. Ihre Kirchen kamen uns so kahl und hässlich vor. Wie konnte sich nur jemand in solchen Kirchen wohl fühlen! Unsere dagegen waren voller Gold, Statuen, Bilder, Weihrauch, Kerzen und Farben! Unsere Kirchen schimmerten von Geheimnis und Sinn.

Und dazu noch unsere vielen Geschichten von Heiligen und Wundern! Bei uns gab es regelmäßig Erscheinungen. Maria erschien nur uns, ihnen dagegen nie. Unsere Welt war durch und durch geheimnisvoll, die ihre dagegen irgendwie traurig und verzweifelt. (Leider fallen gewisse junge Katholiken heute wieder in diese Mentalität zurück.)

Natürlich ging uns nie auf, dass andere Kinder in ihren eigenen Traditionen aufwuchsen und ihre eigene Welt genauso sehr liebten wie wir die unsrige – und ihrerseits die unsrige bedauernswert fanden. Man beachte die vielen Wendungen von „wir" und „sie" im obigen Abschnitt. In diesen Kategorien denkt der Verstand vor allem, wenn er vorzugsweise unter der zweiten Kuppel lebt. Es ist gut und notwendig, diese Dimension zu erleben, aber letztlich illusorisch und gefährlich, wenn man sich darin häuslich einrichtet.

Katholik, Amerikaner oder Freimaurer sein, irgendeiner Subkultur oder einem Mythensystem angehören – das funktioniert wie ein guter Witz: Entweder man erfasst den springenden Punkt oder man erfasst ihn nicht. Wenn man ihn nicht kapiert, ist man draußen. Wenn man ihn kapiert, neigt man dazu, seinem Zauber zu verfallen – zum Guten wie zum Bösen. Er wird zum nichtrationalen Bezugsrahmen, der kaum mehr zu erschüttern ist. Ich begegne Universitätsprofessoren mit völlig infantilen Vorstellungen von Gott oder vom Bösen und ich weiß, dass es der Mythos ihrer Kindheit ist, der ihr Leben immer noch beherrscht. Nicht selten kann man diesen Kindheitsmythos im späteren Leben kaum mehr vollständig verändern, und in Zeiten der Krise oder des Chaos fällt man auf ihn zurück. Positiv daran ist, dass, wer mit wunderbaren mythischen Geschichten aufgewachsen und von ihnen in der Tiefenschicht des Archetypischen geprägt worden ist, auf sie zurückgreifen und von ihnen Heilung und Trost erfahren kann. Sie liefern sichere Strukturen für das ganze weitere Leben.

In der Zeit vor dem II. Vatikanum vermittelte einem die „katholische Geschichte" ein starkes Gefühl von „Wir sind wer". Solange es isoliert und selbstsicher blieb, war das ein ziemlich wasserdichtes System. Gruppen wie die Amish und die Mormonen und etliche Sekten halten ein solches Systemdenken bis heute durch. Es ist ja auch am besten, es aufrecht zu erhalten, wenn man als Gruppe autonom und abgesondert bleiben will. Viele Menschen kommen nie über dieses Frühstadium hinaus, weil es so viel Identität und Trost verschafft – auch wenn es ihm an Weite, Tiefe und Einfühlungsvermögen in andere fehlt. Für viele Menschen sind – wie für das frühe Judentum – „Absonderung" und „Heiligkeit" fast identische Begriffe. Es ist keine Frage, dass

Jesus das „Gesetz der Heiligkeit" zugunsten des „Gesetzes des universalen Mitgefühls und Erbarmens" verwarf. Letzteres ist ein wesentlich schwierigerer Weg: Dabei geht es nämlich nicht mehr um Trennung, Absonderung und Gruppengeist, sondern um Integration.

Um ein Leben auf dieser zweiten Ebene aufrechtzuerhalten, bedarf es einer Reihe von Mechanismen, welche die Hingabe an das Gemeinsame fördern: Man braucht Symbole, Lieder, heilige Zeiten, Orte und vor allem Opfergesten, die für alle selbstverständlich werden. Erst wenn man bestimmte Dinge miteinander *tut*, entsteht ein starkes Gefühl der Zusammengehörigkeit und vor allem dann, wenn man einige merk-würdige, deutlich sichtbare Dinge miteinander tut, die eine ständige Opferbereitschaft erfordern. Bei den Arabern gehört zum Frausein weithin das Tragen eines schwarzen Schleiers – und das funktioniert. Als es für Katholiken noch eine schwere Sünde war, freitags Fleisch zu essen, diente dies sicher nicht Gott; aber die Katholiken hielt es fest zusammen. Oder sich überall zur gleichen Zeit in Richtung Mekka zu verbeugen ist eine grandiose kulturelle Praxis.

Das funktioniert zwar ganz großartig, aber das Problematische an solchen Dingen ist, dass es sich derart göttlich anfühlt, *dass Religion weithin, wenn nicht vorwiegend zum Zugehörigkeitssystem degradiert und immer weniger zum Weg wird, die Nähe zu Gott zu suchen*. Das Schwierige daran ist, dass der „Gründer unserer Firma", Jesus, nichts von all dem betont hat! Ihm waren Stammesreligion, Gruppendenken und Loyalitätsbeweise absolut fremd. Die *Institution* Kirche dagegen legt nach wie vor großen Wert darauf. Es funktioniert nur allzu gut, als dass man es in Frage stellen wollte. Es hält zusammen und das fühlt sich wie Erlösung an, selbst wenn es nur ein sehr schwacher Abklatsch davon ist. Aber auch hier stehen die Zeichen heute auf Umbruch.

Ich bin überzeugt, Gott ist dies alles ziemlich gleichgültig; aber er scheint zu wissen, dass *wir* das brauchen. *Wir* brauchen es, damit wir uns irgendwo vertrauensvoll niederlassen können; *wir* brauchen es, um überhaupt in die Gänge zu kommen; *wir* brauchen es, um uns gegenseitig zu ermutigen und zu stützen. Als Katholiken noch wussten, dass *alle von uns* freitags Fisch aßen, gab es ihnen ein starkes Gefühl, loyal zu einer Gruppe zu stehen und ein Opfer für eine gemeinsame Sache zu bringen. Der

Verzicht auf Fleischspeisen am Freitag brachte das Element des „Heroischen" ins Spiel, das zur systemischen Religion zu gehören scheint.

Doch die allgemeine Erfahrung zeigt, dass man darauf immer weniger angewiesen ist, je näher man der wirklichen existentiellen Sinnmitte kommt. Aus diesem Grund lässt sich wohltuend beobachten, dass alte Leute, Ordensjubilare und Menschen, die schon viel durchgemacht haben, eine gewisse innere Freiheit gegenüber allen Regeln ausstrahlen. In der zweiten Lebenshälfte hat man es nicht mehr so sehr nötig, sich als „Held" zu fühlen; man möchte einfach echt, wirklich sein. Augustinus hat das ganz kühn so formuliert: „Liebe und dann tu, was du willst!"

Je anspruchsvoller das gemeinschaftliche Tun ist, desto besser funktioniert es. Die einzigen Religionen, die heute noch starken Mitgliederzuwachs verzeichnen, sind jene, die ihren Anhängern viel abverlangen. Je liberaler Religionsgemeinschaften sind, umso eher fallen sie auseinander. Junge hispanische Männer in New Mexico fühlen sich viel stärker zu einer „no drink, no sex, no gambling"-Religion hingezogen als zu einem ruhigen, kontemplativen und freundlichen Katholizismus. Das stellt ein echtes Problem dar; denn ich glaube, dass Letzterer reifer ist und eher dem Geist Jesu entspricht; aber wir müssen begreifen, dass der „Jesus-Religion" wohl immer die Religionsform vorausgehen muss, die Johannes der Täufer mit seinem Ruf zur Umkehr, zu einem neuen Denken vertrat.

In vielfältiger Hinsicht, als wir dachten, ist Johannes der „Vorläufer" Jesu (ich versuche das in meinem Buch *The Wild Man's Journey* anzusprechen, wo ich das Phänomen der Bewegung der „Promise Keepers" und des Bedürfnisses nach etwas „Heroischem" beim jungen Mann behandle). Allem Anschein nach fangen Menschen normalerweise als „Konservative" an, wir sagten es schon (mit Struktur, Ordnung, Gewissheiten und absoluten Vorstellungen, die ihnen schließlich irgendwann abhanden kommen), und bewegen sich von dort aus in Richtung eines toleranteren, risikofreudigeren, für Ausnahmen offenen Verhaltens. Wieder ist es so: Man muss erst einmal die Regeln kennen, bevor man sie „brechen" oder bevor man erfassen kann, was die Regeln wirklich bedeuten. Das Ideal wäre, mit Johannes dem Täufer anzufangen und schließlich ganz zu Jesus überzugehen.

„Unter allen Menschen hat es keinen größeren gegeben als Johannes den Täufer; doch der Kleinste im Himmelreich ist größer als er" (Matthäus 11, 11).

(3) Die Geschichte – der allumfassende Sinn

Kommen wir jetzt zur dritten und weitesten Sinn-Kuppel, die Peter Berger als „The Sacred Canopy", den „heiligen Baldachin" bezeichnen würde. Das ist der Bereich des universalen Sinns, *der* Geschichte schlechthin, des Grundmusters, das jede Zivilisation und Religion auf ihre eigene Weise entdecken. Diese Ebene bestätigt und bekräftigt die beiden anderen und hält sie mit einer sakralen Sinndeutung zusammen. Das ist die echte Transzendenz, der authentische Gottesgeist, der jede Arbeit an Seele und Leib beseelt. Diese Dimension hat der Säkularismus verworfen. Der Postmodernismus sagt, *es gebe keine* „universale Geschichte", die immer wahr sei. Damit ist das kosmische Ei zerbrochen; denn seine umfassendste Hülle wird abgetan und keine Macht der Welt scheint imstande zu sein, sie wieder zusammenzufügen. Quelle des kosmische Eies ist ausschließlich Gottes Wirken und kommt in einer gesunden Religion zu seiner Darstellung.

Wenn die in der Bibel begründete Religion in Bestform ist, achtet und verbindet sie alle drei Ebenen miteinander: den persönlichen Lebensweg als Rohmaterial, die Gemeinschafts-Identität als Schule und Übungsfeld sowie die alles umgreifende Transzendenz als Integration bzw. Vereinigung aller Einzelteile. Wir bezeichnen dieses Einssein auch als „Heiligkeit"; sie stellt die Höchstform von Ganzheit dar.

Nach den drei großen monotheistischen Religionen – Judentum, Christentum und Islam – offenbart sich diese dritte Ebene personal, d. h. ihr alles umfassender Sinn verdichtet sich nicht nur als eine Vorstellung, sondern als Person: Gott.

Ohne die große, weltübergreifende Geschichte, die uns aus der Tyrannei und dem Götzendienst der ersten beiden Geschichten befreit, bleiben wir in kleinen privaten Welten gefangen. Ohne die großen Urmuster bzw. Lebensstrukturen des Seins, die immer gelten, verlieren wir uns darin, ständig zwischen den kleinen, zeitbedingten Mustern in den Räumen von „Wir" und „Ich" unsere Auswahl zu treffen. Echte Transzendenz befreit uns von der Tyrannei des „Ich selbst" und vom Kult des „Wir sind wer". Wenn wir alle drei ernst nehmen, wie es die Bibel tut, bewegen wir uns in einem Lebensraum, der voll menschlich und voll göttlich ist.

Manche versuchen, wie Ikarus törichterweise direkt in die große Geschichte hineinzufliegen, ohne sich in den Räumen von „meiner Geschichte" und „unserer Geschichte" abstrampeln und auch Niederlagen annehmen zu wollen. Dies ist *Fundamentalismus* pur. Er sieht wie leidenschaftliche Religion aus, aber kennt in Wahrheit nicht den Prozess der Inkarnation, die Stufen des Menschwerdens; er ist nicht biblisch und hat nichts mit Weisheit zu tun. Er macht sich besonders seit dem letzten Jahrhundert breit, seit wir uns darüber verstrickten, wie man Wahrheit zum Ausdruck bringen könne. Paradoxerweise sieht es so aus, als liefe es darauf hinaus, dass man daran geht, eine ganze Seite des menschlichen Bewusstseins (das, „was wirklich ist") lahm zu legen, und Sinndeutungen einfach auf Greifbares („Wir sind wer" und „Ich selbst") einschränkt, wenn man sich daran macht, das nur mehr Naheliegende begreifen, fest in den Griff bekommen und durch und durch erklären zu wollen.

Liberale – wie etwa gründlich Gebildete oder Leute aus den Bereichen Therapie und Psychologie – neigen dazu, heute in die Falle der ersten Kuppel zu geraten, also nur noch durch privaten Sinn zu erhellen und alles wissenschaftlich, analytisch zu erklären. Sie neigen einseitig zur individualistischen Weltsicht: Eine bestimmte Tat wird dadurch gut, dass sie meine Wahlmöglichkeiten, mein Gewissen und meine Freiheit nicht einschränkt. Ob sie wirklich auch gut für die Gesellschaft oder für den anderen ist, kommt dabei überhaupt nicht in Betracht, erst recht nicht unter dem Aspekt dessen, „was wirklich ist" (= Transzendenz).

Konservative neigen dazu, in die Falle der zweiten Kuppel zu geraten, der der Loyalität gegenüber der Gruppe oder dem Stamm. Sie wünschen sich irgendeine gemeinsame Weltsicht, bleiben aber dann dabei stehen. Dann schwenken alle die Flagge der USA, Papstbilder, die Bibel oder sonst irgendein Emblem. Angesichts mancher Tendenzen könnte man meinen, es gehe eher darum, dem Papst statt Jesus nachzufolgen. (Das hält die Gruppe in Zeiten zusammen, zu denen sonst nur noch wenig Loyalität durchzuhalten ist. Man denke, wie Jahwe der Bitte des jüdischen Volkes um einen König nachgab, obwohl er sagte, mit dieser Bitte lehnten sie ihn als ihren König ab; vgl. 1 Samuel 8).

Sowohl fundamentalistisches als auch progressives, liberales und traditionelles Denken stehen in der Gefahr, sich um die eigentliche Hingabe an Gott zu drücken. Einstellungen haben vorwiegend mit dem Temperament des jeweiligen Menschen oder seinem Bedürfnis zu tun, alles im Griff zu haben, aber recht wenig mit irgendeinem der echten spirituellen Wege. Bei all diesen Einstellungen wird den Betreffenden *der Akt des Glaubens wie ein Sterben vorkommen* (nämlich ein Sterben dessen, was sie sich zurechtgelegt und zur Gewissheit gemacht haben). Und die jeweiligen Anhänger werden ihre eigenen Entschuldigungen finden, um erklären zu können, dass sie gar nicht „sterben" müssen – und so genau das Gegenteil von dem tun, was Jesus tat.

Menschen – Mann oder Frau –, die innerhalb des dreieinen kosmischen Eies leben, sind der Mystiker, der Prophet, der universale Mensch, der Heilige, der Ganzgewordene. Das sind Menschen wie Mahatma Gandhi, Bonaventura, Martin Luther King, Mutter Teresa, Kardinal Henri Newman, Dag Hammarskjœld oder Juliana von Norwich (meine Lieblingsmystikerin). Es sind Menschen, die mit offenen Augen alle kleineren Bilder achtsam anschauen, indem sie diese vom unendlich großen Bild her betrachten und zu deuten wissen. Das sind Menschen, die einerseits alle kleinen Geschichten von „Wir" und „Ich" ernst nehmen, sich anhören und anderseits schon jetzt vom Ursprung bzw. vom Ende her leben. Man bezeichnet sie auch als Seherinnen oder Seher, denn sie schauen geradezu mit den Augen Gottes.

Die wirklich Großen leben jenseits bloßer Gruppenloyalitäten, jenseits allen simplen Schwarzweißdenkens und damit auf der einzig wahren Seite, d. h. jenseits von Gewinnern und Verlierern, von Guten und Bösen. Lawrence Kohlberg würde sie wahrscheinlich als „Menschen der sechsten Stufe" bezeichnen, die nach universalen Prinzipien leben, sich jedoch zugleich um das Einzelne kümmern; Menschen, die kulturelle Normen achten, jedoch auch um Räume für Ausnahmen wissen. Sie sehen alles auf kontemplative Weise, jenseits der engen Haut des kleinen Ich und des selbstbezogenen Gruppenegoismus.

Aldous Huxley nennt dieses mystische Wissen die „Ewigkeitsphilosophie" (philosophia perennis). Dabei integriert und konzentriert der kontemplative Geist unser gesamtes Rechnen und Kontrollieren. Wo dieser Geist fehlt, gibt es nur eine sich selbst dienende Zivilreligion. Wie immer wir den spirituell ganzheitlichen Wiederaufbau anpacken, er muss von Menschen ausgehen, die auf jene dreieine Weise zu sehen vermögen.

Echter Wiederaufbau wird von Menschen initiiert, die die Wirklichkeit simultan auf allen drei Ebenen vor Augen haben: (1) Sie achten die Ebene des Göttlichen und leben im weiten Raum der ganz großen, allumfassenden Geschichte. (2) Sie nehmen die Bedürfnisse und den Kontext der Geschichte der jeweiligen Gruppe ernst und tun diese nicht als nur hinderliche Fesseln oder sinnlose Traditionen ab. (3) Sie behaupten auch nicht, die kleine persönliche Geschichte sei völlig unwichtig, sondern sie mühen sich um persönliche Fragen wie der nach der eigenen Identität, um die es vorrangig in der ersten Lebenshälfte geht.

Wichtig ist, sich vor der Meinung zu hüten, man könne das eine vom anderen trennen. Die Integration aller drei beschriebenen Kuppeln vollzieht sich nicht nacheinander, sondern will simultan gepflegt werden. In unserer auf Therapie fixierten Gesellschaft meinen viele, zunächst müssten sie alles ganz für sich selbst auf die Reihe bekommen und erst dann könnten sie sich in Gruppen engagieren oder Gott suchen. Mir scheint, in Wirklichkeit verläuft der gesamte Prozess wie in einer Spirale durch alle Ebenen hindurch, und zwar durch ein ständiges Ausgleichen zwischen den drei Sinnkuppeln.

Wie es viele von Ihnen, die vor den gegenwärtigen Aufspaltungen dieser Sinnkuppeln aufwuchsen, sicher auch noch erleben konnten, durfte ich glücklicherweise in den Räumen einer gesunden Familie, Religion und Gemeinde aufwachsen, lernte eine fruchtbare Form von Therapie kennen und fand genug Zeit zur Selbsterkenntnis; alles überlappte sich gegenseitig wie Wellen aus einem endlosen Meer. Das sieht heute ganz anders aus: Die meisten Menschen stellen nur das eine oder das andere in den Vordergrund ihrer Aufmerksamkeit. Wenn Sie es genau bedenken, werden Sie mir zustimmen. Heutzutage kommt es fast schon einer genialen Leistung gleich, noch jemanden zu finden, der alle drei Ebenen gleich wichtig nimmt.

Die Notwendigkeit von Einschränkungen und Grenzen

Bestimmte Abgrenzungen scheinen die einzige Möglichkeit darzustellen, damit Menschen einen klaren Standort, eine überschaubare Anfangsposition, einen gesicherten Ausgangspunkt für ihren Weg ins Leben finden. Selbst wenn einer meint, bei ihm gebe es keine Abgrenzungen bzw. Abschirmungen, gibt es sie gewöhnlich doch. Er merkt es, wenn er gegen sie verstößt.

Der schwarzhäutige Mystiker Howard Thurman hat gesagt: „Hüte dich sehr, die Grenzmarkierungen eines anderen zu verletzen." Die Psyche des Menschen braucht ein bestimmtes Gesicht, ein Stück festen Boden, vor allem in den ersten Lebensjahren. Man fängt sein Leben nicht gleich als Liberaler an, sondern zunächst bedarf es einiger Grenzen, fester Vorgaben, Kriterien und sogar absoluter Überzeugungen, und sei es nur, um einen Stachel zu haben, gegen den man ausschlagen kann (vgl. Apostelgeschichte 26, 14).

In diesem Sinn bemüht sich Paulus in seinem Römerbrief, seinen Adressaten klarzumachen, *das Gesetz sei zum Zweck der Unterweisung, Erziehung und Umwandlung gegeben* (vgl. vor allem die Kapitel 2 bis 7), beschere aber von sich aus keine „Erleuchtung". Selbst wenn fast allgemein das Einhalten von Beschränkungen, Grenzen und Gesetzen mit Religion und sogar mit Erlösung verwechselt wird, „wird durch das Gesetz niemand vor Gott gerecht" (Galater 3, 11). Das hängt damit zusammen, wie sich Wachstum, Reifung, Umwandlung vollziehen. Die Auseinandersetzung mit anfänglichen Einschränkungen und Gesetzen stellt dabei den Kampfring dar, führt aber noch nicht zur Begegnung mit dem wahren Selbst und erst recht nicht zum Sieg.

Wir Menschen scheinen so angelegt zu sein, dass wir erst mit etwas kämpfen, uns mit ihm auseinander setzen müssen, bevor wir es ganz und gar ernst nehmen – und bevor wir zu entdecken vermögen, was wir in Wirklichkeit suchen und woraufhin wir in Wirklichkeit gedacht sind.

Menschen, die nie in Konflikt mit Religion, Schuld, Eltern, Unrecht, Freunden, Ehepartnern und Gesetzen geraten, haben gewöhnlich keine tiefe und freie Achtung vor ihrer Kraft und Bedeutung. Vermutlich aus diesem Grunde begibt man sich in gewisser Hinsicht in der Regel erst einmal die Gewandung eines Konservativen, der auf dem beharrt, was ihm vertraut ist, was er weiß, was er für einzig richtig hält, was ihn sich sicher fühlen lässt. Jeder gute Therapeut weiß, dass dies stimmt, und auch jeder Anthropologe. Ein verwöhntes Kind, eine verweichlichte Zivilkultur, ein übersättigter Erwachsene bringen selten Kreatives hervor.

Es ist erstaunlich, wie viele kreative Menschen von ihren Eltern oder ihrer Religion einen Stachel gesetzt bekommen haben, gegen den sie zeitlebens ankämpfen. Tatsächlich scheint das fast normal zu sein. Als Beispiele der Bibel wären Adam und Eva, Jakob, Ijob, Paulus und Maria Magdalena zu nennen. Jesus verwandte dafür geschickt die Formulierung aus Psalm 118: „Der Stein, den die Bauleute *verwarfen*, er ist zum Eckstein geworden" (Psalm 118, 22; Matthäus 21, 42). Oder: Ein Großteil der kostbarsten Lehren der Kirche ist als Reaktion auf Leugnungen, Weigerungen, Ablehnungen, auf Scheitern und Sünde entstanden. Oder: Wenn man will, dass sich die besten Geister in der Welt mit einer bestimmten Sache befassen, braucht man sie nur von Rom verurteilen oder von Washington verbieten zu lassen. Oder: Viele große Heilige hatten zumindest einen schwierigen Elternteil, wie etwa Franziskus. Grenzen und Kanten scheinen alles zu verfeinern. Konturlosigkeit bringt so gut wie nichts.

Der dänische Philosoph und Theologe Søren Kierkegaard sagte, die geläufigsten Ausdrucksformen des nur scheinbar religiösen Menschen seien der „Ästhet" und der „Moralist". Tatsächlich religiös sei nur, wer den „Glaubenssprung" mache, vor dem jeder Angst habe, und dabei alle Sicherheiten aufgebe, um sich im Vertrauen auf den zu werfen, den er liebt, nicht jedoch, wer seine Talente sicher vergrabe, um sie später zu seiner Erlösung hervorholen zu können (vgl. Lukas 19, 11–27). Kult und Kodex erscheinen als religiös, sind aber nur Fensterschmuck.

Sie mögen es glauben oder nicht, ich sage es trotzdem: Wenn wir uns umsehen wollen, was wir nun eigentlich wieder aufbauen sollen, können wir uns meiner Ansicht nach *das menschliche Bedürfnis* vornehmen, das Konservative zu benennen versuchen. Die *Art und Weise*, wie sie es verfechten, ist gewöhnlich zu rechthaberisch und streitbar, und die *starren Lösungen*, die sie bieten, sind oft zu elitär und zu sehr auf Macht und Vergangenheit fixiert; aber das *Bedürfnis*, auf das sie hinweisen, muss meines Erachtens ernst genommen werden: Die Menschen brauchen nun einmal ein gewisses Maß an Ordnung, Vorhersehbarkeit, Sicherheit und Autorität, *um richtig anfangen zu können.* Normalerweise muss man sozusagen zuerst Johannes der Täufer werden, ehe man Jesus werden kann. Das Problem ist, dass die meisten Christen in Wirklichkeit bei Johannes dem Täufer stehen bleiben, der nur für ein Stück des gesamten Weges ausreicht. – Mir selber war dieser Zweischritt in meinem Leben weithin beschieden und ist es immer noch – und genau aus dem Grunde brauche ich ihn nicht mehr! Ich habe ihn mir zumindest teilweise verinnerlicht und er trägt mich.

Ich meine, dass Konservative oft ihre Positionen mit einer ungerechtfertigt großen Wut und Reaktion verfechten. Gewöhnlich malen sie Szenarien des schlimmsten Falles aus, reagieren im Übermaß auf ihren Verlust an Kontrolle und verfallen als Ersatz für den biblischen Glauben in eine ausgeprägte Gruppenloyalität. Aber immerhin das muss man ihnen lassen: Sie zeigen klar und deutlich, dass der Mensch absolute Kriterien braucht, feste Bezugspunkte, unverrückbare Vorgaben; wir können nicht ständig im Fluss leben und restlos alles neu beurteilen. Konservative verlangen schlicht nach dem „heiligen Baldachin"!

Die Psyche kann nicht damit leben, wenn sich tagtäglich alles ändert, alles nur Ansichtssache, alles relativ ist. Es lässt sich keine namhafte Zivilisation aufbauen, wenn alles täglich neu erfunden und entschieden werden muss. Man braucht einen soliden Rahmen, der einen lange genug hält, damit man immer wieder über den Modus des reinen Überlebens hinauswachsen kann. Fehlt das, so entwickeln die meisten Menschen eine Art Belagerungsmentalität und finden kaum mehr Zeit für etwas wirklich Kreatives. Angesichts der explosionsartigen Vermehrung von Informationen, denen wir ausgesetzt sind, werden viele Menschen instabil und von Ängsten, ja Neurosen infiziert.

Das ist vermutlich die Erklärung dafür, weshalb Papst Johannes Paul II. es für nötig hält, gewissermaßen eine Wagenburg um die Gewissheiten des Vatikans zu errichten. Auf menschlicher Ebene hat er zweifellos Recht und Gott scheint demütig genug zu sein, um sich uns hier mit unserem Bedürfnis nach einigen Gewissheiten anzuschließen. Allerdings glaube ich nicht, dass das an die Tiefe und Kraft des biblischen Glaubens herankommt. Ich bin nicht so demütig wie Gott.

Wir brauchen festen Boden unter den Füßen, etwas, worauf wir vertrauen, eine Sicherheit, die wir mit anderen teilen. Erst dann können wir uns ins Leben da draußen auf den Weg machen. Es muss eine Hoffnungsgrundlage geben. Wenn Hoffnung zur gemeinsam geteilten Erfahrung werden soll, bedarf es gemeinsamer Überzeugungen und Geschichten, die inspirieren. Wenn es sich dabei wirklich um Geschichten handelt, die das große LEBEN zum Inhalt haben, deren Wahrheit immer gilt, versetzen sie uns in ein universales Menschsein, in eine Gesellschaft, wo wir auf festem Grund stehen und wo wir von diesem Grund aus einen gemeinsamen Grund mit vielen anderen legen können. *Ein fester Grund, der uns nicht unwillkürlich auch nach außen gehen lässt, ist überhaupt kein fester Grund.*

Dies ist auch der Unterschied zwischen einem nur treuen Anhänger einer Gruppe, einer Religion und einer großen Seele. Der Gehorsam gegenüber Normen ist nicht das Gleiche wie der „Gehorsam des Glaubens" (vgl. Römer 1,5). Treue zu Normen liebt die Ordnung; Glaube betätigt sich auch noch im Chaos. Wir brauchen beides, weil beides aufeinander bezogen ist. Aber für jegliche kreative und neue Zukunft ist der Glaube das notwendigere Element. Und dorthin vermag Gottes Wort immer zu führen.

Das Geschenk der Zuversicht

Die Größe einer Zivilisation ist das Ergebnis des Wirkens großer Geister, kreativer Menschen, Erfinder und Heiliger. Es überrascht nicht, dass solche Größe oft gerade in Zeiten des Zusammenbruchs, ja sogar des Chaos aufkeimt. Aber Größe stellt sich auch dann ein, wenn Menschen vor allem anderen *zuversichtlich, von Hoffnung bewegt* sind. Wenn wir – alle miteinander – glauben, dass das Leben, dass Gott und die Menschheit gut sind, werden wir für andere zu sehr verlässlichen und heilsamen Menschen. Wir vollbringen aufregende und phantasievolle Dinge, weil wir der Zuversicht sind, dass sie zu einer langen Geschichte gehören, die ein großes Ziel hat, und weil wir unseren Teil dazu beitragen wollen.

Vor einigen Jahren gab es in Amerika eine sehr beliebte Sendereihe von Kenneth Clark über den Aufstieg und Niedergang von Zivilisationen. Clark sagte damals: „Immer dann erreichen Zivilisationen ein großartiges Format, wenn die Menschen von Zuversicht erfüllt sind." Genau sie fehlt uns heute in vielerlei Hinsicht. Zuversicht fehlt uns als Einzelnen, sie fehlt uns als Gemeinschaft, fehlt uns auch als Kirche oder als Nation. Wir sind keine wirklich zuversichtlichen Menschen. Ich würde sogar behaupten: Wir leiden unter einem gewaltigen Mangel an Zuversicht in dem Sinne, dass wir noch mehr sind als unser jeweiliger Marktwert und dass wir überhaupt etwas *sind* außer ein Bündel von Zufällen. Und uns fehlt die Zuversicht, dass sich alles – Licht und Dunkel – auf etwas Gutes oder Lohnendes zubewegt.

Damit stellt sich freilich die schwierige Frage: Wie lässt sich in einer Zeit ohne Zuversicht wieder echte Zuversicht *erschaffen*? Welcher Umstände bedarf es, die zusammen eine zuversichtliche Epoche mit zuversichtlichen Menschen ergeben? Es bedarf sicher sehr vieler, und ihr Zusammenspiel ist so komplex, dass ich ihr günstiges Zusammentreffen als „Gottesgeschenk" bezeichnen möchte. Mir ist klar, dass wir nicht allein von uns aus einen bestimmten neuen *Zeitgeist* einläuten können.

Theologisch gesprochen würde ich sagen: Die Grundtugenden des Glaubens, der Hoffnung und der Liebe sind Teilhabe am Leben Gottes. Wir bauen jedoch auch sie nicht allein aus uns selber auf, sondern entdecken sie wie ein Geschenk in uns. Sie entstehen nicht dank glücklicher Umstände, leben doch die meisten mir bekannten Menschen, die einen felsenfesten Glauben oder eine unerschütterliche Hoffnung haben, nicht selten in äußerst schwierigen Situationen. Umgekehrt sind jenen Menschen, denen es rundum gut geht, nicht selten Glaube und Hoffnung ziemlich fremd.

Zuversicht ist eine Mischung aus Glaube und Hoffnung. Wie der Prozess der Verschmelzung dieser beiden Substanzen verläuft, weiß ich nicht; aber ich weiß, wann sie bei mir geschieht und wann nicht. Das fühlt sich oft so an, als sei ich in etwas hineingefallen oder mir sei von irgendwoher etwas geschenkt worden, etwas, das die Teilhabe an jemand ganz Anderem, Größerem als ich bedeutet. Zuversicht ist von völlig anderem Wesen als die so genannten natürlichen Tugenden wie Mäßigung oder Bescheidenheit, die wir uns mit Übung und Ausdauer erwerben können. Ich denke, aus diesem Grunde *beten* wir um Hoffnung, *warten* auf sie, lassen den Boden brach, bis der göttliche Sämann seine Saat aufgehen lässt. Aber wer betet, wartet und achtsam ist, der *weiß*, dass die Saat von ganz woanders herkommt und immer geschenkt ist. Man kann dann nur noch dem Sämann dafür danken.

Ich bin der Überzeugung, dass wir derzeit intensiv um das Geschenk gemeinsamer Zuversicht beten sollten, beten um eine neue, ermutigende Vision, die nichts damit zu tun hat, dass hier alles glatt verläuft, sondern die sich uns vom Himmel her erschließt und auf uns herabkommt wie das neue Jerusalem, „wie eine Braut, die sich für ihren Mann geschmückt hat" (Offenbarung 21, 3).

Christliche Hoffnung meint etwas anderes als Optimismus. Optimismus ist eine natürliche Tugend und ein wunderschönes Charaktergeschenk, wenn alles gut verläuft und man sich vorstellen darf, dass morgen alles noch besser wird, als es heute ist. Christliche Hoffnung hingegen hat nichts mit der Überzeugung zu tun, morgen werde sicher alles besser sein als heute. Sie lebt aus der Gewissheit, dass der göttliche Bräutigam kommt; dies genügt ihr als Grund für ein großes Glück, selbst wenn alles andere gerade auseinander fällt. Das deutet wohl auch Jesus an, wenn er sagt, das Keimen eines Senfkorns, das Finden einer Münze oder das Wiederfinden eines verirrten Schafes reiche bereits, um ein großes Fest zu feiern (vgl. Lukas 15). Selbst ein kleines Anzeichen dafür, dass Gott nahe ist, ist ein Anzeichen für Gott selbst und darum ein Anzeichen für Sinn und letztlich für Freude. Ein bisschen Gott reicht für einen langen Weg.

6 Eine ganz neue Einstellung zur Wirklichkeit

Wollen wir uns tatsächlich an den geistigen, spirituellen Wiederaufbau machen, müssen wir uns zunächst für mehr als ein bloß verstandesmäßiges Wissen öffnen, d. h. für eine umfassendere, kontemplative Wahrnehmungsweise. Gewöhnlich wippt ja unser Geist wie eine Schaukel mit scharf trennendem Urteil auf und ab, teilt alles in die Kategorien von Gewinnen/Verlieren und Entweder/Oder ein. Über rasches Urteilen, über unser Ich und sein ichbezogenes Eigeninteresse gilt es hinauszuwachsen. Das meint „Bekehrung" in ihrem elementarsten Sinn und ist zugleich der Weg zu tiefer Weisheit, zur Schau Gottes. Nur das tiefe ganze Selbst wird jemals fähig, Gott zu erfassen.

Es gibt viele Weisen, von der Wirklichkeit zu „wissen". Andere würden sie wahrscheinlich anders oder noch umfassender beschreiben, aber ich will hier sieben aufzählen. Mit Weisen des Wissens meine ich die Art, *wie* wir dazu kommen wahrzunehmen, *was* wir wahrnehmen. Traditionellerweise wurde diese Frage zu Beginn jedes Philosophiestudiums behandelt und mit dem ungeläufigen Wort *Epistemologie* thematisiert. Für mich als Student war es der erste Kurs meines vierjährigen Philosophiestudiums. Ich musste zunächst darüber nachdenken, *wie* wir eigentlich wahrnehmen, um mir darüber klar zu werden, *was* wir in der so genannten Metaphysik wahrnehmen. Es ging darum, zunächst einmal meine eigene Brille, meine Sehgewohnheit zu analysieren, ehe ich beschreiben konnte, *was* ich sah; sonst hätte ich dem nicht trauen können, wovon ich sagte, *dass* ich es sehe.

Auch wenn das philosophische Wort *Epistemologie* kaum mehr bekannt ist, brauchen wir die Klarheit, um die es dabei geht, mehr denn je; denn wir tragen alle recht viele Brillen, meist unbewusst, ohne es zu merken. Ich gebe zu, dass Buddhisten weit mehr darum bemüht sind, diese Brillen einander bewusst zu machen, als Christen es heutzutage tun, zumal im Abendland Tugenden wie Demut und Selbstkritik nicht mehr hoch im Kurs stehen. Im Frühstadium spirituellen Lebens geht es um das Putzen unserer Brille. Teresaa von Àvila sieht dies in ihrer „Seelenburg" als erste Aufgabe vor. Ohne diese dringliche Vorarbeit gelangt man erst gar nicht – so Teresa – in die weiteren sechs Gemächer des göttlichen Bräutigams, wie sie es nennt.

In diesem kurzen Kapitel kann ich – in Anlehnung an Teresa von Àvila – die sieben Wahrnehmungsweisen unmöglich angemessen behandeln, sondern lediglich – in vereinfachter Form – kurz skizzieren. Ich hoffe jedoch, dass ich Ihnen damit beim Putzen Ihrer eigenen Brille dienen kann, damit Sie die Botschaft dieses Buches und, was noch viel wichtiger ist, des Evangeliums nutzbringend zu erfassen vermögen.

Wie bei allen Prozessen der Bekehrung bzw. Umwandlung auf dem Weg zu einer uns zugedachten universalen Lebensschau müssen wir zunächst einmal erkennen, dass wir eine völlig neue Einstellung brauchen. Es kommt geradezu einer Totaloperation gleich, unseren alten Kopf, den wir für den einzig möglichen hielten, d. h. unser gewohntes Denken, unsere Denkstrukturen und -muster gegen neue auszutauschen.

(1) Intellekt

Die Brille, die wir am häufigsten mit Wissen in Verbindung bringen, ist unser *Intellekt*, unser Vernunftdenken. Der Intellekt ist Ergebnis von Erziehung sowie üblicher Schulbildung. Das hat mit äußerem Wissen, mit Verstand und Logik zu tun und wird auch als „Intelligenz" bezeichnet. Heute ist es gebräuchlich, dieses Verstandeswissen der linken Gehirnhälfte zuzuordnen, mit der wir vor allem Fakten, thematisches Wissen, Informationen aufnehmen und speichern. Hier geht es um eine durchaus nützliche Art des Wissens, für die wir dankbar sein können. Doch die meisten sind so erzogen und ausgebildet, dass sie meinen, dies sei die einzig richtige Art des Wissens, ja die souveränste und sicherste. In Wirklichkeit aber liegt hier eine beachtliche Kurzsichtigkeit vor. Daniel Goleman hat dies in seinem bahnbrechenden Buch über *Emotional Intelligence* (1997) überzeugend dargestellt.

Tatsächlich erweist sich ein Mensch, der nur aus seinem Intellekt lebt in der Welt, wie sie wirklich ist, als buchstäblich beschränkt, als einäugig. Unsere Rede vom „zerstreuten Professor", vom „Eierkopf", vom „verstiegenen Intellektuellen" oder „kalten Verstandestyp" drückt dies auf volksmundliche Weise aus. Während meiner Studienjahre in den 1950er bis 1960er Jahren galt diese Art des Wissens jedoch als höchst erstrebenswert, die am meisten trainiert, bewundert und gefördert wurde – selbst bei den Franziskanern, die es eigentlich hätten besser wissen müssen! Wir wurden zu Akademikern ausgebildet, nicht zu Seelsorgern. Wir lernten Latein und Griechisch, um uns das Denken vergangener Zeiten aneignen zu können, nicht aber etwa Spanisch oder Sprachen von Eingeborenen, um für die Begegnung mit heute lebenden Menschen fähig zu werden.

(2) Wille

Die zweite Wahrnehmungsweise betätigen wir mittels unseres *Wollens*. Diese Art von Erkennen ist durch den Umstand bedingt, dass wir ständig auswählen, uns für etwas Bestimmtes entscheiden und uns ihm widmen, es gründlich und von allen Seiten kennen lernen und bei ihm bleiben, während wir anderes beiseite lassen. Jeder, der sich verbindlich festgelegt hat, weiß, wovon ich rede. Der Grund, weshalb man heiratet, ist nicht der gleiche, weshalb man verheiratet bleibt. Tatsächlich kann man seine Gründe fast jedes Jahr ändern, ja vielleicht sogar jeden Monat. Das Gleiche gilt für alle Frauen und Männer, die Ordensgelübde ablegen. Wenn wir dann weiterwachsen, entwickeln wir andere Gründe, bei dem zu bleiben, wofür wir uns entschieden haben, als die, die wichtig gewesen sind, als wir uns dafür entschieden haben. Die sich daraus entwickelnde Art von Wissen erwächst den zuvor getroffenen Entscheidungen und aus dem Prozess der Auseinandersetzung mit diesen Entscheidungen.

Dieses Wissen ist ein aus Lebenserfahrungen gewachsenes Wissen, das sich daraus ergibt, dass man über einen längeren Zeitraum eine getroffene Entscheidung für etwas lebt, es durchhält und währenddessen etliche Höhen und Tiefen von Begeisterung und Enttäuschung, von Zweifel und neu gewonnener Überzeugung durchlebt. Dieses Erfahrungswissen kommt schon näher an das Weisheitswissen heran als das bloße Faktenwissen, ist aber noch nicht Weisheit. Wir können eine Wahl, eine Entscheidung ja auch durchaus aus ziemlich fragwürdigen oder niedrigen Gründen getroffen haben und sie ebenso fragwürdig immer wieder erneuern. Es gibt da den Unterschied zwischen einem nur willentlichen Erkennen und Tun, die verbissen sind (weil das Ich recht ichbezogen sein Programm durchzieht) und einem willentlichen Erkennen und Entscheiden, die sich von innen heraus, aus der Seelentiefe vollziehen und sich unserem Seelengrund verdanken (also mit Hingabe und Vertrauen zu tun haben). Gerald May (1982) schildert und erläutert diese beiden Arten recht überzeugend als „willfull knowing" und „willing knowing". Ich kenne kaum einen anderen Autor, der derart treffend Spiritualität mit einfühlsamer Psychologie verknüpft, ohne dass eines von beidem zu kurz käme.

Betrachten Sie ihr eigenes Leben. Vielleicht haben Sie irgendwann eine einschneidende Entscheidung getroffen. Danach haben Sie – schon bald oder später – die Wirklichkeit mit anderen Augen angeschaut, weil sich Ihnen eine neue Sichtweise aufgetan hat. Für viele Menschen ist ihre wichtigste Entscheidung diejenige, jemanden Bestimmten zu heiraten oder überhaupt nicht zu heiraten, sondern als Single zu leben. Es gibt sicher auch ganz andere grundlegende Entscheidungen. Welchen Lebensstil streben Sie an? Wo wollen Sie leben? Welche Art Arbeit erfüllt Sie? Wenn man in diesen wichtigen Lebensfragen bewusste Entscheidungen gefällt hat, stellt man danach auch jeweils andere Fragen an das Leben. Man verkostet die Wirklichkeit auf einer bestimmten neuen Ebene. Man „weiß" alles auf neue Weise; es ergeben sich jeweils ganz eigene Aufschlüsse.

Wer sich immer bewusster, gründlicher und freier für etwas Bestimmtes entscheidet, wird zu einem Mensch, der fest mit beiden Füßen auf dem Boden steht und sehr lebensoffen ist.

Der Franziskanertheologe Duns Scotus war der Ansicht, das aus dem Willen kommende Erkennen und Wissen stünden bereits weit höher und seien der Liebe näher als das nur intellektuelle. Ich selber bin Scotist, weil Johannes Duns Scotus wie Franziskus den Primat der Liebe über das Wissen vertreten hat.

(3) Emotion

Das emotionale Wissen wurde und wird eindeutig weder von Intellektuellen noch von der Kirche besonders geschätzt. Wie bereits erwähnt, zeigt Daniel Goleman, wie wichtig es ist, sowohl über einen hohen IQ als auch einen hohen EQ („emotionalen Quotienten") zu verfügen. Müsste man jedoch zwischen beiden wählen, wäre der EQ ein höherer Indikator für Erfolg im Leben, im Beruf und in zwischenmenschlichen Beziehungen als der IQ!

Starke Emotionen sind besonders eindrucksvolle Lehrmeister. Mir ist das besonders in letzter Zeit deutlich bewusst geworden, weil ich intensiv die Erfahrung der Trauer machte, als vor wenigen Jahren meine Mutter, erst unlängst eine meiner Nichten im Teenager-Alter und mein Vater starben.

Selbst Wut und Zorn sind großartige Lehrmeister, wenn wir nur genau auf sie hören. Sie verfügen über derart starke Energien, uns und anderen die Tiefenschichten unserer selbst zu Bewusstsein zu bringen, dass wir normalerweise dazu neigen, sie vorwiegend negativ einzuschätzen. Sie können in der Tat gefährlich sein, bringen jedoch nicht selten eine völlig neue Art des Wissens mit sich. Kein Wunder, dass manche die Wut noch immer als eine Sünde betrachten.

Emotionen sind in Wahrheit Weisen des Erkennens, ob wir es glauben oder nicht. Sie verfügen einerseits über die Energie, uns blind zu machen, andererseits aber auch über die Energie, uns die Augen zu öffnen und uns schließlich zu einer tiefen Aussprache, zu Demut und Wahrhaftigkeit zu bringen. Menschen, die immer nur nett und freundlich sind, nie unter ihren „negativen" Emotionen leiden oder diese nie herauslassen, wissen gewöhnlich nicht viel über sich selbst – und so nehmen andere sie auch nicht allzu ernst. Überlegen Sie einmal, ob Sie das nicht aus Ihrem eigenen Bekanntenkreis kennen.

In unserer Zivilisation wird nach wie vor ein scharfer Schnitt gemacht zwischen rationalem und jeder anderen Art von Wissen. Ersteres gilt als höchste und einzig korrekte Art des Wissens, alle anderen Arten gelten als suspekt. Ich vermute nicht ohne entsprechende Erfahrungen: Menschen leben und sterben weit mehr für emotionales Wissen als jemals für rationales. Rationales Wissen allein bewegt niemanden wirklich und zutiefst. Solange das rationale Wissen als überlegene Wissensart gilt, schafft sich eine Religion gewaltige Probleme. Kein Wunder, dass der Atheismus ein Problem ist, das einzig der dem Rationalen verhaftete Westen entwickelt hat.

Als mir früher jemand sagte, sein Vater oder seine Mutter oder ein ihm nahe stehender Mensch seien gestorben, hörte ich ihm zu und meinte, ihn verstanden zu haben. Aber seit ich selbst Erfahrungen mit dem Tod machen und jene für mich neue Emotion namens Trauer erleben musste, lebe ich wie in einem völlig neuen Haus. Ich bewege mich in einem ganz anderen Raum, den ich bislang noch nie erfahren habe.

Bei meiner Arbeit mit Männern fand ich heraus, dass die Trauerarbeit für Männer eine ganz wesentliche und zentrale Aufgabe ist. Bei fast allen Formen der Initiation von Männern ging es darum, sie zur Trauer anzuleiten, in der sie sich kaum auskennen. Die Frauenbewegung dagegen erkannte, dass viele Frauen dazu angeleitet werden müssten, ihre Wut herauszulassen. In unseren Breitengraden vermeiden Männer bewusst die Ohnmacht der Trauer; Frauen vermeiden das Nicht-nett-Sein der Wut. Bei beiden Formen der Verdrängung gerät man in die Fallen des Unbewussten, sodass die „schmutzige" Arbeit dann indirekt erledigt wird: Trauer oder Wut werden abreagiert zu Zeiten, an Orten oder an Menschen, wo sie gar nicht hingehören und nur neue Konflikte erzeugen. Daher ist es so wichtig, angemessene Wahrnehmungs- und Ausdrucksweisen für unsere dunklen wie positiven Emotionen kennen zu lernen, zu erspüren und uns anzueignen.

Liebe, Ekstase, Hass, Eifersucht, Angst, Verzweiflung, Not: Jede dieser Emotionen lehrt ihre eigenen Lektionen. Wenn man sie wirklich verkostet, lebt man anschließend in einer neuen Wirklichkeit und verfügt über neue Fähigkeiten des Kontakts mit anderen. Wir alle spüren unverzüglich, wenn jemand über das emotionale Wissen von etwas aus eigener Erfahrung verfügt, statt nur mit dem Kopf davon zu wissen. Viele sprechen heute davon, sie hätten den Kontakt oder die Beziehung zu ihren Emotionen verloren. Das ist immer das Vorspiel zu anderen Problemen oder zumindest bedeutet es einen bedeutenden Verlust an Kontakt mit der Wirklichkeit.

Unlängst hörte ich während einer Reise nach Indien zweimal das gleiche Zitat: „In Indien gibt es keine Atheisten." So wundert es nicht, dass man in vielen Tempelgottesdiensten Stöhnen, Schreien, Tränen, sinnliche Tänze, Händeschwenken und ekstatisches Sich-zu-Boden-Werfen erlebt. Wir sollten uns hüten, das als mindere, weil nur emotionale Religiosität abzuwerten, zumal angesichts der Tatsache, dass sich mehr und mehr Christen nicht zufällig charismatischen und pfingstlichen Gottesdienstformen zuwenden. Auch unsere Gefühle können, ja müssen Gott kennen lernen.

Ich fürchte, viele Professoren meiner Studienzeit werden beim großen Tanz im Himmel etwas ratlos als Mauerblümchen am Rande stehen. Wenn sie aufgefordert werden, sich in die himmlische Party zu stürzen, werden sie gar nicht mehr wissen, worüber sie nachdenken sollen.

(4) Sinne

Körperlich oder sinnlich nehmen wir über unsere Sinnesorgane wahr, indem wir berühren, bewegen, riechen, sehen, hören, schmecken, atmen. Dabei spielt vor allem die tiefe, unbewusste Schicht unserer Psyche eine große Rolle. Wenn man sich ganz konzentriert seiner Sinne bewusst ist, wird man wacher, kann besser zuhören, ist ganz anders mit allem verbunden. Man kann die Wirklichkeit tiefer wahrnehmen, und zwar leibhaftig, mit Herz und allen Sinnen statt nur mit dem Denken.

Unlängst nahm ich an einer Yoga-Einkehrzeit teil, bei der ich die Vorträge hielt und ein Freund von mir, Jim Reale, die Teilnehmer zu Körper- und Atemerfahrungen anleitete, von denen ich nur gesprochen hatte. Ich hatte den Eindruck, dass die Botschaft aus dem Wort bei den Übungen viel tiefer ging als gewöhnlich und das Gebet von ganz anderer Substanz war, aus viel größerer Tiefe kam. Vielleicht sollten alle meine Einkehrzeiten in gewissem Sinne Yoga-Kurse sein; allerdings würde schon dieses Wort nicht wenige Christen abschrecken. Viele bleiben lieber im Kopf, wo alles weniger bedrohlich wirkt und sie im Vollbesitz ihrer Entscheidung und Kontrolle hinsichtlich Zustimmung oder Ablehnung bleiben können.

Zuweilen ist die Rede von „kinästhetischem Wissen", über das Tänzer oder Langstreckenläufer verfügen, und „körperlichem

Wissen" im Kontext des Gebärens oder Einander-Liebens. Im Hebräischen wird tatsächlich die sexuelle Begegnung als „Erkennen" des anderen Menschen verstanden.

Viele Lehrmeister kontemplativen Betens sagen, dass Atemübungen für nicht wenige Menschen der sicherste Weg sind, über ihren Körper ein Gespür für Gott zu bekommen. Es ist kein Wunder, dass Jesus die meisten Menschen, die er heilte, direkt berührte. Über die physische Berührung wird etwas ganz anderes als das übermittelt und erschlossen, was man nur über Worte erfährt. Merkwürdigerweise ist im Neuen Testament die Fußwaschung viel deutlicher als Sakrament belegt als die Priesterweihe (vgl. Johannes 12, 3 und 13, 15); aber die Kirche hat dann weit mehr die Priesterweihe betont (und bis vor kurzem trug der Bischof dabei sogar noch weiße Handschuhe!).

Ich kann von meinem Fenster aus auf ein Labyrinth sehen, das wir angelegt haben. Es umfasst sieben Kreise und sieben 180-Grad-Kehren immer an den Stellen, wo es an das auf dem Boden ausgelegte Kreuz rührt. Heute morgen beschritt es ein Franziskaner mittleren Alters, der bei mir Einzelexerzitien machte, ganz langsam und bewusst. Als ich später zu ihm hinausging, um mit ihm zu sprechen, hatte er Tränen in den Augen, die er selbst nicht verstand. Sein achtsames Gehen hatte ihm eine Wahrnehmung erschlossen, die zu tief war, um in Worte gefasst werden zu können. Das sind die Momente, in denen Tränen die Regie übernehmen. Viele Kirchenlehrer bezeichneten Tränen als eine Gabe des Heiligen Geistes, vor allem die syrischen Kirchenväter. Tränen sind – da bin ich mir ganz sicher – ein wichtiges Eingangstor zu einer tiefen Erkenntnis, die reinigend und befreiend wirkt. Der heilige Ephräm sagte, bevor man nicht geweint habe, kenne man Gott noch nicht.

(5) Bilder

Als Nächstes will ich vom bildhaften oder imaginativen Wahrnehmen sprechen. Unser Unbewusstes kann sich unserem Bewusstsein nur über Bilder mitteilen, mittels unserer Phantasie, durch Träume, Symbole, bei denen alles „zusammengeworfen" wird (griechisch: *symbállein; sýmbolon*), oder auch durch Ereignisse und gut erzählte Geschichten. Auch Poesie ist dabei wichtig, deren kunstvoll gewählten Worte Bilder erschaffen, die ihrerseits ein neues Wahrhaben dessen bewirken, was schon immer in uns ist, dessen wir uns aber noch nicht bewusst geworden sind. Es lag im Unbewussten, wie wir sagen, und musste daraus hervorgeholt werden. Allem Anschein nach nehmen die rechte Gehirnhälfte und das Unbewusste nicht über Begriffe wahr, sondern über Bilder. So brechen Menschen oft angesichts eines Bildes oder Symbols in Tränen aus, und zwar viel häufiger als infolge eines Gedankens.

Die katholische Tradition verfügt über ein starkes Gespür für die sakramentale Natur der Welt. Wir tasten uns an die spirituellen Wirklichkeiten mittels Analogie, Metapher, Symbol und Zeichen heran. Tatsächlich ist dies der einzige Weg, diese Wirklichkeiten wahrzunehmen. „Gott geht vorbei", weil Gott für den Menschen nur indirekt zu erkennen ist (vgl. Exodus 33, 23).

Der Schwachpunkt protestantischer Theologie, den sie weithin aus jener Zeitepoche mitgenommen hat, in der sie begann, dürfte darin bestehen, dass sie zu einseitig die Wahrheit über das Wort, über Predigt und gute Gedanken finden will. Kein Wunder, dass es mindestens fünftausend protestantische Gruppierungen gibt und ihre Zahl noch immer weiter zunimmt. Worte sind einfach zu spröde, zu eng und ethnisch eingeschränkt, als dass sie allein eine ausreichend breite Basis für die große Einheit liefern könnten. C. G. Jung hat zu Recht gesagt: „Wenn man buchstäblich wird, ist das immer der Tod des religiösen Instinkts."

So müssen wir uns auch für das bildhafte Wissen öffnen, weil sich der Wiederaufbau des Religiösen, weil sich lebensunmittelbare Spiritualität nicht mit intellektueller Logik, mit Verstand und Gehirntätigkeit ins Werk setzen lässt. Deren Wahrnehmungsart ist schlicht der Größe und Bedeutung dieser Aufgabe nicht angemessen. Bedenken Sie: Bildhafte Vorstellung ist „Intellekt mal Wille". Sobald Sie es fertig bringen, dass sich Menschen *eine Situation plastisch vorstellen können*, geht eine Veränderung ziemlich leicht und natürlich vor sich. Darum erzählte Jesus immer wieder Geschichten: Er wollte den Menschen helfen, sich ihr Leben und ihre Beziehung zur Welt *noch einmal neu vor Augen zu führen*. Sobald sich die Gesamtgestalt verändert, orientieren sich auf der Stelle auch Denken und Fühlen neu.

Unlängst kam zu mir ein Veteran aus dem Vietnamkrieg, der hohe Auszeichnungen dafür erhalten hatte, dass er viele unschuldige Menschen im Krieg getötet hatte. Er war in Tränen aufgelöst, weil er einen Toten in der Grube hatte liegen sehen. So begriff er jetzt nach dreißig Jahren endlich, was damals auch durch ihn geschehen war, und zwar nicht aufgrund Hunderter von Predigten, sondern durch ein Bild seiner Erinnerung, das ihm noch einmal den Schrecken des Todes plastisch vor Augen führte. Vielleicht besteht alles wirkliche Erkennen aus Er-innern, weil man so Details und eine ganze Phase seines Lebens zu einer neuen und jetzt bedeutsamen Geschichte zusammenfügt.

Wir haben diese Bilder nicht selbst im Griff und können sie auch nicht von uns aus hervorrufen. Wir können es aber zulassen, dass sie sich uns von sich aus zeigen. Teresa von Àvila hat einmal gesagt, im Gebetsleben gebe es mindestens zwei Wasserstellen. Die eine müssten wir selbst graben und dafür sorgen, dass die Gräben dorthin führen, und sie regelmäßig mit Wasser versorgen. Bei der anderen, der besseren gehe es einfach darum „zu warten, bis das Wasser aufsprudelt". Das ist Kontemplation: Man räumt das kleine Ich aus dem Weg und das größere stellt sich als Geschenk wie eine Erscheinung ein. Die Gaben des Erkennens aus diesem Brunnen sind von immens persönlicherer Natur und mit unerklärlicher Energie geladen. Selten erfahren wir sie mittels einer verbalen Mitteilung oder einer klaren begrifflichen Formulierung. Daher braucht es dazu im Allgemeinen eines geistlich Erfahrenen, eines Lehrers oder Deuters des Traums. Das ist auch der Grund dafür, dass uns, wenn wir wirklich ganz konzentriert oder im Gebet versunken sind, ein einziges inneres Bild oder das Knarren eines Baums völlig erschüttern kann.

Christen lehren eine Theologie der Sakramente, die kaum jemanden erschüttert oder auch nur berührt; das wirklich existentiell Sakramentale hingegen ist zuerst angsterregend und grundsätzlich in Gottes Hand. Katholiken versuchen gewissermaßen, Gottes heiliges Wirken auf sieben Sakramente einzuschränken und definieren für diese alles Wie, Wann, Wer und Wo. Wenn man sich selber wirklich der sakramentalen Lebenstiefe öffnet, kann und wird einen das auch persönlich verändern; aber die meisten wollen wohl gar nicht wirklich ins Unbekannte gehen oder Gott den Händen seines Bodenpersonals überlassen. So wundert es nicht, dass wir innere Bilder, die uns etwas offenbaren könnten, gern vermeiden und lieber nach Begriffen Ausschau halten, uns lieber auf klar umrissene Sakramente beschränken, als auf persönliche Glaubenswege einlassen. Der „Tabernakel" (die Bundeslade, das Allerheiligste) begleitete die Israeliten auf ihrer Wanderung durch die Wüste. Bei uns darf der Tabernakel laut Kirchenrecht (Canon 938) „nicht beweglich sein", das heißt, er muss unverrückbar befestigt werden – eine gänzlich andere Vorstellung von Gottes Gegenwart!

Ich finde es interessant, dass der Ikonoklasmus, der Bildersturm, ein zentrales Thema zweier großer Glaubensspaltungen in der Kirchengeschichte war: im Osten im 8. und 9. Jahrhundert und im Westen zur Zeit der Reformation. Der Protestantismus hat sich nie ganz von dieser energischen Art der Verlagerung auf die linke Gehirnhälfte erholt. Man weiß, dass es immer um etwas Archetypisches und Urgewaltiges geht, wenn die Psyche der Menschen mit einem derartigen Maß an Rigorismus reagiert. Katholiken dagegen domestizierten oft ebenso einseitig die Bilderwelt, indem sie die Bilder der großen Mysterien ins Sentimentale und auch Süßliche verkehrten und durch Massenproduktion der Inflation anheim fallen ließen; vielleicht haben sie die existentielle Dimension des Bildhaften sogar getötet, indem sie vorgaben, die Bilder zu verehren.

(6) Ästhetik

Das bringt uns zur nächsten Weise der Wahrnehmung. In mancher Hinsicht ist die ästhetische Wahrnehmung die attraktivste; aber ich glaube, sie ist diejenige, die am wenigsten eine Bekehrung auslöst. Sie kommt dem Urwissen ziemlich nahe, aber ist entweder so schön oder so hässlich, dass man dazu neigt, dabei stehen zu bleiben. Kunst in vielen ihrer Formen vermag einen derart anzusprechen, dass viele dann nicht mehr tiefer gehen. Der Ästhet wie der Dilettant meinen, weil sie sich vom Bild oder Gedicht oder der wunderschönen Skulptur haben berühren lassen, hätte sich ihr Leben verändert oder sie hätten bereits echte Transzendenz erfahren. Gewöhnlich ist ästhetische Wahrnehmung jedoch nur ein Eingangstor zu noch Größerem.

Die Auffassung „Kunst ist um der Kunst willen da" war mit ein Grund, weshalb sich die protestantischen Reformatoren zur Reaktion gezwungen sahen. Man braucht ja nur etliche der berühmten Kirchen in Europa zu besuchen: Malereien vom Boden bis zur Decke und jede Menge Grab- und Denkmäler von Bischöfen und Päpsten. Ich kann mir nicht vorstellen, dass dies alles jemanden wirklich auf Gott oder auf etwas anderes hin konzentriert hat als auf die Vorstellung: „Wie großartig wir doch sind!" Die Barock- und Rokokokirchen sollten die Menschen wieder zum Katholizismus zurückbringen. Das mögen sie durchaus getan haben; aber ich bezweifle, ob sie sie zum Evangelium brachten. Ästhetische Kunstwerke verlangen keine Umwandlung und mehren nicht unbedingt echtes Wissen; oft werden sie zu dessen verführerischem Ersatz und zum Objekt von „Connaisseuren", „Feinschmeckern" oder „Dilettanten", die sich in der Illusion wiegen, Könner zu sein. Viele Leute betreiben die ästhetische Wahrnehmung als Kunstgenuss, spielen oberflächlich mit tiefen Gedanken und Schönheit, lassen sich aber womöglich nie auf Substanz ein. Ihr ästhetisches Erleben wirkt sich nicht auf ihr politisches Denken oder Verhalten aus, ändert kaum einmal ihre soziale Einstellung beispielsweise gegenüber den Armen.

Ästhetik kann zu einer Form des Erkennens werden, aber auch zu einer Form der Vermeidung von Erkenntnis. Picassos *Guernica* sagt uns etwas Wesentliches über das Greuel von Gewalttätigkeit. Der beliebte Film *Pulp Fiction* dagegen trivialisiert, normalisiert und verharmlost sie.

Bilder können sich der Substanz in den Weg stellen. Das Ritual kann zur Vermeidung der Wirklichkeit werden, was durchaus auch bei der heiligen Messe der Fall sein kann. Das japanische Volk scheint sich selten Fragen bezüglich der Metaphysik oder Religion zu stellen, ist aber trotzdem eines der am stärksten ritualisierten Völker der Welt. Allgegenwärtiges Ritual, das durchaus gut sein mag, kann die authentische religiöse Suche einschläfern und ersetzen.

Aber dennoch – die ästhetische Wahrnehmung ist eine zentrale, wesentliche Form der Wahrnehmung. Vielleicht eignet sie sich gerade deshalb besonders zum Missbrauch, weil sie so stark ist. Ich habe schon miterlebt, dass Kunst zu echter Bewusstseinsveränderung geführt hat. Ich habe gesehen, wie Menschen in Reaktion auf einen Roman, ein Theater- oder Musikstück oder einen Kinofilm wie *Dead Man Walking* ihr Leben neu überdacht haben. Ihre Seelen waren vorbereitet und Gott konnte dank „der richtigen Metapher zur richtigen Zeit" zu ihnen vordringen. Sie sahen ihre eigenen Geschichten im Rahmen einer umfassenderen Geschichte in neuem Licht.

(7) Epiphanie

Schließlich gibt es noch einen Wahrnehmungsweg, von dem man glauben sollte, dass Religion sie besonders bevorzugt und ermutigt: die „epiphanische Wahrnehmung". Epiphanie bedeutet, dass sich der Vorhang eines Geheimnisses ein Stück weit lüftet, ein Sinn aufblitzt, der das Leben verändert, ein „Heureka!"-Erlebnis stattfindet, dank dessen man sich selbst und den großen ganz Anderen in völlig neuem Licht sieht. Es ist eine Wahrnehmung aus reiner Gnade, die man nicht selber herbeiführen und beeinflussen kann. Es gibt keine Rezepte, die ihr Eintreten gewährleisten könnten. Sie ist immer ein unverdientes Geschenk und sprengt alle Grenzen des gegenwärtigen Lebens.

Eine Epiphanie wird einem in Situationen zuteil, die man sich nie vorgestellt hat, gewöhnlich in ganz unreligiöser Umgebung, wohl um deutlich anzuzeigen, dass man sie sich nicht durch Frömmigkeit oder Moral verdienen kann. Man mag um sie bitten, sie erhoffen, nach ihr ausschauen und dann wissen, dass sie einem geschenkt wird; man sollte sich ihr nicht in den Weg stellen und danach dem ganz Anderen dafür danken.

Zweiter Teil

Franziskus, der Mann des Wiederaufbaus

Hilf uns zur Hoffnung

Gott der Liebe, wir danken dir für die Flüsse und Ströme dieser Welt. Lass sie uns zum Bild des Stromes werden, den du in jedem von uns zum Fließen bringen willst. Sei du jetzt unser Lehrmeister. Nimm uns alle Angst und schenk uns den kühnen Glauben, der uns befähigt, Teil einer neu erbauten Gesellschaft zu sein und selbst an ihr mitbauen zu können. Nimm uns unsere Skepsis. Behebe unseren Mangel an Hoffnung. Befreie uns von Wut und negativem Urteil. Wir danken dir für den Glauben und die Sehnsucht, die wir in unseren Herzen spüren. Du hast sie in uns eingepflanzt. Hilf uns, diese Gaben zu erhalten, zu schützen und zu entfalten.

Wir sehnen uns nach einer neuen Vision. Ohne eine solche ist das Leben letztlich schal und leer. Hilf uns, jeden Tag neu offen zu sein für einen neuen Sinn, eine neue Hoffnung, eine noch tiefere Sehnsucht. Gott der Liebe, zeige uns dein Angesicht, und wir sind erfüllt. Um all das bitten wir dich in Jesu Namen.

7 Franz von Assisi zeigt den Weg zum Wiederaufbau

Im 13. Jahrhundert vernahm ein Mann in einem halb verfallenen Kirchlein auf der Ebene unterhalb einer befestigten Stadt in Italien, dass Jesus zu ihm sprach: „Franziskus, baue mein Haus wieder auf; denn siehe, es liegt in Trümmern." Dieser junge Mann war damals auf der Suche nach Sinn und ganz anderer Schönheit in einer Welt, die ihm ziemlich sinnlos und leer vorkam. Er folgte dem Ruf und fand zu einer neuen Lebensweise, deren Spuren das Angesicht der Geschichte verändern sollten.

Schönheit tut weh, vor allem denen, die einmal wirklich gesehen haben, wie schön sie wirklich ist. Hässlichkeit stößt ab, jedoch nur jene, die nie wirklich gesehen haben. Wenn große Seher aufstehen, bringt ihr Leben die Normalverbraucher durcheinander. Sie scheinen alle Regeln zu ändern, suchen Freude in ganz anderen Richtungen, finden die Liebe an unerwartetsten Orten. Sie sind in Wahrheit die Wiederaufbauer, die Wiederhersteller des menschlichen Lebens und Zusammenlebens aus himmlischem Ursprung.

Solche Menschen, die die Schönheit in ihrem vollen Ausmaß gesehen haben, rühren unseren Geist gewaltig auf; es braucht oft Jahrhunderte, bis er sich sozusagen wieder zur Ruhe setzt, und derweil tappen wir halb blind hinter diesen Menschen her. Ein solcher Seher war Francesco Bernardone (1182-1226): Seit achthundert Jahren bewundern ihn unterschiedlichste Menschen bis hin zu heutigen Vertretern von Ökologie und New Age, und nicht wenige fühlen sich verunsichert durch das, was er gesehen und was er mit seiner Lebensweise aufgebrochen hat. Seine Weltsicht und sein Sehen beunruhigen uns immer noch.

Man hat Franz von Assisi mehr als jeden anderen Jünger Christi einen „zweiten Christus" genannt. Laut der Bibliographie der „Smithsonian Institution" wurden mehr Biographien über ihn geschrieben als von jedem anderen Menschen. Von allen nicht biblischen Gestalten der Geschichte wurde er am meisten gemalt. Die meist ziemlich bedächtige Kirche sprach ihn schon vier Jahre nach seinem Tod heilig. G. K. Chesterton nannte ihn „den einzig ehrlichen Demokraten auf der Welt" und „den ersten Helden des Humanismus". Lenin sprach noch kurz vor seinem Tod neidvoll von ihm; Sir Kenneth Clark bezeichnete ihn als Europas größtes religiöses Genie. Bereits zu seinen Lebzeiten übte Franziskus eine merkwürdig faszinierende Anziehungskraft aus. Vielleicht war es die unwiderstehlich magnetische Kraft, die von einem Menschen ausströmt, wenn göttliche Wahrheit und weltliche Torheit ineinander verschmelzen:

> Als der heilige Franziskus eines Tages aus dem Wald vom Gebet zurückkehrte, wollte Bruder Masseo ihn auf die Probe stellen, wie demütig er sei. So trat er ihm entgegen, und als ob er ihn verspotten wollte, sagte er: „Warum dir? Warum dir? Warum dir?" Und der heilige Franziskus antwortete: „Was willst du sagen?" Bruder Masseo sprach: „Das sage ich, weil alle Welt dir nachläuft, jedermann scheinbar nur dich sehen, dich hören, dir gehorchen will. Du bist nicht schön von Gestalt, du bist nicht sehr gelehrt, du bist nicht adelig; warum läuft also gerade dir die ganze Welt nach?"
> Als der heilige Franziskus dies vernahm ... wandte er sich mit großem Eifer zu Bruder Masseo und sagte: „Willst du wissen, warum mir? Willst du wissen, warum alle Welt mir nachläuft? Das ist mir zuteil geworden durch das Auge des höchsten Gottes, das überall hinsieht, auf die Guten und auf die Schlechten; sein heiliges Auge aber hat unter den Sündern keinen schlechteren, keinen untauglicheren, keinen sündhafteren Menschen gesehen als mich; und um sein wunderbares Werk zu vollbringen, hat er keine geringere Kreatur gefunden auf der Erde; deswegen hat er mich erwählt, um allen Adel und alle Größe und Kraft und Schönheit und Weisheit der Welt zu beschämen."[1]

Das im Licht sich offenbarende Dunkel

Die Quelle, aus der Franziskus schöpfte, war die äußerste Wahrheit. Endlose Nächte lang lautete sein Gebet einfach so: „O Gott, wer bist du? Und wer bin ich?" Er wiederholte es ununterbro-

---
[1] Die Blümlein des heiligen Franziskus (Fioretti), übers. v. Raimondo Koch. München 1988 (Kap. X).

chen. Seine soeben zitierte Auskunft an Bruder Masseo scheint seine Antwort gewesen zu sein. Er wusste, dass er ganz und gar unvollendet war und es immer bleiben würde. Den Anfang seines neuen Lebens führte er auf jene Begegnung zurück, bei der er es fertiggebracht hatte, einen hässlichen, übel riechenden Aussätzigen zu küssen; sein Aufbruch zur höheren Wahrheit begann in dem Augenblick, in dem er den aussätzigen Teil in sich selbst zu erkennen und anzunehmen vermochte.

Er verbrachte den Großteil seines Lebens damit, diese Wirklichkeit nicht zu leugnen oder zu verbergen, sondern sie als das zu sehen, was ist. Dieses volle Annehmen seines eigenen Begrenztseins und seines eigenen Schatten war frei von destruktiven, von tiefer Selbstverachtung herrührenden Zügen. Er freute sich einfach über die Verheißung, davon erlöst zu werden.

Die Art, wie Franziskus das Evangelium las, kann für uns heute von größter Relevanz sein. Er konzentriert sich genau auf das, worum es Jesus ging, und betont das Gleiche wie er. Sein Leben ist ein exemplarisches Gleichnis, sozusagen eine audiovisuelle Hilfe, die große Freiheit des Evangeliums zu erahnen. Franziskus führt exakt an den Punkt zurück, von dem aus man wie Jesus sehen lernt: von unten her, vom Bodensatz des Menschenlebens her. Der Poverello von Assisi weist mit jeder Facette seines Lebens eindrücklich darauf hin, dass wir nur gleichsam entblößt von aller Voreingenommenheit und Vorerfahrung richtig zu sehen vermögen. Er wollte der Ärmste von allen werden, weil Jesus selbst ein Poverello war.

Zudem sah er ganz klar, dass sich die jesuanische Botschaft an die sich arm Wissenden richtet und das Evangelium Jesu eigentlich nur diesen Armen gepredigt und einsichtig werden kann, weil gerade sie frei genug sind vom „Ich" und „Wir" (s. o. „Das kosmische Ei"), es in aller Schlichtheit und Offenheit zu hören und in sich aufzunehmen, ohne es durch eigenes Zweckdenken zu verzerren. Franziskus wollte absolut keinen anderen Schutz als die Liebe, die alles andere nutzlos macht: „Die Liebe wird nicht geliebt! Die Liebe wird nicht geliebt!", pflegte er zu seufzen.

Er lief genau in die entgegensetzte Richtung, in welche der größere Teil der Menschheit eilt, und war sich dabei ganz sicher, dem Weg Christi zu folgen. Wie Paulus wollte er nur eines: „Christus erkennen und die Macht seiner Auferstehung und die Gemeinschaft mit seinen Leiden; sein Tod soll mich prägen" (Philipper 3, 10). Er wusste, dass im abgesicherten Dasein kein wirkliches Leben ist. „Da oben", im Leben in Sicherheit, wie es sein leiblicher Vater favorisierte, hatte er selber begonnen als der Sohn eines reichen Stoffhändlers und erkannt, dass auch die Kirche seiner Zeit weithin der Verführung durch eine Art spirituellen Materialismus' erlegen war, einen Materialismus, der sich umso verführerischer und illusorischer darstellte dadurch, dass er sich den Anschein gab, nur um Gottes und der Ausbreitung seines Reiches willen dienlich zu sein. Franziskus sprach oft von sich als dem *idiota*, war jedoch nicht so dumm, dass er nicht das Leben in echter Freiheit von demjenigen unterscheiden konnte, in dem sie auf Grund von irdischen Abhängigkeiten und Anhänglichkeiten fehlt.

Die Lebensregel des Evangeliums

Franziskus wollte anfangs keine Regel, keinen Verhaltenskodex für seine Brüder kennen, die sich ihm in kurzer Zeit in großer Zahl anschlossen. Ihm genügten die Bergpredigt Jesu und die mündliche Unterweisung, die er den Brüdern gab. Aber der Franziskanertheologe Bonaventura (1217/18–1274) berichtete: Als die Zahl der Brüder um Franziskus stark zunahm und die Gemeinschaft der Gutheißung des Vatikans bedurfte, sei eine formelle Regel unabdingbar erforderlich geworden. Franziskus fasste sie dann so, dass er einfach etliche Evangelienzitate aneinander reihte und sie mit seinen eigenen Ermahnungen verband. Dieser Erstfassung (der so genannten nicht-bullierten Regel) folgte wenig später eine zweite, deutlich juristischere (die so genannte bullierte, d. h. päpstlich ratifizierte Regel). Diese blieb bis heute die Regel der franziskanischen Minderbrüder; sie wurde 1223 von Papst Honorius III. bestätigt.

Als Franziskus die programmatische Bergpredigt Jesu meditierte, war ihm klar, dass nicht zufällig an deren Anfang das Lob des Armseins stand, verbunden mit einer Verheißung: „Wohl denen, die arm sind vor Gott! Denn ihnen gehört das Himmelreich" (Matthäus 5, 3). Fortan betrachtete Franziskus beim Lesen des Evangeliums dieses Armsein als „die Grundlage aller anderen Tugenden und deren Hüterin". Den anderen Tugenden werde das Reich Gottes nur in Aussicht gestellt; doch vom Armsein heißt es, der Arme erhalte es unverzüglich schon jetzt: „Denn ihrer ist das Himmelreich!"

Darum ist die ganze franziskanische Spiritualität nie etwas Abstraktes, Ideelles. Sie gründet in den praktischen Weisungen Jesu an seine Jünger und nicht in reflektierender Theologie. Sie lässt sich von Jesus her nicht in Ideologie umwandeln oder hinter konfessionellen Wänden umkleiden, hinter Wänden also, auf die spätere Christengenerationen ihre zeitabhängigen eigenen Weltsichten projiziert haben. Franziskus lebte einfach nur und radikal das Evangelium: in Fortsetzung der Inkarnation, der Fleischwerdung Gottes in Raum und Zeit. Er nahm die Anwesenheit des Geistes Gottes absolut ernst. Es ging ihm darum, Jesus zu *sein*, und nicht nur darum, ihn, dem zum Vater im Himmel Heimgekehrten, anzubeten. Das Franziskanertum in seiner besten Form besteht nicht aus Worten und Ethik. Es ist Fleisch – ja, nacktes Fleisch –, das seine Beschränktheiten nicht leugnen, seine Wunden nicht verbergen will. Franziskus nannte genau dies Armut.

Seine reine, ursprüngliche Sicht des Lebens gemäß dem Evangelium Jesu zog Tausende an, die aus solcher Freiheit heraus anders leben wollten. Die damaligen Ordensgemeinschaften hatten sich immer mehr mit Stiftungen, Einkünften und ansehnlichem Grundbesitz eingedeckt. Ihre Mitglieder mochten persönlich einfach leben; aber im Gruppenverband waren sie gesichert, ja bequem und sorglos versorgt. Im wieder aufbauenden Gegenzug entstanden so genannte Bettelorden, um diese verräterische und gefährliche Vermählung von Seelsorge und Geld aufzubrechen. Franziskus wollte nicht, dass seine Brüder bloß Erlösung *predigten* (obwohl sie auch das taten), sondern sie sollten Erlösung, Befreiung *sein*. Er wollte sie als Modell und Bild des Lebens Jesu in der Welt mit dem vollen Maß an Vertrauen und Ungesichertheit, das dazugehörte.

Lebten wir heute so wie Franziskus, würde man uns womöglich als Landstreicher oder Bettler titulieren. Franziskus aber war sich sicher, Jesus habe genau gemeint und gewollt, was er sagte, als er seine Jünger anwies zu essen, was ihnen vorgesetzt werde; „denn wer arbeitet, hat ein Recht auf seinen Lohn" (Lukas 10, 7).

Als Franziskus zum ersten Mal die Predigt Jesu hörte, in der er seine Jünger ermahnte: „Nehmt keine Geldbeutel mit, keine Vorratstasche und keine Schuhe!" (Lukas 10, 4), verließ er die Messe überglücklich und sagte: „Das ist es, was ich will. Das ist es, wonach ich mich sehne. Das möchte ich mit ganzem Herzen tun."

Wenn ich an das Leben des Franziskus denke, fallen mir ein armer lutherischer Pastor und seine Frau ein, denen ich in einem kleinen Dorf in Deutschland begegnet bin. Als er aus dem Zimmer gegangen war, sprach sie mit großer Liebe und Ehrfurcht von ihrem Mann, obwohl ihr sein radikaler Einsatz für das Evangelium viele Schmerzen und Entbehrungen eingebracht hatte. Bevor er wieder ins Zimmer kam, flüsterte sie mir dennoch mit Bewunderung zu: „Er bringt es fertig, das Armsein zum Strahlen zu bringen! Und mit diesem Strahlen wird alles leichter und heller!"

So war auch Franziskus kein finsterer Asket, sondern ein leidenschaftlicher, sinnlicher Italiener, der Armut nicht mit Mangel an Anmut oder mit Schlampigkeit gleichsetzte. Man braucht nur seine Gebetsstätten in ganz Mittelitalien aufzusuchen: Offensichtlich wählte er die landschaftlich anmutigsten Orte, um sich dort dem Dunkel seiner Seele zu stellen. Er wusste, dass er sich mit der Schönheit der Schöpfung Gottes umgeben musste, um all seine schmerzliche Wahrheiten aushalten zu können.

Die Armut Jesu

Franziskus konnte nicht einfach nur arm sein; er musste sich verlieben, ja seine Geliebte heiraten: die „Frau Armut". Sein Zölibat musste eine Form der Leidenschaft, nicht deren Verzicht sein. Er wuchs im Raum der Kultur der höfischen Liebe des 12. und 13. Jahrhunderts auf, der sublimierten Liebe des Ritters zu seiner idealisierten Dame. Er lebte in jener Welt und beteuerte, er wolle nur „die edelste, reichste, schönste Frau, die es je gegeben habe", heiraten. Und diese war für ihn die „Frau Armut":

> Der selige Vater ... verachtete alle Schätze der Menschenkinder als Tand; denn sein Streben war auf ein erhabeneres Ziel gerichtet, und deshalb verlangte er aus ganzem Herzen nach der Armut. Da er gewahrte, wie sie dem Sohne Gottes vertraut war, richtete er sein Denken und Streben darauf, der immer mehr von der ganzen Welt ver-

stoßenen Armut in ewiger Liebe sich zu vermählen. Da er ein Liebhaber ihrer Schönheit geworden, verließ er nicht nur Vater und Mutter, nein, alles tat er von sich, um seiner Gemahlin noch treuer anzuhangen und mit ihr zwei in einem Geiste zu sein ... Niemand kann so gierig nach Gold sein wie er nach der Armut, noch kann einer sorgsamer seinen Schatz hüten als er diese Perle des Evangeliums.[2]

Franziskus war Realist genug, um zu wissen, dass seine Sicht der Welt ganz von unten her nie zur allgemeinen Regel würde. Doch seine absolut konsequente Wende zum „Unten-Sein" veranlasste ihn, seiner Bruderschaft den programmatischen Namen „Minderbrüder" zu geben, damit sie nie mehr in die Sichtweise der „Besseren" und „Oberen" zurückfielen. Er wusste, dass es Macht bedeutete, ein Jemand zu sein, jedoch Wahrheit, ein Niemand zu sein. Er wählte immer den Weg dieser Wahrheit. Vom radikalen Sinnbild des gekreuzigten Jesus her wusste er, dass Gott eine neue Kraft in denen erschaffen kann, die bereit sind, die Spannung von Gegensätzen auszuhalten und aktiv zu leben: die Spannung zwischen Menschlichem und Göttlichem, zwischen Geist und Fleisch, männlichem Leib und weiblicher Seele, zwischen Trauer und höchster Freude. Der Preis solcher Vereinigung ist die geistig-psychische Kreuzigung, d. h. das Sterben des nur „Ich" und nur „Wir".

Franziskus zeigte sich verblüffend unbeeindruckt von Zahlen, von Erfolg, Titeln und Statussymbolen. Weil er um seine eigene Niedrigkeit wusste, lehnte er es ab, sich zum Priester weihen zu lassen. Er wollte sich mit keinem Königreich einlassen als dem des „Großen Königs". Er begehrte jedoch nie auf gegen das Gepränge und die Tücken des mittelalterlichen Katholizismus; nein, er liebte die Kirche. Er zog einfach aus den Mauern von Assisi aus und lebte auf ganz neue Weise. Denn er wusste wohl, dass Frontalangriffe nie etwas bringen, und er liebte die Kirche zu sehr, um es sich herauszunehmen, andere zu beurteilen. Es waren nie seine Worte, wohl aber seine Lebensweise, die dennoch ein offenes Urteil darstellte.

Franziskus war ein sanfter Prophet. Daher brachte und bringt es sein Lebenszeugnis seit achthundert Jahren immer wieder fer-

---

[2] Thomas von Celano, 2. Lebensbeschreibung des heiligen Franziskus, übers. v. Engelbert Grau. Werl 1955 (II. Buch, Kap. XXV).

tig, Gläubige wie Randgläubige anzusprechen, aufzurütteln und auch in Frage zu stellen.

Seine Entscheidung für Schwäche statt Stärke, für Verletzlichkeit statt Rechthaberei, für die Wahrheit statt für das Pragmatische, für Aufrichtigkeit statt Einfluss steht in radikalem Kontrast zu der im Abendland allgemein üblichen Sicht des Evangeliums und zu einer erfolgsorientierten Kirche. Er ist für immer der Heilige, der „alles auf den Kopf stellt", wie Chesterton sagte.

Das Herz des Evangeliums

Franziskus scheint sehr wenig Gespür für das gehabt zu haben, was wir heute als korporatives oder systemisches Böses bezeichnen. Jedenfalls sprach er nicht ausdrücklich unter diesem Aspekt von seiner Sendung. Doch wenn sein Verständnis des Evangeliums tatsächlich übernommen worden wäre, statt nur bewundert und dann an den Rand gedrängt zu werden, kann man sich lebhaft vorstellen, welche ganz andere Färbung und Eigenart heute die abendländische Christenheit und Zivilisation hätten.

Wären Habgier, Macht und Kontrolle als Dämonen erkannt worden, was sie in Wirklichkeit sind, und hätte man die spirituellen Werte angemessen geschätzt, hätte eine echte spirituelle und kulturelle Renaissance, eine großartige „Wiedergeburt", ein fundamentaler Wiederaufbau stattfinden können. Die Reformation wäre vielleicht gar nicht nötig gewesen, die Aufklärung hätte weit über das Vernunftdenken hinausgehen können und der Kriegszug für den Wohlstand des Einzelnen und der unteren Klassen, zu dem der Marxismus aufrief, hätte wahrscheinlich gar nicht stattgefunden.

Da sich die Kirche weithin dagegen gesperrt hat, die Lebensbotschaft Jesu und das exemplarische Beispiel des Franziskus in Wort und Tat anzunehmen, tut sich die Welt jetzt weithin schwer, das Christliche noch ernst zu nehmen. Die Leute sagen dann: „Ihr Christen redet nur allzu gern von einem neuen Leben; aber wenn man Bilanz zieht, stellt sich heraus, dass ihr Angst davor habt, auf wirklich neue Weise zu leben – nämlich so, dass ihr wirklich Verantwortung übernehmt, euch um die anderen sorgt und euch ohne Wenn und Aber für Frieden, Gerechtigkeit, Menschenwürde und Menschenrechte einsetzt: in euren eigenen Reihen und weit darüber hinaus."

Franziskus lebte in einem feudalen Zeitalter der Kleinkriege und konnte noch nicht wissen, welch monströsen Ausmaße die moderne Kriegstreiberei annehmen würde. Aber in seiner eigenen kleinen Welt gab er sein früheres Leben als Ritter und Krieger auf, obwohl eine solche Laufbahn geschätzt und gesellschaftlich gebilligt war. Nicht mehr Soldat, praktizierte er den gleichen ritterlichen Idealismus und Mut im Kampf um Gutsein und Liebe vor Ort. Wenn seine Minderbrüder jemanden grüßten, sollten sie das, was sie bringen wollten, mit einem besonderen Gruß zum Ausdruck bringen:

> Franziskus sprach: „Der Herr hat mir geoffenbart, dass ich zum Gruße sprechen solle: ‚Der Herr gebe dir Frieden!'"
> Als er am Anfang des Ordens mit einem Bruder ging, der einer der ersten zwölf war, da grüßte dieser Bruder daher die Männer und Frauen auf dem Wege und die, welche auf den Feldern waren, indem er sprach: „Der Herr gebe euch Frieden." Und weil die Menschen bis dahin von den Mönchen noch keinen solchen Gruß gehört hatten, wunderten sie sich sehr. Und manche sprachen beinahe unwillig zu den Brüdern: „Was bedeutet dieser Gruß?" Und jener Bruder schämte sich und sprach zum seligen Franziskus: „Lass mich einen anderen Gruß sprechen." Und es sprach zu ihm der selige Franziskus: „Lass diese Menschen reden; denn sie wissen nicht, was Gottes ist. Aber du sollst dich dessen nicht schämen; denn die Vornehmen und Fürsten dieser Welt werden noch dir und den andern Brüdern für diesen Gruß ihre Ehrfurcht bezeugen. Und das ist nichts Großes; denn der Herr selber wollte ein neues und geringes Volk haben, das durch sein Leben ausgezeichnet und unterschieden ist von allen, die vorausgegangen sind, ein Volk, dem der Besitz des Allerhöchsten und Herrlichen genügt."[3]

Heute, viele Jahrhunderte danach, bringt die Kirche immer noch nur beschämend kleine Gruppen auf, die das Evangelium vom Frieden verkünden, während die Noblen und Mächtigen dieser Welt sich nach wie vor reserviert verhalten. Die Heiligen jeder Zeit wissen jedoch darum, an unsichtbare Siege zu glauben, an Siege außerhalb der Geschichte. Sie akzeptieren, dass Menschen

---

[3] Der Spiegel der Vollkommenheit, übers. v. Wolfgang Rittenauer. München 1981 (1. Buch).

dieses „Reich" immer enttäuschen werden; aber trotz allem betrachten sie ihre Geschichte bereits als Spur des „Reiches Gottes". Schon ein einziger kurzer Augenblick echten Friedens genügt als Beweis, dass Gott *ist* und wir schon jetzt in Freude und Genügen leben können.

Frauen der Armut und Kontemplation

Womöglich niemand verstand die Vision und Berufung des Franziskus besser als eine junge, reiche Frau aus Assisi namens Clara di Offreduccio (1194–1253). Sie nahm sich wie sonst niemand den Ruf zum Armsein des Evangeliums zu Herzen. Von Franziskus sagte sie: „Nach Gott kommt gleich er als Wagenlenker meiner Seele." Sie erhielt 1216 von Papst Innozenz III. und 1228 von Gregor IX. ihr berühmtes „Armutsprivileg". Es bedurfte dieser zwei päpstlichen Erlasse, um sicher zu gewährleisten, dass eine Ordensgemeinschaft von Frauen in Armut und Ungesichertheit leben durfte. Clara wusste, dass weltkluge Leute alles versuchen würden, ihr zu nehmen, was sie als wesentlich für ein konsequentes Leben nach dem Evangelium betrachtete.

Es ist wohl unbestritten, dass sich der weibliche Zweig der franziskanischen Familie wesentlich treuer an Armut und Kontemplation gehalten hat als die Minderbrüder. Dafür lassen sich viele Gründe nennen; der offensichtlichste ist, dass die Brüder von der Kirchenhierarchie schon bald in den Dienst der Seelsorge und Jurisdiktion einbezogen wurden, was unvermeidlich davon ablenkte, den Lebensstil der Armut und des Gebetes als vorrangige Hauptmerkmale zu betrachten und konsequent zu pflegen. Oft lancierten die Brüder derart zu „Vertretern der größeren Firma", dass sie ihre franziskanische Freiheit einbüßten, prophetisch zu dieser „Firma" zu sprechen. Der Männerorden wurde schon bald nach dem Tod von Franziskus klerikalisiert und erhielt viele Vollmachten und Privilegien. So verlor er weithin den Ansatz von unten her und die radikale Lebensweise des Armseins. In gewisser Hinsicht verloren ihn die Brüder deshalb, weil sie im amtskirchlichen Sinn Erfolg hatten. War nicht genau dies die größte Sorge des Franziskus, weil er wusste, dass Erfolg keiner der Namen Gottes ist? Paradoxerweise mussten die armen

Klarissen kirchenrechtlich in Klausur leben, um sich sozusagen ihre Spitzenreiterrolle erhalten zu können. Vielleicht gab es dafür auch gar keine andere Möglichkeit.

Die Geschichte hat gezeigt, dass es Menschen nur sehr selten gelingt, sowohl *in* der Welt zu leben als auch zugleich nicht *von* der Welt zu sein, wozu Jesus eindrücklich berufen hat. Selbst wenn nur ganz wenigen dieses Gleichgewicht gelingt, bleibt es doch von ihrem Ursprung her das franziskanische Ideal. Die großartigste Berufung ist weder allein die zur Kontemplation noch allein die zur Aktion, sondern die größte Kunst besteht darin, beides miteinander zu vereinbaren.

Franziskaner werden gewöhnlich als „volksnah" erlebt. Sie selber verstehen sich als der „Klerus der unteren Schichten" und nicht so sehr als derjenige der gehobenen, intellektuellen Schicht. Das hat es den Minderbrüdern ermöglicht, trotz allem in engem Kontakt mit den Sorgen der kleinen Leute zu bleiben. Jedoch sind sie dadurch gelegentlich etwas zu sehr vom realistischen Denken abgekommen. Wie auch immer: Die eigene Gabe birgt auch die eigene Schwäche. Minderbrüder spiegeln – gottlob! – die Sicht und die Ängste der kleinen Leute wider, genau wie sie ihre Sorge um Gerechtigkeit und Solidarität bekunden.

Friedensstifter daheim

Franziskus sah sich immer als Versöhner und Prediger der Vergebung. Nach einem lang andauernden Streit zwischen dem Bürgermeister und dem Bischof von Assisi beschloss er, seinem berühmten „Sonnengesang" eine weitere Strophe hinzuzufügen. Darin war kein Platz für energische Beiworte oder harsche Urteile. Er hatte zu viel Schönheit gesehen. Es verletzte ihn, wenn andere verletzten. Seine Bemühungen um Versöhnung waren immer von Höflichkeit geprägt und schlugen sich in einem Lied nieder, das als erstes Werk der italienischen Poesie gilt:

> Franziskus sagte zu seinen Gefährten: „Es ist eine große Schande für uns, dass zu dieser Zeit, da der Bürgermeister und der Bischof einander so hassen, sich niemand findet, um zwischen ihnen wieder Frieden und Eintracht herzustellen." Und so fügte er seinem *Sonnengesang* eine weitere Strophe hinzu:

„Gelobt seist du, mein Herr,
durch alle, die vergeben in deiner Liebe,
die Krankheit und Trübsal ertragen.
Selig, die dulden in Frieden,
sie werden von dir, o Höchster, gekrönt."
Und die Brüder gingen zur Piazza Commune und sangen ihren Gesang in Anwesenheit des Bürgermeisters und des Bischofs. Und „mit großer Zärtlichkeit und Zuneigung streckten beide die Arme aus und umarmten einander" (*Legende von Perugia*).

Friedensstifter auswärts – Franziskus und der Sultan

In den Zeiten des Franziskus „waren der Krieg und seine Exzesse und Regelverstöße nicht nur zur Notwendigkeit und Gewohnheit, sondern zur bevorzugten Beschäftigung geworden, zur Leidenschaft, die alle beherrschte, und zur Lebensart der Stadt, in der das Wort ‚Friede' bar jeden Sinnes war" (Arnaldo Fortini, *Nova Vita di San Francesco*).

Das zweifellos berühmteste Abenteuer des Franziskus als Friedensstifter war sein persönlicher Besuch beim Sultan Melek-el-Khamil (1217–1238) in Damiette in Ägypten.

Die Kreuzfahrer hatten dort ab dem 9. Mai 1218 bis zum 29. August 1219, dem Tag der Ankunft des Franziskus in Ägypten, gekämpft. Er weilte mehrere Tage beim Sultan und versuchte, Frieden zu stiften, gewann aber nur die Hochachtung des Sultans für seine eigene Person. Bei den christlichen Kreuzrittern hatte er keinen Erfolg:

> Er sprach zu seinem Begleiter: „Wenn an diesem Tage der Zusammenstoß erfolgt, dann wird es, wie mir der Herr zeigte, für die Christen nicht gut enden. Sage ich es aber, so hält man mich für närrisch; schweige ich, so werde ich meinem Gewissen nicht entrinnen." ... Da sprang der Heilige auf und richtete heilsame Mahnworte an die Christen. Um den Kampf zu verhindern, verkündete er die Niederlage. Jedoch die Wahrheit wurde zum Gespött. Sie verhärteten ihre Herzen und wollten nicht darauf achten. Man brach auf, es kam zum Treffen, der Kampf tobte, der Feind schlug die Unsrigen. ... Diese gewaltige Niederlage verminderte die Zahl der Unsrigen so, dass sechstausend unter den Toten und Gefangenen blieben. Den Heiligen ergriff Mitleid mit ihnen, sie hingegen nicht weniger die Reue über ihre Tat. Vor allem aber betrauerte Franziskus die Spanier, deren ungestümes

Draufgängertum im Kampfe nur wenige am Leben gelassen hatte, wie er sah. – Möchten doch die Fürsten der Erde dies erkennen und wissen, dass es nicht leicht ist, gegen Gott, das heißt gegen den Willen des Herrn zu kämpfen. Ein Ende mit Schrecken pflegt der dreiste Übermut zu nehmen, da er durch sein Vertrauen auf die eigene Kraft keine Unterstützung vom Himmel verdient. Wenn nämlich der Sieg von oben soll erhofft werden, dann muss man die Schlachten mit dem Geiste Gottes schlagen.[4]

Aus historischer Überlieferung wissen wir, dass die Kämpfe am 26. September wieder einsetzten. Franziskus kehrte sehr entmutigt nach Assisi zurück. Doch seine Warnungen an seine Jünger sind auch heute noch für alle, die sich um Frieden und Gerechtigkeit bemühen, bedenkenswert:

„Wenn ihr mit den Lippen Frieden verkündet, achtet darauf, diesen umso mehr auch in eurem eigenen Herzen zu tragen. Niemand sollte euretwegen zu Zorn oder Beleidigungen gereizt werden. Vielmehr sollte jeder dank eurer Selbstbeherrschung zu Frieden, Wohlwollen und Erbarmen bewegt werden. Denn wir sind dazu berufen, die Verwundeten zu heilen, die Verletzten zu verbinden und die Irrenden auf den rechten Weg zu führen" (*Dreigefährtenlegende*).

Viele Historiker glauben, dass die Regel des Franziskus für das Leben der Laien in der Welt einer der maßgeblichen Faktoren für die Befriedung der feudalistischen Kämpfe gewesen ist. Das damalige Feudalsystem beruhte auf Unterdrückung und Beherrschung. Fehden und Blutrache waren derart üblich, dass kaum jemand unbewaffnet nach auswärts ging. Doch Franziskus verbot seinen Jüngern das Kämpfen, das Waffentragen und auch das Leisten von Gefolgschaftseiden gegenüber Adeligen. Er stützte sich dabei einmal mehr auf die Bergpredigt Jesu. Dieser „Regel des Dritten Ordens" unterwarfen sich so viele Tausende, dass sie eine der erfolgreichsten gewaltlosen Reformen der Weltgeschichte auslöste, auch wenn diese nur von kurzem Bestand war. Denn leider verkörperten selbst die verweltlichten Franziskaner schon bald wieder eher die Machtsysteme, als dass sie eine Alternative zu diesen angeboten hätten. Es war wesentlich leichter, Franziskus zu *verehren*, als genauso zu *leben* wie er. Das scheint die ewige Ver-

---

[4] Thomas von Celano, 2. Lebensbeschreibung, aaO. (Kap. IV).

suchung von Religion zu sein: anzubeten statt ganz konkret nachzuahmen. Jesus sagte: „Folgt mir nach" – und nicht: Betet mich an.

Ein Mensch der Freude

Obwohl Franziskus allen Grund zur Entmutigung und Enttäuschung gehabt hätte, war er als ein Mensch tiefer Freude bekannt. Er wusste, dass er unabhängig von allem, was gelinge oder nicht, immer „der Herold des Großen Königs" bleiben würde. Niemand sollte je bezweifeln, dass Franziskus seinem innersten Wesen nach ein verliebter Mensch war, und zwar ein in den allergrößten Liebhaber Verliebter. Sein Glück und seine Dankbarkeit waren einfach unerschöpflich. Zu seinen Brüdern sagte er, ihre Berufung bestehe darin, „die Herzen der Menschen zu erheben und ihnen alle Gründe zur geistlichen Freude zu geben".

Sie brauchten keine andere Rechtfertigung für ihr Leben. Sie brauchten keinen anderen Auftrag in der Kirche. Sie sollten wie er einfach Troubadoure und Spielleute des Herrn sein. Augenzeugen berichten, zuweilen habe er plötzlich jubelnd ein Lied angestimmt.

> „Manchmal hob er auch, wie ich mit eigenen Augen gesehen habe, ein Holz vom Boden auf und legte es über seinen linken Arm, nahm dann einen kleinen, mit Faden bespannten Bogen in seine Rechte und führte ihn über das Holz wie über eine Geige. Dazu führte er entsprechende Bewegungen aus und sang in französischer Sprache vom Herrn. Diese ganzen Freudenszenen endeten häufig in Tränen, und der Jubelgesang löste sich in Mitleiden mit dem Leiden Christi."[5]

Um diese Weisheit tief in seine Gemeinschaft einzupflanzen, erläuterte er dem Bruder Leo in einem der am meisten zitierten Dialoge, worin wahre Freude bestehe:

> Als der heilige Franziskus einmal zur Winterzeit mit Bruder Leo von Perugia nach Santa Maria degli Angeli wanderte und die große Kälte ihnen hart zusetzte, da rief er zu Bruder Leo, der ihm ein wenig vorausging: „Oh Bruder Leo, auch wenn die Brüder die Blinden sehend

---

[5] Thomas von Celano, 2. Lebensbeschreibung, aaO. (Kap. XC).

machten und die Krüppel gerade, wenn sie die Teufel austrieben, die Tauben hören, die Lahmen gehen und die Stummen reden machten, ja wenn sie, was noch gewaltiger wäre, die Toten am vierten Tage auferstehen ließen, schreibe auf, dass darin noch nicht die vollkommene Freude liegt." (In kurzen Abständen rief er Bruder Leo weitere vier Mal und schilderte ihm mit ähnlichen anderen Beispielen, worin noch nicht die vollkommene Freude zu finden sei.) Da fragte Bruder Leo endlich hocherstaunt: „Vater, ich bitte dich um Gottes willen, dass du mir sagen mögest, worin die vollkommene Freude liegt."
Und der heilige Franziskus antwortete ihm: „Wenn wir in Santa Maria degli Angeli ankommen, durchnässt vom Regen und steif vor Kälte, voll von Schmutz und vom Hunger geplagt, und an das Klostertor klopfen und der Pförtner erzürnt herausschaut und fragt: ‚Wer seid ihr?', und wir antworten: ‚Wir sind zwei von euren Mönchen?!', und er antwortet: ‚Ihr lügt, ihr seid vielmehr zwei Spitzbuben, die umherziehen, schert euch davon!' – und er uns nicht aufmacht und uns draußen in Schnee und Regen hungernd und frierend bis in die Nacht stehen lässt; wenn wir dann so große Schmach und Grausamkeit und seine Abweisung geduldig ertragen, ohne uns zu erregen oder zu murren, und wenn wir in Demut und Liebe denken, dass der Pförtner uns in Wirklichkeit kennt, dass aber Gott ihn sich so gegen uns benehmen lässt, oh Bruder Leo, schreibe, dass darin die vollkommene Freude liegt.
Und wenn wir weiterhin an die Klostertür klopfen und er zornig herauskommt und uns wie nichtsnutzige Lumpen fortjagt unter Schimpfreden und Backenstreichen ... wenn wir dies alles in Geduld und Gelassenheit ertragen und dabei an die Pein unseres Herrn Jesus denken, die wir aus Liebe zu ihm ertragen dürfen; lieber Bruder Leo, schreibe auf, dass hierin die vollkommene Freude liegt.
Und nun höre die Lehre daraus, Bruder Leo: Über alle Gnade und allen Gaben des Heiligen Geistes, die Christus den Seinen zuteil werden lässt, steht die Tugend der Selbstüberwindung, um seiner Liebe willen freimütig Drangsal und Schmach, Mühen und Entbehrungen zu ertragen."[6]

Hier wird eine radikal alternative Welt entworfen! In einer einzigen erschütternden Geschichte polt er alle unsere üblichen Reaktionen und Wertvorstellungen um, ja die Wirklichkeit, wie die meisten von uns sie zu zeichnen gewohnt sind. Da ist überdeutlich ein ganz anderes „Ich", das hier spricht, ein mit Christus in

---

[6] Die Blümlein des heiligen Franziskus (Fioretti), aaO. (Kap. VIII).

Gott verborgenes „Ich" (vgl. Kolosser 3,3). Das ist das Ziel aller Umwandlung und aller Wege in Richtung Heilung und Heiligkeit.

Die Freiheit derer, die wieder aufbauen

Genau genommen ist das eher eine Beschreibung der vollkommenen Freiheit als der vollkommenen Freude. Hier haben wir endlich einen wirklich gewaltlosen und freien Menschen vor uns. Nur er wird auch anderen zur Freiheit verhelfen können. Er ist nicht mehr Teil des Problems, sondern eindeutig der Anfang von dessen Lösung. Er ist über das Hier und Dort, Mein und Dein hinausgelangt, über alle Arten von Aufspaltungen, und hat die „dearest freshness, deep down things" (die „kostbarste Frische in der Tiefe von allem"), von der Gerard Manley Hopkins spricht, zutiefst erkannt.

Ein solcher Mensch kann damit leben, dass wir alle in der Sünde, d. h. der Gottesferne, miteinander verwoben sind, ohne deshalb den Mut zu verlieren, und er kann sich ganz aufrichtig über die Herrlichkeit jedes anderen freuen. Jeder versucht dann tatsächlich, jeden anderen zu lieben, und kämpft dabei gegen endlose Widerstände. Einige wenige solcher Menschen werden so zu Bezugspunkten, an denen sich alle anderen treffen können. Diese Menschen sind – bildlich gesprochen – wie die entscheidenden Puzzlestücke, von denen aus man das gesamte Puzzle zusammensetzen kann. Sie regen sowohl zu gesundem Menschenverstand als auch zu tollkühnen Abenteuern an. Damit sie dies für uns tun können, müssen sie selber klein genug werden, um niemand anderen zu erdrücken und keinem das Gefühl zu geben, sie seien die Gebenden und nicht auch die Nehmenden.

Solch ganz freie Menschen sind jene, die Gott rundum Freude machen. Sie lassen uns ahnen, was im Herzen Gottes vorgeht. Sie versichern uns: Wer immer dieser Schöpfer auch ist, er ist jedenfalls nicht Allmacht, sondern Demut, nicht erhabener Herr (wie auch Christen sich Gott vorzustellen geneigt sind), sondern der grenzenlos Zugängliche, nicht einer, der sich uns vorenthält, sondern uns unablässig willkommen heißt. Sie versuchen mit Leib und Seele, Gott auf eine verblüffend nicht-utopische Weise nachzuahmen, weil sie bereit sind, unter ausnahmslos allen Umständen zu leben und zu lieben.

Für Menschen wie Franz von Assisi wird Gutsein zu etwas ganz Selbstverständlichem, das gar nicht mehr überrascht. Gutsein geschieht sozusagen von allein, scheint jederzeit auch bereit zu leiden, um zu gewinnen, und es gewinnt tatsächlich. Für diese wenigen Freien ist das Gutsein einfach da, überall, direkt unter der Oberfläche des Alltäglichen. Sie können ihm nicht widerstehen, es aber auch nie ganz besitzen. So neigen sie sich anbetend vor Gott. Und weil sie sich neigen, können sie auch das vermeintlich Hässliche anziehend finden. Es offenbart sich ihnen als schön, als eine eigenartig heilige Wunde.

Franziskus als der, der wieder aufbaut

Vermutlich einer der meist zitierten Sätze von Franziskus ist der, den er in seinen letzten Lebenstagen gesprochen haben soll. Da sagte er zu seinen Brüdern: „Lasst uns endlich anfangen, denn bis jetzt haben wir noch nichts getan."

Dieser rätselhafte Aufruf am Ende eines Lebens, am Ende einer Ära, endlich anzufangen, in einer Situation also, wo – wie Franziskus es sieht – so vieles noch Bruchstück geblieben ist und man endlich ausruhen und die Vergangenheit hinter sich lassen möchte, dieser Aufruf ist Geschenk des Wiederaufbauens, um das es in diesem Buch geht. Es lässt Franziskus sozusagen zu einem Mann für alle Jahreszeiten und Zeiten überhaupt werden, ganz bestimmt für die Jahreszeit des Winters und Todes, wenn man nicht mehr weiß, wie man wieder anfangen soll und es auch gar nicht mehr recht will.

Das Einfachste und zugleich Schwierigste, was uns Franziskus zunächst sagt, ist, dass wir die Welt nur so weit zu ändern vermögen, wie wir uns selbst verändern. Wir können nur das weitergeben, was wir selbst sind. Wir können anderen nur das anbieten, was Gott an uns gewirkt hat. Wir verfügen über keine theoretischen Antworten. Wir müssen selber zur glaubhaften Antwort werden. Nur die Wege, die wir selbst zurückgelegt haben, kennen wir samt ihren Kehrseiten. Franziskus ging an den Rand und so konnte er andere zu dem hinführen, was er selbst gefunden hatte.

Bevor wir irgendetwas da draußen zu lösen vermögen, müssen wir zunächst einmal alle Konflikte und Widersprüche des Lebens in uns selbst lösen. Nur der, der Vergebung erlangt hat, kann anderen vergeben; wer selber geheilt worden ist, kann erst wirklich heilen; wer jeden Tag neu von der Barmherzigkeit lebt, kann erst anderen Barmherzigkeit schenken. Das alles klingt womöglich allzu einfach und zu individualistisch; aber genau solche Menschen sind es, die schließlich tiefe und lang anhaltende soziale Änderungen bewirken können.

Das hat damit zu tun, was man als eine Art „Quantentheologie" bezeichnen könnte. Der Makrokosmos spiegelt sich im Mikrokosmos: Wenn das große Geheimnis an einem kleinen Punkt wirklich durchbricht, breitet es sich unaufhaltsam von dort her weiter aus. Es wirkt ansteckend, ist teilbar, gibt der ganzen Welt eine neue Form. So brachten weder Jesus noch Franziskus ein praktisches Programm für eine Sozialreform. Sie begaben sich einfach *außerhalb des Systems der Illusionen, und statt es zu bekämpfen, ließen sie es einfach links liegen* und praktizierten etwas elementar anderes: Sie begaben sich an einen viel weiteren Ort, den wir als Heiligkeit/Ganzheit in Gott bezeichnen könnten, und von dort aus gingen sie mit allen beschränkteren Orten viel freundlicher um. Nichts wirkte auf sie bedrohlich; alles ermutigte sie und wurde zum Spiegel ihrer eigenen unerschöpflichen Fülle.

Vergeuden Sie keine Zeit damit, die Welt in Gute und Böse auseinander zu dividieren. *Halten Sie beide in ihrer eigenen Seele zusammen – wo sie ohnehin sind – und Sie halten so die ganze Welt zusammen.* Damit überwinden Sie die große Spaltung – an einem einzigen Ort vorbehaltlosen Mitgefühls und Solidarischseins. Sie als kleines Ich zahlen damit den Preis Ihrer Erlösung. Gott greift es dann auf, indem er das gleiche Muster in anderen Menschen unendlich vervielfältigt.

Gott verrichtet dann die gesamte geduldige Arbeit und wir alle beziehen daraus die heiligen Zinsen. Nur die so Erwachten wissen um dieses große und wohlgehütete Geheimnis: Wir sind dazu berufen, weil wir nichts sind und dies wissen. Ich glaube: Darin besteht das wahre Auserwähltsein. Alle nicht Erwachten meinen, es habe etwas mit Würdigwerden und erworbenem Verdienst zu tun. Franziskus war indessen eindeutig ein Erwachter. Die Berufung des Auserwählten besteht genau darin, an andere dieses große verborgene Geheimnis weiterzugeben.

Dritter Teil

Der dritte Weg

Gebet, ganz präsent zu sein

Hilf uns, ganz im Jetzt gegenwärtig zu sein. Das ist das Einzige, was wir haben, und immer darin sprichst du, Gott, zu uns. Dieses Jetzt nimmt alles auf, verwirft nichts und kann daher auch dich, Gott, aufnehmen. Hilf uns, an dem Ort ganz präsent zu sein, vor dem wir am meisten Angst haben, weil er sich immer so leer und so langweilig und so ungenügend anfühlt. Hilf uns, ein wenig Raum zu finden, den wir nicht sofort wieder mit unseren eigenen Einfällen und Vorstellungen ausfüllen. Hilf uns, einen Raum zu finden, in dem du als der Gott der Liebe dich uns Hungrigen und Leeren zeigen kannst. Hilf uns, nicht uns selbst im Weg zu stehen, damit Platz für dich wird.

Guter Gott, wir glauben, dass du uns nah bist. Deine Anwesenheit schenkt uns Hoffnung. Wir danken dir für jeden Tag unseres Lebens. Wir danken dir, dass du uns immer neu die Möglichkeit schenkst zu verstehen, zu vergeben, zu vertrauen und zu lieben. Wir danken dir, dass wir jetzt leben und dass unsere Probleme im Maß unserer Seele bleiben. Wir bitten dich: Lehre und führe uns, füge in unserem Geist die Gedanken zusammen, die du uns denken, und in unserem Herzen die Gefühle, die du uns empfinden lassen möchtest. Baue uns wieder auf. Setze uns richtig zusammen; denn wir selbst wissen nicht, wie wir das anstellen sollen.

Wir vertrauen darauf, dass du dieses Gebet hörst und dich mehr als wir selbst um die Antwort kümmerst. Wir beten darum nicht allein, sondern mit dem gesamten Leib Christi in Jesu Namen.

8 Wie sieht Ihr Fenster zur Wirklichkeit aus?

Jeder Mensch betrachtet die Welt durch seine eigene Brille, deren Beschaffenheit durch ererbte Eigenschaften, Einflüsse aus der Familie und andere Lebenserfahrungen bedingt ist. Diese Brille oder Weltsicht bestimmen entscheidend mit, was man in jedes Gespräch einbringt.

Als Jesus vom Kommen des Reiches Gottes sprach, versuchte er, die Weltsicht der Menschen zu verwandeln. Als Franziskus von seiner Vermählung mit der „Frau Armut" sprach, benutzte er ein charmantes Bild, um damit seine zentrale Aussage über das Leben zu veranschaulichen. Wenn Amerikaner vom Geld als „the bottom line", der „unerlässlichen Grundlage", sprechen, offenbaren sie mehr über ihre tatsächliche Weltsicht, als sie wahrhaben wollen.

Es ist sehr heilsam, unsere eigene Weltsicht genauer in Augenschein zu nehmen. Jeder trägt eine bestimmte Sicht der Welt mit sich und so ist es nur recht und billig, wenn auch Sie genau darum wissen, wie Ihr Fenster in die Wirklichkeit hinaus beschaffen ist, das Ihr Denken und Tun in hohem Maß beeinflusst. Es ist das, was Ihre Motive prägt. Die Weltsicht, die Sie *de facto* haben, bestimmt, worauf Sie Ihre Aufmerksamkeit richten und was Sie gar nicht wahrnehmen. Dies spielt sich weithin unbewusst ab und treibt Sie an, dieses zu tun und jenes zu lassen. So ist es zweifellos wichtig, sich unserer alles bestimmenden Brille deutlich bewusst zu werden; denn sonst erfährt man nie, was man *nicht* sieht und warum man andere Dinge in völlig verzerrter Perspektive wahrnimmt.

Erst wenn wir uns dafür öffnen, dass das Evangelium in diese tiefste Schicht unseres Unbewussten eindringt und mit unserer Weltsicht in Berührung kommt, kann sich überhaupt etwas Wesentliches bei uns verändern. Vorher stellt man nur immer wieder einmal ein bisschen die Möbel um, richtet jedoch kein neues

Zimmer ein. Bekehrung, d. h. Erwachen besteht darin, ein ganz neues Zimmer, ja vielleicht sogar ein komplett neues Haus zu bauen. Das könnte der tiefste Sinn des Rufs Jesu an Franziskus in San Damiano gewesen sein: „Baue mein Haus wieder auf; denn siehe, es liegt in Trümmern."

Ich entsinne mich eines Erlebnisses in einer Einsiedelei in Kentucky, als ich dort zum ersten Mal weilte. Ich ging auf einem schmalen Pfad vor mich hin, als mir einer der Reklusen entgegenkam. Nun leben Reklusen ja ein extremeres Einsiedlerdasein als Eremiten! Sie kommen aus ihrer Abgeschiedenheit nur zu seltenen Anlässen wie der Karwoche und Weihnachten – und alle sind gespannt, wie sie wirken: ob sie strahlen oder „spinnen". Ich wusste, wer dieser Einsiedler war, dem ich da begegnete. Ich hatte gehört, dass er früher Abt gewesen war. Ich war ganz aufgeregt, diesem Menschen zu begegnen, und da ich seine Abgeschiedenheit nicht stören wollte, sagte ich nichts. Er aber wies dann mit einem Finger nach oben und sagte: „Richard, achte bei deiner Predigt immer darauf, den Leuten beizubringen: *‚Gott ist nicht da draußen!'* Danke." Dann ging er weiter.

Dieser Rekluse war in der Weltsicht, die ich als echt christlich, als inkarniert bezeichnen möchte. Sie ist nicht sehr verbreitet, auch nicht unter getauften Christen. Die meisten von ihnen, denen ich überall auf der Welt begegnet bin, sind in Wirklichkeit eher theistisch eingestellt und haben das Wesen der Inkarnation noch überhaupt nicht erfasst. Für sie ist Gott immer noch *da draußen*; sie bitten ihn, zu Menschen und in Dinge zu kommen, und beten, er möge auch *zu ihnen* kommen.

Theismus, die geläufigste Form von Religion, geht von einer gespaltenen, dualistischen Welt aus. Echtes Christentum dagegen integriert alles. Es kennt nur eine einzige Welt, die vom Übernatürlichen durchdrungen ist, und Gott kommt *durch* uns und *in* uns zum Vorschein, nicht *zu* uns. Paulus bringt dies im Bild vom Leib Christi zum Ausdruck, Johannes im Bild vom Weinstock und den Reben. Jesus spricht von der „einen Herde und dem einen Hirten", vom „Bleiben in der Liebe" und sagt: „Ich und der Vater sind eins."

Es sind – scheint mir – nur wenige Menschen, die in sich selbst erfahren haben, dass ihr Sein als Ebenbild Gottes ihr ureigenes Wesen in der Tiefe ihrer Seele ausmacht. Christus – so meinen sie

– begegnet ihnen nur von außen, nie von innen. Die Weltsicht, von der sie praktisch bewegt werden, ist also die, dass Gott da draußen, da oben ist und wir da unten sind. Ihr Universum kennt vier Ebenen: Himmel, Hölle, Erde und Fegefeuer. Folglich geht es dann immer darum, Gott „herunter-" und uns zu ihm hinaufzubringen. Tatsächlich offenbaren auch immer noch viele, wenn nicht die meisten Gebete im offiziellen Messbuch der katholischen Kirche diese gespaltene Weltsicht. Und unglücklicherweise gilt auch hier: *Lex orandi lex credendi* (wie dein Gebet, so dein Glaube).

Unsere Weltsicht wird von drei Bildern geprägt, die wir in uns tragen. Diese kommen nicht von außen, sondern haben in unserem Inneren Gestalt. Alles, was wir tun können, ist, uns ihrer bewusst zu werden, was heißt, sie aufzuwecken. Diese drei Bilder, die Sie in sich aufwecken und umwandeln müssen, sind Ihr Bild von sich selbst, Ihr Bild von Gott und Ihr Bild von der Welt. Wenn man wirklich in das Evangelium hineinhört, werden diese Bilder in eine sehr aufregende und, wie ich glaube, der Wahrheit entsprechende Weltsicht verwandelt. Christus ist die Wahrheit, sagt christlicher Glaube. Christus beschreibt die Wirklichkeit so, wie sie in Wahrheit ist. Er räumt alles beiseite, wofür wir sie halten oder was uns Angst macht durch das, wie wir sie sehen und meinen, dass sie sei. Die Wirklichkeit ist immer besser und freundlicher, als jeder von uns es sich je vorstellen oder je befürchten würde. Daher befreit uns alles achtsame Hineinhören in das Evangelium zu großer Freude.

Normalerweise beinhaltet Ihre faktische Weltsicht Antworten auf grundsätzliche Fragen. Die erste Frage, die Ihre Weltsicht beantwortet, lautet: „Was sollte sein?", oder: „Worin besteht meine große und endgültige Vision?" Das zielt weithin auf das, was wir verloren haben, darauf, was sein sollte, was uns die Welt eigentlich geben müsste und wie sie selbst aussehen sollte. Wir haben aber irgendwie auch Angst, daran zu glauben, was sein sollte. Wir leugnen oder bezweifeln zumindest alles „Sollte" und „Müsste".

Die zweite Frage bezieht sich auf den Zustand der Dinge: „Warum ist alles so verworren?", oder: „Warum müssen wir leiden?", oder: „Warum ist kaum etwas so, wie es sein sollte?" Die frühesten Religionen glaubten, das liege an verworrenen, anspruchsvollen, strafenden oder sogar verderblichen Göttern. Gott sah man im Allgemeinen nicht als jemanden, dem man in Liebe zugetan war. Zudem galt die Welt als ein lebensgefährliches Gelände voller bedrohlicher Geister. Eine solche Sicht bewirkte zwangsläufig, dass der einzelne Mensch unsicher, voller Angst und ständig in Abwehr begriffen war.

Die dritte Frage, auf die Ihre Weltsicht eine Antwort gibt, lautet: „Wie kommen wir aus allem Unvollkommenen dahin, wie es sein sollte?", oder: „Wie sollte man leben, damit alles richtig wird?", oder ganz einfach: „Was heißt es, ein guter Mensch zu sein?" Alle Fragen zusammen könnte man auf den Nenner bringen: „Wie sollte das Leben eigentlich sein?", und: „Warum ist es nicht so?", und: „Wie bringen wir es in Ordnung?" Wenn diese Fragen für uns beantwortet sind, wenigstens implizit, dann haben wir unseren Spielplan und können mit einigermaßen Sicherheit und Sinn in dieser Welt leben. Ohne diesen Spielplan gleicht unser Leben einem schlechten Roman ohne Anfang, Mitte und Schluss; wir drehen uns im Kreis, statt eine Wachstumsspirale zu durchschreiten.

Unterschiedliche Weltanschauungen verfügen über ihre jeweils eigenen Erklärungen für das Leiden sowie über Wege, es zu beheben. Früher glaubte man beispielsweise, das Leiden sei damit zu erklären, dass uns ein unberechenbarer Gott Prüfungen auferlege. Es ging dann darum, sich die Gunst dieses Gottes zu erkaufen, etwa indem man ihm eine jungfräuliche Tochter oder einen ältesten Sohn opferte, vielleicht durch das Verbrennen auf dem Scheiterhaufen. Überreste dieser Vorstellung finden wir noch in der Geschichte von Abraham und Isaak. Man nahm an, Leiden und Opfer versöhnten einen zornigen Gott. Andere meinten, sie müssten sich selbst klein machen oder gar bestrafen, um Gottes Gesinnung zum Guten zu bewegen. Bei genauerem Zusehen sind viele unserer Zeitgenossen noch nicht über diese Weltsicht hinausgekommen. Sie bleiben in einem sado-masochistischen Wechselspiel von Belohnung und Strafe gefangen; dies lebt auch im Unbewussten vieler praktizierender Christen heute fort.

Aus buddhistischer Weltsicht würde man sagen: Wir leiden, weil wir zu viel begehren, zu viel wollen. Unser Geist ist allzu sehr in der Materie eingesperrt und wir müssen über sie hinaus zum reinen Geist gelangen. Das Ziel des Buddhismus heißt Nirwana, die Freiheit von der Materie, die Freiheit vom Wollen. Der

Weg dorthin ist Meditation, in der die Wahrheit aufgehen kann, zuletzt in der Erleuchtung, dem *satori*. Sicherlich ist hier etwas ganz Wesentliches erfasst. Wir müssen aus dem Schatten des nur Irdischen heraustreten ins Licht unseres Wesens, was wir im Westen kaum gelernt haben. Wir haben die intensiveren Formen des umwandelnden Gebetes vermieden. Eine der großen Einsichten des Buddhismus zeigt sich darin, dass er die Menschen zu dieser tieferen Form des Gebets führt, die das Ego ausmerzt und den auf äußere Zwecke ausgerichteten Menschen verwandelt. Gott um bestimmte Dinge zu bitten ist nur eine Weise zu beten und nicht die reifste und wirksamste.

Die marxistische Weltsicht weist die Schuld am Leiden dem Privatbesitz zu, den Reichen und der Habgier. Auch darin liegt eine Portion Wahrheit, aber der Marxismus treibt sie ins Extrem. Er ist fixiert auf die Gleichheit aller Menschen, indem er alles Eigentum mit Gewalt zu Gemeinbesitz umwandeln will. Auch das ist eine Weltanschauung, eine selbst gemachte. Sobald man sie übernimmt, sieht man alles aus dieser Sicht. Sie geht einerseits auf etliche Probleme des Unrechts und der Ungleichheit ein, erschafft jedoch andererseits mehrere neue. Die Habenden sind gewöhnlich die Bösen, die Habenichtse die Guten. Das führt zu einer scharfen Trennung von Bösen und Guten; aber die Welt ist so einfach nicht. Außerdem kann man „Tugend", die immer aus Freiheit und freiem Entschluss erwächst, nicht erzwingen; will man sie erzwingen, ist es keine Tugend mehr.

Die kapitalistische Weltsicht wird den meisten Lesern dieses Buches näher liegen. Den Kapitalismus halten – scheint mir – nur wenige für etwas, das man kritisieren müsste. Und dennoch: Der Kapitalismus hält Erklärungen bereit, die alles andere als Christus entsprechen. Aus kapitalistischer Weltsicht sind Einfallslosigkeit und Faulheit der Menschen am Leiden in der Welt schuld. Die Faulen und Unverantwortlichen erreichen nicht das Ziel des Kapitalismus: materiellen Wohlstand. Daher geht es bei den meisten Analysen in den Medien um Wirtschaftsanalysen. Weil der Materialismus zur westlichen Grundmythologie geworden ist, lautet seine wichtigste Frage: „Wie geht es der Wirtschaft, dem Wachstum?" Aus dieser Sicht folgt unverzüglich der Schluss, dass jeder für sich selbst sorgen muss und es für den, der beim Wettlauf zurückbleibt oder gar nicht erst mitmacht, kein Mitleid geben kann. Rangieren Wettbewerb und Erfolg als oberste „Tugenden", gilt es geradezu als Sünde, sich nicht auch unter Einsatz seiner Ellenbogen zum Erfolg durchzukämpfen.

Die postmoderne und liberale Kultur, d. h. unsere heutige Weltsicht, vertritt die Überzeugung, der Grund dafür, dass wir leiden, liege darin, dass wir zu sehr eingeschränkt seien, zu viele Gesetze und Strukturen hätten. Würden alle über grenzenlose Freiheit verfügen, ihre tiefsten Gefühle und Instinkte auszuleben, hätten wir eine herrliche Welt. Folglich bestehe die Lösung darin, gegen alle Strukturen aufzubegehren und sich selbst treu zu sein: „If it feels good, do it" – „Wenn's Spaß macht, tu's", oder: „Ich muss erst mich selbst finden und für mich selbst sorgen, bevor ich mich um andere kümmern kann." Das Fatale daran ist, dass Menschen mit dieser Einstellung nie zum zweiten Schritt kommen, weil das Ego unersättlich ist. Doch im schlauen Westen bleibt diese Weltsicht weithin unhinterfragt.

Wenn man dies so krass beschreibt, wie ich es gerade getan habe, klingt es einseitig, wenn nicht absurd. Das mag unser Gehör dafür schärfen, dass das, was Jesus über das Thema Weltverständnis sagt, unsere gewohnten Weltsichten radikal auf den Kopf stellt. Er liefert eine völlig andere Perspektive zur Deutung des Sinns der Wirklichkeit. Diese ganz andere Perspektive, dieses alternative Drehbuch des Lebens, liegt allen echten Bekehrungen zugrunde und somit auch jedem echten Wiederaufbau.

Hinter die eigene Weltsicht schauen

Womöglich wird es Ihnen gar nicht so leicht fallen, die in Ihrem Leben praktisch wirksame Weltsicht zu benennen. Sie ist das Raster ihrer Grunderfahrungen und bestimmt, was Sie an sich heranlassen und was Sie nicht beachten. Sie entscheidet, welche Information Sie ablehnen und welche Sie nicht einmal zur Kenntnis nehmen.

Ihre praktisch wirksame Weltsicht ist in der Regel nicht das Ergebnis Ihrer überlegten, bewussten Entscheidung. Sie übernehmen sie seit Ihren ersten Lebensjahren von Ihren Eltern und bewahren sie während Ihrer ganzen Erziehung und Ausbildung als primäre Prägung. Manchmal wird sie durch Menschen, durch bestimmte Erfahrungen oder auch Bücher verändert, die einen starken Eindruck bei uns hinterlassen.

Selbst erleuchtetste Menschen sehen ihre Welt aus einer bestimmten, kulturell bedingten Perspektive. Aber sie sehen auch über ihre eigenen Vorurteile hinaus auf etwas Transzendentes, auf etwas, das die Grenzen von zeitbedingter Kultur und individueller Erfahrung überschreitet. Menschen mit einem verzerrten Bild ihrer selbst oder Gottes sind weithin unfähig zu erfahren, was nun eigentlich in unserer Welt wirklich ist. Stattdessen sehen sie die Wirklichkeit von ihren Bedürfnissen her: wie sie sie brauchen, wovor sie sich fürchten, worüber sie wütend sind. Sie sehen alles mit der Brille ihrer Wut, ihrer Angst oder ihrer Bedürfnisse. Mit anderen Worten: Sie sehen *die Wirklichkeit, wie sie wirklich ist,* überhaupt nicht.

Der Kontemplative dagegen sieht, was *ist*, mag es angenehm oder unangenehm sein, mag er es mögen oder nicht, mag es beklagens- oder begrüßenswert sein. Der Nichtkontemplative wird die eigenen Erfahrungen falsch deuten, solange sie sich nicht aus ihrer falschen Perspektive herausbewegt haben. Es steht ihnen zu viel Ich im Weg. So können sie nicht sehen, wie die *Dinge* sind, sondern sehen nur, wie *sie selbst* sind. Das ist wahrhaft ein entscheidender Punkt unserer Wahrnehmung.

Dennis, Sheila und Matthew Linn zeigen in ihrem Buch *Good Goats* (1994) recht anschaulich, dass ungemein viele Menschen in kontraproduktiven und sogar destruktiven Gottesbildern gefangen sind. Wer zum tiefsten Bild seiner selbst, zum tieferen, wahren Bild der Wirklichkeit oder zu Jesu Wahrheit von Gott vorstößt, wird von etwas Heiligem berührt. Man möchte weinen oder einfach verstummen – oder davor weglaufen und das Thema wechseln, weil es zu tief, zu gewaltig ist. „Das Menschenwesen kann nicht sehr viel Wirklichkeit ertragen", sagt T. S. Eliot in *Four Quartets* („Burnt Norton" I).

Wenn wir uns diesen Urbildern zuwenden, verändern wir unseren eigenen Kompass und die Koordinaten unserer Wirklichkeit. Dies wagte die katholische Kirche beim Zweiten Vatikanischen Konzil (1962–65). Dieses Konzil wies die Katholiken des 20. Jahrhunderts an, ihre Bilder von Gott und Gottesdienst und vom Wesen des Katholizismus zu überdenken, zu reformieren und zu einer schriftgemäßeren Grundlage zurückzukehren.

Seit den Anfängen der Kirchengeschichte kam es nach jedem bedeutsamen Konzil zu einer größeren Kirchenspaltung, ausgenommen nach dem II. Vaticanum. Da mag es zwar den schmerzlichen Eindruck gegeben haben, in Progressive und Konservative aufgespalten zu sein; aber ein Schisma hat nicht stattgefunden.

Derzeit besteht meiner Ansicht nach das Problem darin, dass die gegenwärtige Generation in ihrer Fähigkeit zu psychischer Veränderung erschöpft ist. Mir fällt es schwer zu glauben, dass sie noch weitere Veränderungen aushält, mit denen altgewohnte Vorstellungsmuster abgewandelt werden. Wenn sich die menschliche Psyche in einem Zustand der Unsicherheit und Orientierungslosigkeit wie dem heutigen erfährt, sehnt sie sich nach absolut gültigen, verlässlichen Fixpunkten. Um nochmals T. S. Eliot zu zitieren: Sie sucht „einen ruhigen Punkt in der sich drehenden Welt".

Daher lege nicht nur ich derzeit so großen Wert auf Kontemplation. Ich sehe darin den Weg zur Erfahrung des Absoluten, ohne den Weg in Richtung Ideologie zu beschreiten. Sehen Sie den Unterschied? Es geht doch darum, die Erfahrung des Guten, Wahren und Schönen zu suchen, ohne sich zu verkopfen oder sein kleines bedürftiges Ich zu wichtig zu nehmen und auch nicht seinen augenblicklichen Standpunkt:

> „Weder im Woher noch im Wohin;
> im Ruhepunkt, da wird getanzt …
> Da, wo Vergangenheit und Zukunft
> ganz beisammen sind.
> Nichts kommt woher, nichts geht wohin,
> nichts steigt nach oben, nichts fällt tief.
> Nur in dem Punkt, dem Ruhepunkt,
> da wird getanzt und nur getanzt."
> T. S. Eliot: Burnt Norton II

Weltsicht als Grundmuster des eigenen Bildes von Gott, sich selbst und der Welt

Die Bilder, die man sich von Gott, sich selbst und der Welt macht, hängen innerlich engstens zusammen. Ändert sich eines, müssen wir normalerweise auch die beiden anderen neu darauf abstimmen. Wenn sich Ihr Gottesbild ändert, müssen auch *Sie* sich ändern. Wird Ihr Weltbild revidiert, wirkt dies zunächst eine Zeit lang verwirrend oder sogar deprimierend. Daher wurden früher Theologie und Philosophie als Königinnen der Wissenschaften bezeichnet. In einer klassischen Universität mussten alle Studenten diese Bereiche erkunden; denn nur dann war es eine *Uni*-versität, eine Stätte, an der sich alles „um *einen* Fixpunkt drehte".

Noch einmal zu Ihrem eigenen Weltbild: Wenn Ihr Gott zum Beispiel ein strenger Richter ist, bleiben Sie ein schüchternes kleines Mädchen, ein scheuer kleiner Junge. Und wenn Ihr Gott dann zum Gott der Liebe wird, müssen Sie schleunigst lernen, was Liebe wirklich ist und wie man liebt, d. h. *Sie* müssen sich ändern. Sie werden so wie der Gott, zu dem Sie beten. Aus dem, wie jemand ist, können Sie umgekehrt immer erschließen, wer „sein Gott" ist. Ist es ein von Angst besetzter Mensch, weiß man gleich, welches Gottesbild er hat.

Ein anderes Beispiel ist heute leicht zu finden: der praktische Agnostizismus. Anders als der Atheist, der Gott leugnet, sagt der Agnostiker: „Ich weiß nichts darüber und es ist mir auch egal." Aber auch das ist ein Organisationsprinzip. Wenn ich „nichts darüber weiß und es mir auch egal ist" und das mein „Ordnungsbild" ist, lösen sich rasch alle Grenzen auf. Nichts ist wirklich erforderlich, nichts zu erwarten, nichts zu erstreben, nichts zu bewirken. Man geht eben immer gerade dorthin, wohin einen sein Ego führt. Schließlich läuft der Agnostizismus auf ein desorganisierendes statt ein organisierendes Prinzip hinaus.

Viele von uns schlagen sich immer noch mit einem in der Kindheit erworbenen Gottesbild herum. Manche scheuen sich, sich seiner zu schämen; denn unsere frühe Erfahrung mit Religion hatte viel mit Scham zu tun. Doch Ihr Bild von Gott wird erlöster sein, je mehr Sie von ihm lernen. Wenn es wirklich Gott ist, dem Sie begegnen, kann es nur besser werden. Nehmen Sie dies als absolute Gewissheit.

Das Hängen am Bild von sich selbst

Ich will Ihnen einige Bilder vorstellen, die man von sich selbst haben kann und die man sich genauer ansehen sollte. Dabei ist vorab festzuhalten, dass man grundsätzlich ein Bild seiner selbst braucht und man möglichst ein ehrliches, zutiefst wahres haben sollte. Das einzig wirkliche Problem dabei ist nur, dass man *daran hängt*. Das kann zu einer Art vorsätzlicher Blindheit werden.

Wenn Sie Ihr Bild, das Sie von sich selbst haben, zu beschreiben versuchen, fügen Sie, wenn möglich, immer ein Eigenschaftswort und ein Hauptwort zusammen: etwa realistischer Intellektueller, nutzloser Träumer, überzeugter Christ, hingebungsvolle Mutter ... Achten Sie darauf, ob die Begriffe nicht zu positiv oder zu überschwänglich sind; denn gewöhnlich bringt man damit eher zum Ausdruck, was man an anderen bewundert, als was man wirklich selbst ist oder überhaupt sein möchte. Achten Sie auch darauf, dass Sie nicht zu negativ werden, denn Sie setzen sich sonst nur selbst herab. Tatsächlich könnte es sich mit Ihrem Selbstbild wie folgt verhalten: dass Sie sich entweder überschätzen oder herabsetzen, statt sich als den Menschen zu sehen und als der zu leben, der Sie vor Gott sind.

Sagen wir, Sie schätzen sich als vorbildliche Hausfrau und Mutter ein. In diesem Selbstbild stecken die Aussagen: „Ich bin immer positiv eingestellt. Ich bin für die Familie da, bringe Schwung hinein und sorge für ein harmonisches Zusammenleben." Daran ist nichts auszusetzen; aber wenn Sie sich zu sehr in dieser Rolle sehen, sperren Sie sich darin ein und sehen alles nur noch von ihr her. Sie werden einen blinden Fleck dafür bekommen, dass Sie gelegentlich *nicht* so sind, und Sie werden sich Durchhänger und negative Gefühle nicht mehr eingestehen oder erlauben, auch wenn Sie sie haben. Fast alle anderen werden diese sehr wohl bei Ihnen bemerken! Eine Möglichkeit, dahinter zu kommen, ob Sie sich zu sehr in ein Selbstbild hineingesteigert haben, besteht darin, genauer darauf zu achten, wodurch Sie sich besonders verletzt fühlen. Wenn Sie beleidigt sind, weil andere nicht unverzüglich Ihren gepflegten Haushalt bewundern, haben Sie sich vielleicht zur sehr mit der Rolle der perfekten Hausfrau oder des optimalen Hausmannes identifiziert. Oder wenn Sie sich von Frauen, die ihren Haushalt ganz anders führen, in Frage gestellt fühlen, sind Sie vielleicht zu sehr auf ihre Art der Nestpflege fixiert.

Was wir in Gott sind, das geliebte Wesen, lässt sich nicht verletzen (vgl. 1 Korinther 13, 5). Das wahre Selbst ist ein unzerstörbares Bild und das gerade Gegenteil jenes „Trümmerhaufens zerbrochener Bilder", den T. S. Eliot als das moderne „Wasteland", das „Ödland", bezeichnet. Ein ehrliches Bild seiner selbst bedarf weder der Bestätigung noch der Verteidigung. Es ist einfach da und das genügt. Daher sprechen Heilige vom „Ruhen in Gott". Nur das wahre Selbst kann ruhen. Das falsche, unerlöste Selbst ist seiner Natur nach rastlos.

Einige weitere verbreitete Selbstbilder sind: glückliche/r Vater/Mutter, unglückliches Kind, starke Führungspersönlichkeit, aufgeklärte Feministin, armer Student, durchorganisierter Manager, geselliger Freund, hilfsbereiter Zeitgenosse ... Keines davon ist schlecht oder gut. Das einzige Problem, wie gesagt, kann sein, dass man daran hängt.

Achten Sie besonders auf Selbstbilder, welche Dominanz oder Unterwerfung bezüglich Rolle, Intelligenz, Rasse, Klasse, Geschlecht, Familie oder Herkunft beinhalten. Eine zu starke Einseitigkeit in eine dieser Richtungen weist gewöhnlich auf ein falsches, unerlöstes Selbst hin. Was hält Sie darin so stark fest? In welche Falle sind Sie geraten? Welche Rolle meinen Sie unbedingt auszufüllen zu müssen? Die Antwort führt Sie zu dem Selbstbild, dem Sie versklavt sind. Ein freier Mensch muss weder dominieren noch kuschen, sondern kann bei Bedarf die Zügel ergreifen oder sich zurückhalten. Darum ist dieser Mensch ein endgültig freier. Wenn Sie dominieren *müssen*, besitzen Sie nicht die Freiheit zu dominieren, und folglich sind weder Sie noch alle anderen Mitbetroffenen freie Menschen.

Auf dem spirituellen Weg ergibt es sich ganz von allein, dass man sich von seinen unfreien Selbstbildern immer mehr löst, je näher man Gott kommt. In Gottes Gegenwart braucht man nicht auf das eigene Selbstbild zu pochen oder es weiter auf andere zu projizieren. Ja, das noch unfreie Selbst, das man sich irgendwann angezogen hat, wird einen nur von Gott und allen anderen fern halten, denn nur nackt, befreit ist man zur Liebe fähig. Wenn man vor Gott anwesend ist, wird man immer transparenter und auch verletzlicher, weil man die Kleider aller Rollen, Titel, Masken und Identitäten fallen lässt. Sie sind nur im Weg. Gottes Liebe gibt Ihnen den Mut, Ihre Rüstung abzulegen, wie in der Nähe eines guten Freundes. Ich glaube, darin besteht die ureigene Faszination wirklich Liebender, die einander ausziehen und sich für den anderen ausziehen. Da ist etwas ungemein Starkes und nicht nur ein Herumgespiele.

Ein anderes Beispiel: Falls ich mich überstark in der Rolle des realistischen Intellektuellen sehe, muss Gott zu mir als realistischer Intellektueller kommen, denn so bin ich. Er kann mir nicht als bescheidener Sozialhilfeempfänger über den Weg laufen und mich ansprechen, denn dafür habe ich keine Wellenlänge. Bin ich überstark in der Rolle des moralischen und gesetzestreuen Menschen, so werde ich mich schwer tun, dem Gott des Erbarmens und der Vergebung zu begegnen, was ja eigentlich sein wahrer Name ist. Wenn Gott aber immer auf die von uns bevorzugte Weise zu uns kommen muss, dann haben wir alles im Griff und Gott ist dann nicht mehr Gott, sondern wir haben uns einen eigenen Gott geschneidert. Allenfalls können wir dann nur einem kleinen Aspekt Gottes begegnen.

Eine der wichtigen Gnaden des Älterwerdens besteht darin, dass Menschen oft anfangen, unechte und selbstgefällige Bilder von sich selbst aufzugeben. Der Grund für eine Midlife-Krise kann vielleicht darin bestehen, dass Gott versucht, einem zu helfen, sich aus seiner Fixierung auf die Rolle des Arztes, des Priesters, der Mutter oder worin immer sonst man sich hineingesteigert hat, zu lösen. Zur radikalen Bekehrungserfahrung gehört immer genau diese geradezu ekstatische Erkenntnis: „Ich bin nicht der, für den ich mich *halte*." Das kann einen zunächst sehr erschrecken, auch wenn es letztlich befreiend wirkt. Wenn Sie sich seit Ihren zwanziger, dreißiger oder vierziger Jahren fest mit einer bestimmten Rolle identifiziert haben, können Sie sich gar nicht mehr vorstellen, was Sie ohne sie überhaupt noch wären – und genau das ist das Problem.

Im spirituellen Leben geht es hingegen immer darum, unnötiges Gepäck abzulegen, bis man schließlich so weit ist, dass man im Sterben vollends alles loslassen kann. Das bringt nur fertig, wer zur Einsicht bereit ist, dass das Bild, das er sich von sich selbst gemacht hat, nicht das tiefste eigene Wesen ist. Es kann zwar für ein gutes Stück des Lebensweges wichtig und hilfreich sein und einem sogar gelegentlich zu einer Ahnung des „Ich Bin" verholfen haben. Aber am Schluss will unser Wesen, dass es wie bei Paulus heißt: „Nicht mehr ich lebe, sondern Christus lebt in mir" (Galater 2, 20).

Ein reiferes Bild von Welt und Wirklichkeit

Unser praktisch konkretes Weltbild ist *unsere* „Wirklichkeit", also das für *uns* Wirkliche und Wirkende, das unsere tagtäglichen Lebensschritte und Entscheidungen ordnet und allem Richtung, Bedeutung und Sinn gibt. Es hat die Tendenz, allmählich reifer zu werden, gründet jedoch in sehr frühen und weithin nicht rationalen Prägungen „auf dem Schoß unserer Mutter" und durch das Beispiel unseres Vaters. Als ich im Kindergarten war, „wusste" ich – aus den Vorerfahrungen mit meinen Eltern – zum Beispiel, dass man Vertrauen in die Welt haben kann. Zumindest erinnere ich mich daran, dass ich erstmals in diesem Alter so empfand. Wahrscheinlich „wusste" ich es schon mit ungefähr drei Jahren, weil ich Mama und Papa vertraute.

Wie sehen Sie die Welt? Thomas Jefferson und George Washington waren wie die meisten Gründerväter der Vereinigten Staaten Deisten, also die Art Theisten, von denen ich oben sprach. Sie waren nicht im eigentlichen Sinn Christen. Deisten glauben, Gott habe die Welt wie ein Uhrwerk geschaffen, in Gang gesetzt und dann sich selbst überlassen, ohne weiter einzugreifen. Für den Deisten „ist Gott in seinem Himmel und die Welt ist in Ordnung". Gott sorgt, so der Deist, nicht mehr aktiv oder mit umsichtiger Vorsehung für diese Welt. Es entfaltet sich in ihr fortan eine ihr innewohnende Logik und er schaut dabei von außen zu. Falls Gott doch eingreift, dann strafend. Diese Vorstellung gleicht dem emotional abwesenden Vater, wie ihn viele Menschen in ihrem Leben erfahren haben. Viele, die regelmäßig in die Kirche gehen, sind in jeder praktischen Hinsicht immer noch Deisten.

Ein anderes Weltbild geht davon aus, allem liege Macht und Kampf zugrunde. Dabei wird die Welt als „tränenverhangen" beschrieben, als Hindernislauf mit einer Anzahl von Reifen, durch die jeder springen muss. Die Wirklichkeit wird als grundsätzlich gegen den Menschen gerichtet, als Prüfung, als widerspenstig gesehen. Viele alte Völker, vor allem vor dem Auftreten Jesu, betrachteten die Welt als Stätte heroischen Wettkampfs. Das lässt sich leicht erkennen, wenn man in die Mythen der Germanen und Wikinger sowie vieler Völker aus rauen Klimazonen schaut. Es ist nur zu verständlich: Die sie umgebende physische Welt prägte das Weltbild dieser Menschen. Bei Einwohnern der polynesischen

Inseln oder bei sizilianischen Fischern findet man kaum solche harten, kalten Weltbilder.

Dann gibt es die Ansicht, die Welt sei ein Zufallsprodukt der Evolution ohne kohärenten Plan, ohne Richtung und Ordnung. Die dazu gegenteilige Sicht sagt, alles sei genau geplant und weder Gott noch das Ich verfügten über Freiheit, sondern wir seien Marionetten im Lauf der Dinge. Hier wird in Begriffen wie Schicksal, Karma, Geschick und ewigem Plan Gottes gesprochen. So klingt auch die Sprache von Fundamentalisten, wobei nicht viel Spielraum dafür bleibt, dass Gott *unsere Deutung* seiner Spielregeln durchbrechen könnte!

Die biblische Tradition dagegen kennt einen starken, kühnen Sinn für den freien Willen des Menschen. Sie räumt sowohl Gott als auch dem einzelnen Menschen viel Freiheit ein. Wir täten gut daran, diesen Sinn für Freiheit nicht zu verlieren. Von einem freien Gott stammen die zentralen Geheimnisse der Vergebung, des Erbarmens, der liebenden Vorsehung und Auserwählung – und zwar wunderbarerweise immer zu unseren Gunsten.

Und die Theorie von der Welt als Spiel von Mutation und Selektion, bei dem die Fittesten überleben? Oder vom Leben, das bloß eine Schüssel Kirschen sei? Oder die Lebensphilosophien, wie sie auf Aufklebern kundgetan werden, etwa: „Life is a bitch and then you die" (frei übersetzt: „Das Leben ist von Anfang bis Ende ein Pfusch")? Würde jemand so etwas auf sein Auto kleben, wenn nicht zumindest ein Teil von ihm tatsächlich dieser Ansicht wäre? Man achte also genau darauf, durch welche Brille man ins Leben schaut. *Wie* man sieht, bestimmt, *was* man sieht.

Wenn Sie sich *Ihr* Weltbild genauer anschauen, achten Sie besonders auf alle Hinweise auf Sinn und Richtung, Zweck oder Plan und auf das Fehlen von all dem. Setzen Sie sich in einen stillen Winkel und stellen Sie sich die Frage: „Was erwarte ich vom Leben? Was schulde ich dem Leben? Was bietet mir die Welt? Was biete ich der Welt?" Die Antworten werden Ihr praktisch wirksames Weltbild offenbaren. Ist das Universum für oder gegen Sie? Ist es ein feindseliges Universum oder sitzen auf jedem Baum Engel?

9 Die große Kette des Seins

„Franziskus nannte alle Geschöpfe, so klein sie auch sein mochten, seine Brüder und Schwestern, weil er wusste, dass sie aus der gleichen Quelle stammten wie er selbst" (Bonaventura: Leben des Franziskus).

Ich möchte jetzt eine alte, oft abgewandelte und sehr franziskanische Metapher einer angemessenen Bezeichnung für das Wesen des Universums und für unser weiteres Denken aufgreifen: das Bild von der großen Kette des Seins.

Mit diesem Bild versuchten die scholastischen Theologen den Gedanken einer zusammenhängenden, kohärenten Welt zu vermitteln (vgl. Arthur Lovejoy: *The Great Chain of Being*, 1936). Die Glieder dieser Kette sind im Wesentlichen unlösbar miteinander verbunden: der Schöpfergott, die Engel, Menschen, Tiere, Pflanzen, Mineralien und das Wasser, also alle Elemente des Planeten Erde und ihres Erschaffers. Jedes Glied für sich und alle vereint verkünden die Herrlichkeit Gottes (vgl. Psalm 104) und die allem eigene Würde. Dieses Bild wurde zur Grundlage dafür, dass man alles und jedes als heilig bezeichnen konnte.

Was manche jetzt als Neuentwurf einer Schöpfungsspiritualität, einer Tiefenökologie oder eines ganzheitlichen Evangeliums vorstellen, ist in Wirklichkeit schon sehr viel früher in der Spiritualität der alten Kelten, der rheinischen Mystiker und vor allem von Franz von Assisi vertreten worden. Frauen wie Hildegard von Bingen (1098–1179) vermittelten sie durch Musik, Kunst, Poesie und ihr Leben in Gemeinschaften. Denker wie Bonaventura (1217–1274) schufen – aufbauend auf der spirituellen Sichtweise des Franziskus – eine ganze *Summa Theologica*: „Auf dem Weg der Seele zu Gott müssen wir uns *die gesamte materielle Welt* als den ersten Spiegel vor Augen halten, durch den wir dann zum Höchsten weiterschreiten können" *(Der Wanderweg der Seele zu Gott* I, 9; Hervorhebung v. R. R.). Der dominikanische

Meister Eckhart (1260–1327) sagte das Gleiche: „Hätte die Menschheit Gott ohne die Welt zu erkennen vermocht, so hätte Gott die Welt nie geschaffen."

Die „katholische Synthese" des Frühmittelalters war eine Synthese, die die Welt als kohärentes Ganzes zusammenhielt, eine positive intellektuelle Vision, die sich nicht durch „Gegeneinandersein" oder Feindseligkeit definiert, sondern durch „die Klarheit und Schönheit der Form". Es war ein kosmisches Ei voller Sinn, eine Gesamtschau des Schöpfers und vieler Geschöpfe, von denen nichts ausgeschlossen war. Die große Kette des Seins stellte die erste ganzheitliche Metapher für das neue Sehen dar, wie es uns die Menschwerdung Jesu bot: Jesus als die lebendige Ikone der Integration, als „das Zusammenfallen der Gegensätze", als der, der in sich selbst alles zur Einheit zusammenfasst (vgl. Kolosser 1, 15–20). Gott ist Einer. Ich selber bin ganz und alles andere ebenso.

Traurigerweise geschah es nur selten, dass die katholische Synthese weit über die Bücher der Philosophen und die Gebete der Mystiker hinausreichte. Die meisten Katholiken blieben in einer gespaltenen, dualistischen Welt gefangen und suchten nach dem verunreinigenden Element, um es zu bestrafen, oder nach dem unwürdigen Mitglied, um es auszustoßen. Sie wagten es zwar immer noch, den kosmischen Sündenbock Jesus zu verehren, stempelten jedoch auch viele andere Glieder der großen Kette des Seins zu Sündenböcken. Dabei waren sie nicht bereit, das göttliche Ebenbild auch in jenen zu sehen, die sie als mangelhaft und unwürdig verurteilten: die Sünder und Häretiker, die Tiere und Gewächse der Erde und die Erde selbst.

Als wir so die große Kette des Seins zerrissen hatten, vermochten wir bald auch nicht mehr das göttliche Ebenbild in unseren eigenen Artgenossen zu sehen, außer in denen, die genau wie wir waren. Von da an dauerte es nicht mehr lange, bis die Aufklärung und der moderne Säkularismus vollends den gesamten himmlischen Bereich und schließlich auch Gott selbst leugneten – was keine andere Kultur außer in jüngster Zeit das Abendland je fertig brachte! Wie die Denker des Mittelalters vorhergesagt hatten, brach, als die Kette durchgerissen war und viele ihrer Glieder nicht mehr geschätzt wurden, die gesamte Sicht von der großen Kette des Seins zusammen.

Entweder nehmen wir wahr, dass Gott in allen Dingen ist, oder wir verlieren die Grundlage dafür, Gott in überhaupt etwas zu sehen. Sobald wir uns die Entscheidung darüber selber anmaßen und nicht bei Gott belassen, ist alles nur noch eine Frage privater Vorlieben und Vorurteile. Das kosmische Ei ist zerbrochen. – Ich bin dankbar, dass die befreite Sicht aller Dinge im Wahlspruch und Wappen der Franziskaner überlebt hat: *Deus Meus et Omnia* – „Mein Gott und Alles".

Der heilige Bonaventura, der als der zweite Gründer des Franziskanerordens gilt, griff das intuitive Genie von Franziskus auf und machte daraus eine ganze Philosophie:

> „Die Größe der Dinge ... offenbart eindeutig ... die Weisheit und Güte des dreieinen Gottes, der seiner Kraft und Anwesenheit und seinem Wesen nach unumschrieben in allen Dingen west" (*Der Wanderweg der Seele zu Gott* 1, 14).
> „Gott ist in allen Dingen, aber nicht von ihnen begrenzt; außerhalb aller Dinge, aber nicht von ihnen ausgeschlossen; über allen Dingen, aber nicht von ihnen abgehoben; unter allen Dingen, aber nicht unter sie erniedrigt" (5, 8).

Bonaventura sprach als erster von Gott als „Kreis, dessen Mittelpunkt überall und dessen Umfang nirgends ist" (8). Daher sind der Ursprung, die Größe, Zahl, Schönheit, Fülle, Tätigkeit und Ordnung aller geschaffenen Dinge die „Fußspuren" und „Fingerabdrücke" *(vestigia)* Gottes. Das ist ein recht liebenswürdiges und sicheres Universum, in dem sich wohl leben lässt. Willkommen daheim!

> „Wer sich von diesem großartigen Glanz der Geschöpfe nicht erleuchten lässt, ist blind; wer sie nicht laut von Gott schallen hört, ist taub; wer nicht Gott wegen all dessen preisen kann, ist stumm; wer nicht die Ersturache aus diesen klaren Anzeichen erkennen kann, ist ein Tor.
> Daher reißt die Augen auf, lauscht mit den Ohren eures Geistes, öffnet eure Lippen und lasst euer Herz sprechen, damit ihr in allen Geschöpfen euren Gott seht, hört, preist, liebt, anbetet, verherrlicht und ehrt, denn sonst müsste sich die ganze Welt bei euch beschweren" (1, 15).

Man kann sich kaum vorstellen, wie anders die letzten siebenhundert Jahre verlaufen wären, wenn diese wahrhaft katholische Vision die Christen geformt hätte. Aber stattdessen ist eingetreten, was Bonaventura befürchtete: „Die ganze Welt hat sich jetzt (anklagend) gegen uns erhoben." Unsere Sichtweise war sehr bruchstückhaft und meist voller Vorurteile, und oft waren wir regelrecht blind. Der Beschluss und die Entscheidung, wo und ob Gottes Ebenbild geehrt werden solle, gingen immer vom Menschen aus. Sünder, Häretiker, Hexen, Moslems, Juden, Indianer, eingeborene Spiritualitäten, Büffel und Elefanten, Land und Wasser fielen durch. Trotzdem wagten wir, uns als „Monotheisten" zu bezeichnen (wo doch Gott alle in *einer* Welt zu *einem* Volk machen will) oder als „Nachfolger Christi". Wir haben die Einwohnung Gottes der Willkür unserer Launen ausgeliefert, sodass sie nur in den von uns ausgewählten Tempeln wohnen darf.

Solange wir diese Sünden nicht beweinen und uns öffentlich der Mittäterschaft bei der Zerstörung von Gottes Schöpfung bekennen, sind wir weiterhin blind. Papst Johannes Paul II. hat während der Vorbereitungen zum Jubiläumsjahr 2000 und bei seinen Pilgerfahrten des Jahres 2000 daran erinnert, dass diese öffentliche Buße dringend anstehe. Wenn wir uns nicht zu ihr durchringen, werden wir wahrscheinlich weiterhin nach „brauchbaren" Sündenböcken suchen. Journalisten, Politiker, Anwälte und die neuen Restaurateure in der Kirche jagen derzeit wieder mit Leidenschaft nach Sündern, und das in einer Gesellschaft, von der viele behaupten, sie sei weithin säkular. Wir meinen immer, das Problem liege *anderswo*, während das Evangelium den Daumen darauf legt, dass Bekehrung immer erst *mich* angeht. *Niemand anderer ist mein Problem. Ich selber bin mein Problem.* „Bekehre dich und lebe!", lautet der Aufruf der biblischen Tradition (vgl. Deuteronomium 30, 15–20; Markus 1, 15).

Jesus versuchte bis zum Äußersten, uns fest als Glieder mit der großen Kette des Seins verbunden zu halten, indem er uns die Vollmacht entzog, irgendjemanden zum Sündenbock zu machen und unsere Sünde auf vermeintliche Feinde und Außenseiter zu projizieren: Wir haben nicht das Recht, die Kette zu zerbrechen, indem wir andere verachten, ausstoßen oder gar ausmerzen. Jesus trug uns auf, unsere Feinde zu lieben, und gab sich selbst als kosmische Opfergabe hin, damit wir den springenden Punkt endlich begreifen und aufhören, Opfer zu schaffen. Aber wir lassen uns offensichtlich nur sehr langsam in Christus umwandeln.

Die Neigung, die Kette zu zerbrechen – also zu entscheiden,

wer gut und wer schlecht sei –, scheint im Menschen als automatischer Mechanismus angelegt zu sein. Wir tun uns ziemlich schwer mit dem Gott, an den Jesus glaubt: der „seine Sonne über Böse und Gute aufgehen und der über Gerechte und Ungerechte regnen lässt" (Matthäus 5, 45). Wenn wir die so genannten niedrigen oder unwürdigen Glieder der Schöpfung nicht ehren, zerstören wir im Grunde uns selbst. Wenn wir hier und da blind sind, werden wir in Wirklichkeit ganz blind; denn bei der spirituellen Umwandlung geht es um Alles oder Nichts; Halbheiten sind nicht möglich. Sie ist wie der Rock Jesu ein „nahtloses Gewand". Er trug es und bietet es uns an.

Paulus tat für Jesus genau das, was Bonaventura für Franziskus tat. Er fasste sein Leben und seine Botschaft in eine Philosophie und Theologie. In der meistzitierten Stelle bei Paulus ist das nahtlose Gewand immer noch ganz, nämlich in seinem Vergleich mit dem Leib:

> Wenn *ein* Glied leidet, leiden alle Glieder mit; wenn *ein* Glied geehrt wird, freuen sich alle anderen mit ... gerade die schwächer scheinenden Glieder des Leibes sind unentbehrlich. Denen, die wir für weniger edel ansehen, erweisen wir umso mehr Ehre (1 Korinther 12, 26. 22 f).

Paulus, der frühere Christenhasser Saulus, kannte recht gut die Macht der Religion, wusste Hass und Gewalt gegen andere Menschen, gegen andere Glieder in der großen Kette des Seins zu schüren. Als erwachter Paulus ließ er keinen Platz mehr für das Sündenbock-Denken: „Es gibt nur einen Gott und Vater aller, der über allem und durch alles und in allem ist" (Epheser 4, 6).

Für alle, die durch das Evangelium sehend geworden sind, gibt es nur eine einzige Welt, nämlich Gottes Welt, und die ist *durch und durch* übernatürlich! Wir können die Welt nicht länger in Heiliges und Profanes *(fanum* und *profanum)* unterteilen; es ist von kosmischer Symbolik, wenn beim Tod Jesu der Tempel des Vorhangs von oben bis unten entzwei reißt (vgl. Matthäus 27, 51). In der von Christus befreiten einen Welt ist es uns verwehrt, weiter unser Bedürfnis, aufzuspalten und abzuwerten, zu befriedigen, was uns, ehrlich gesagt, nicht besonders schmeckt. Aus irgendeinem Grund würden wir lieber das Recht behalten, selbst zu definieren, wer und wo Gott ist, wen wir achten und wen wir verabscheuen können. Dies ist eine ziemlich schlaue Maske; denn mit ihr kann man autonom und gewalttätig bleiben und sich trotzdem für fromm halten. Aber Jesus weist darauf hin, dass jede vom Weinstock abgetrennte Rebe keine Frucht bringen kann (vgl. Johannes 15,5f). Entweder gehen wir mit allen anderen in der großen Kette des Seins als Glied zu Gott oder wir gehen gar nicht zu ihm.

Es ist nur allzu leicht, das grundlegende sakramentale Geheimnis zu vergessen: „Höre, Israel! Jahwe, unser Gott, Jahwe ist Einer!" (Deuteronomium 6,4). Der jüdische Monotheismus wurde zum Fundament eines kohärenten Kosmos, in dem die Wahrheit eine einzige ist und der Rivalität zwischen den Künsten, der Wissenschaft und der Religion jeder Boden entzogen wird. Wenn etwas wahr ist, ist es wahr, ganz gleich aus welcher Quelle es stammt. Diese Art Wahrheit macht frei (vgl. Johannes 8,32).

Ken Wilber liest sich in seiner brillanten zeitgenössischen Synthese *A Brief History of Everything* (1996) wie ein postmoderner Thomas von Aquin oder Bonaventura. Er kommt zum Schluss, alles sei ein *hólon*. Ein *hólon* wird definiert als etwas, das in sich selbst ganz und zugleich Bestandteil einer umfassenderen Ganzheit ist. Er beschreibt dies ausführlich in *Eros, Kosmos, Logos* (1998): Alles im physikalischen, biologischen, psychischen und spirituellen Universum ist ein Ganzes und dennoch zugleich Teil eines umfassenderen Ganzen. Unser eigenes Universum ist in Wirklichkeit nur ein mit etwas unendlich Größerem verknüpftes Sinn-Universum. Im Hinblick auf die Überheblichkeit des Modernismus und des Zynismus des Postmodernismus sagt Wilber nur: „Kein Zeitalter ist letztlich privilegiert. Wir sind alle das Futter für morgen." In Übereinstimmung mit der genuin katholischen Tradition erinnert er daran, dass selbst der jeweilige Augenblick in der Zeit ein *hólon* ist, ein winziges Kettenglied in etwas viel Größerem.

Ein echter „Katholik", einer, der „das Gesamt" der ganzen Tradition erfasst, würde dies als den kosmischen Christus bezeichnen, dem keine Institution, kein Zeitpunkt der Geschichte, kein Versuch, von ihm zu sprechen, gerecht werden kann. Wir müssen sowohl die Hände unserer Vorfahren als auch die unserer Kinder ergreifen und kräftig zusammenhalten.

10 Die Kraft der Vergebung

Zu den eindrucksvollsten Erfahrungen des Menschen dürfte es gehören, Vergebung zu schenken oder geschenkt zu bekommen. Jemand hat mir gesagt, zwei Drittel der Botschaft Jesu hingen direkt oder indirekt mit diesem Geheimnis der Vergebung zusammen, mit diesem Phänomen, dass Gott seine eigenen Regeln bricht. Das überrascht nicht. Vergebung ist ja vermutlich das einzige menschliche Tun, das *ein dreifaches Gutsein zugleich offenbart*!

(1) Wenn ich vergebe, spreche ich dem anderen zu, er sei trotz seiner Fehler gut; (2) ich erfahre, wie das Gutsein Gottes durch mich selbst fließt, und (3) spüre zugleich mit großem Erstaunen und großer Freude mein eigenes Gutsein. So wirken hier auf staunenswerte Weise eine menschliche wie göttliche Urkraft zusammen.

Ich habe einmal in meiner Familie eine besonders eindrückliche Geschichte bezüglich der Versöhnung erlebt. Es geschah zu der Zeit, als wir alle wussten, dass meine Mutter im Sterben lag. Einige Tage vor ihrem Tod saß ich an ihrem Bett und sagte ihr, dass sie mir sehr fehlen werde. Nun war meine Mutter eine sehr unsentimentale, nüchterne Farmersfrau. Unverhofft sagte sie zu mir: „Ich möchte das von *ihm* hören."

Ich fragte sie verblüfft: „Von wem?"

Sie: „Ihm."

Ich: „Du meinst Daddy?"

Sie: „Ja, ich möchte von ihm hören, ob ich ihm fehlen werde."

So lief ich zu meinem Vater, der damals 84 war und den wir immer noch „Daddy" nannten. Schon seit Wochen und Monaten hatte er immer wieder gesagt, sie werde ihm sehr fehlen; aber sie wollte es noch einmal ausdrücklich von ihm hören. So sagte ich zu ihm: „Daddy, sie möchte von dir hören, dass sie dir fehlen wird."

Er kam herüber und sagte ihr überdeutlich: „Ach, du wirst mir sehr fehlen."

Sie erwiderte: „Ich glaub's nicht."

Ich glaubte meinen Ohren nicht zu trauen! So sagte ich: „Mutter, in ein paar Stunden bist du vielleicht schon nicht mehr da. Wie kannst du so etwas sagen?"

Sie beharrte darauf: „Ich glaub's nicht."

Daddy gab sich noch einmal alle Mühe: „Ich bitte dich um Verzeihung für jedes Mal, wo ich dir in unseren 54 Ehejahren weh getan habe, und ich verzeihe auch dir alle Male, wo du mir weh getan hast."

Ich sagte zu ihr: „Mutter, ist das nicht wunderschön? Sag das doch auch zu Daddy!"

Und plötzlich wurde sie frostig. Sie wollte es nicht sagen. Einige Wochen zuvor hatte sie einmal zu ihm gesagt: „Ich verzeihe dir." Aber nie hatte sie gesagt: „Bitte verzeih mir." (Nach dem Enneagramm ein typischer „Achter"!)

Nie fühlte ich mich mehr als Seel-Sorger. Hier musste ich meiner eigenen Mutter auf die Sprünge helfen. Ich sagte: „Mutter, du wirst schon bald vor Gott stehen. Du wirst doch nicht vor ihn treten wollen, ohne allen vergeben zu haben."

Sie sagte: „Ich vergebe allen."

„Aber vergibst du auch Daddy?"

Sie verstummte wieder.

Da warf Daddy ein: „Honey, ich habe mich nie mit irgendeiner anderen Frau eingelassen."

Das wussten wir alle. Sie sagte sogar: „Das weiß ich schon, ja, ich weiß das."

Meine Geschwister und ich waren immer noch ratlos, was da im Raum stand. Aber jeder Verheiratete weiß, dass es im Lauf einer 54-jährigen Ehe viele an sich harmlose Anlässe geben kann, sich sehr weh zu tun. Da kann sich mancher Groll ansammeln, vielleicht sogar großer. So sagte ich zu ihr: „Mutter, du weißt doch vom Vaterunser, dass wir darin beten: ‚Vergib uns unsere Schuld, wie auch wir vergeben unseren Schuldigern'. So vergib auch Daddy."

Sie hielt die Augen geschlossen. Ich versuchte es mit allen christlichen Kniffen; aber sie hielt standhaft die Augen weiter zu. Nichts half.

Da sagte ich: „Mutter, pass auf, ich versuche Folgendes. Ich lege eine Hand auf dein Herz und bete, dass dein Herz ganz weich wird." Ihre andere Hand hielt ich und begann sie zu küssen, während ich eine Hand auf ihr Herz gelegt hielt.

Nach ungefähr einer Minute sagte sie ganz schwach: „Das macht mich weich."

Ich: „Was?"

Sie: „Dass du mir die Hand so küsst. Jetzt muss ich es sagen."

Nach einer Pause fuhr sie fort: „Ich bin eine sture Frau. Mein Leben lang bin ich eine sture Frau gewesen."

„Mutter, das wussten wir doch alle", sagte ich. „Schau doch jetzt Daddy an und sag' es ihm."

So schaute sie zu ihm hin. Sie redete ihn nicht wie sonst mit „Daddy" an, sondern mit seinem Namen: „Rich, ich verzeihe dir."

Ich drängte sie: „Mutter, und jetzt auch die andere Hälfte – ‚bitte verzeih auch mir'."

Ihr Atem begann plötzlich sehr schnell zu werden, so schnell, dass ich meinte, das Ende komme. Dann raffte sie ihre ganze Energie zusammen. Sie sagte: „Rich, bitte verzeih mir." Und sie atmete weiter hastig. Dann fügte sie hinzu: „Das ist's, das ist's. Das musste ich noch tun."

Während der vorangegangenen Woche hatte sie immer wieder von einem „Knopf" gesprochen. Ich hatte nicht verstanden, was sie damit meinte. Sie hatte gesagt: „Den Knopf muss ich noch aufbringen."

Jetzt sagte ich zu ihr: „Mutter, meinst du, das war der Knopf?"

Sie sagte: „Ja! Jetzt ist er auf. O Gott, ich bete so, dass ich wirklich von Herzen verzeihen kann."

Das war vier Tage vor ihrem Tod.

Das mag ganz harmlos erscheinen, aber es ist die Art, wie wir blockiert, festgefahren sein können. Später sagte sie, wobei sie meine beiden Schwestern und meine Schwägerin meinte: „Sag den Mädchen, dass sie das rechtzeitig tun sollen und nicht so lange warten wie ich. Sie wissen, was in einer Frau vorgeht und wie ein Mann einer Frau weh tun kann."

Ich bin mir nicht sicher, aber ich könnte mir denken, dass dem allem ein alter Streit über etwas zugrunde lag, das die meisten von uns für relativ harmlos halten würden. Aber Verheiratete wissen, dass mancher Streit dieser Art für die Beziehung von tiefer symbolischer Bedeutung sein kann. Wir wussten nur, dass Daddy immer wieder einmal ihre Blumen mit dem Rasenmäher abrasiert hatte. Sie behauptete immer wieder, er habe das absichtlich getan, und wir vermuteten es zuweilen tatsächlich auch. Er war für Gras, sie für Blumen, und beide machten sich jeden Quadratmeter streitig. Ich nehme an, das war ein Symbol für etwas viel Tieferes in ihren Seelen – was man sich unschwer vorstellen kann; auf dieser Ebene können dann schon Kleinigkeiten von weittragender Bedeutung sein. Symbolisches Handeln ist oft die eigentliche Handlung und vor allem für viele Frauen ist das so.

Worum es nun auch genau gegangen sein mochte, jedenfalls war ich überglücklich. Ich sagte: „Mutter, bist du nicht froh, dass du es gesagt hast?" Sie sagte: „Ja, ich bin so froh, so froh." Meine Schwester setzte sich einige Minuten später zu ihr. Bevor ich ihr noch von dem Gespräch erzählen konnte, redete Mutter mit ihr, und meine Schwester kam zu mir: „Mutter sagt, der Knopf sei auf und sie sei so froh."

Das sind die Kraft und die Gnade der Vergebung, wie ich sie bei meiner eigenen, so nüchternen Mutter erlebt habe.

Schenken wir sie einander *jetzt* und warten wir nicht bis später damit! Bitten wir um die Gnade, all den Groll und die Verletzungen loszulassen, an denen wir noch festhalten. Wie sonst sollten wir je frei werden? Wenn wir einander vergeben, wird besonders deutlich wahr, was die heilige Caterina von Genua gesagt hat: „Mein tiefstes Ich ist Gott!" Wir stammen aus Gott, wir sind Söhne und Töchter Gottes und Erben von etwas, das wir nicht erschaffen haben. Wenn wir einander vergeben, gelangen wir zu unserer höchsten Würde; wir handeln aus einer Kraft heraus, die nicht aus uns selbst stammt. Wir verwirklichen das große wahre Selbst in uns, das weit mehr ist als das kleine Ich, das sich immerzu verletzt fühlt und sich darüber beschwert. Das ist das wirklich Neue, was spirituelle Menschen der Welt zu bieten haben.

Sein „wie" Gott

Einer der besten Theologen der amerikanischen Szene, David Tracy, schrieb ein Buch mit dem Titel *The Analogical Imagination* (1998). In dieser gründlichen wissenschaftlichen Arbeit kommt er zu dem Schluss, dass die „großen Katholiken", die wirklich von ihrer Weltsicht durchdrungen sind, die Wirklichkeit auf „analoge" Weise anzuschauen pflegen. Sie sehen Gott und ihre eigene Wirklichkeit als analog, als „wie", als einander entsprechend. Ich glaube, dies ist eine Frucht der katholisch/christlichen Betonung der Inkarnation. Da werden Himmel und Erde immerzu als einander spiegelnde Wirklichkeiten gesehen, die in nichts grundverschieden voneinander sind, sondern sich zutiefst ähneln. „Wie das Oben, so das Unten", pflegen wir zu sagen oder anders herum: „Wie das Unten, so das Oben." In beiden Fällen zeigt sich ein wunderbar kohärentes und sakramentales Universum.

Das christliche Denken lebte zumindest in seiner Glanzzeit aus der „analogischen Vorstellungskraft". Es sagte mit Nachdruck: „Gott ist wie ... Gott gleicht ... wir sind das Abbild von ... Gott ist das Gleiche wie ..." Das sind wieder die *„vestigia Dei"* des heiligen Bonaventura, von denen im vorigen Kapitel die Rede war. Die ganze Welt ist ein Gedicht über Gott; die gesamte Wirklichkeit ist eine Analogie für Gott. Das hat eine gute und auch eine dunkle Seite. Die gute Seite ist, dass man sich in der tatsächlichen Welt daheim fühlen kann. Das „Tatsächliche" ist der Ort der Gnade, nicht eine ideale oder nur „religiöse" Welt. In den Ländern des Mittelmeerraums, deren Kultur besonders nachhaltig von der katholischen Vorstellungswelt geprägt worden ist, kann man das immer noch deutlich sehen. Die Menschen dort verspüren kein Bedürfnis, sich für Feste und Feiertage, für Trinken, Essen, Sex und Tanzen zu entschuldigen. „In der katholischen Sonne Schein, da gedeihen Gesang und Tanz und Wein. Die Bibel macht hier alle froh, drum: *Benedicamus Domino.*" Dieser Spruch stammt allerdings von dem Engländer Hilaire Belloc, einem Vertreter der Katholiken der nördlicheren Länder. Der dortige teutonische und angelsächsische Menschentyp war allerdings in der Hinsicht jener Spruchweisheit immer viel zurückhaltender; sein Sinn für die humorvolle, heitere und unbeschwerte Seite des menschlichen Daseins war nie so stark entwickelt wie bei den Südländern.

David Tracy sagt, das protestantische Denken und auch das jüdische stellten sich das alles etwas anders vor. Sie neigten stärker dazu, den *Unterschied* zwischen Gott und Welt zu betonen. Bei den Protestanten kann man das deutlich an der Theologie Karl

Barths (1886-1968) und vieler Schweizer Reformatoren sehen, die ständig das „Anderssein Gottes" hervorheben. Die gleiche Betonung der Transzendenz Gottes herrscht auch weithin in der jüdischen Spiritualität vor, die Gott als den Dreimal-Heiligen, den Herrn der Scharen verehrt. Für den normalen Juden ist die Inkarnation Gottes unvorstellbar, weshalb es immer noch so eigenartig erscheint, dass Jesus ausgerechnet ein Jude war.

Wie immer haben alle einen Teil der Wahrheit. Meiner Auffassung nach ist Gott in einer soliden Theologie immer sowohl immanent (in der Welt anwesend) als auch transzendent (jenseits aller gewöhnlichen Erfahrung). Katholiken betonen zum Guten wie zum Schlechten die Immanenz; Protestanten und Juden sowie Moslems betonen ebenfalls zum Guten wie zum Schlechten die Transzendenz.

Die gesamte Wirklichkeit, das ganze Universum sind eine Analogie für Gott – im Katholizismus war die eher dunkle Folge dieser Wahrheit, dass er reichlich schlaff wurde. Gott stellte man sich zu kumpelhaft und nachsichtig vor. In diesem Punkt stellen protestantische Brüder und Schwestern den Katholizismus zu Recht in Frage. Im Laufe der Geschichte bestand beispielsweise in Italien das katholische Jahr zu fast zwei Dritteln aus Fest- und Feiertagen, im genauen Widerspruch zur protestantischen Arbeitsethik. Zu leben bedeutete für jene Katholiken, in dieser Welt mit Gott und miteinander und auch in den Sinnenfreuden daheim zu sein. Für viele Protestanten ist es einfach nur anstößig, dass Katholiken derart dem Trinken zuneigen können. Zudem fallen katholische Länder darin auf, Diktatoren zu dulden sowie voller politischer Korruption und Bestechung zu sein, habgierige Oberschichten zu entwickeln und undemokratische Führer hochkommen zu lassen, die niemand Rechenschaft schuldig sind. Die katholisch politische Bilanz sieht angesichts der angelsächsisch und protestantisch konsequenteren Achtung vor Recht und Rechenschaft ziemlich beschämend aus. Wenn Gott – in angelsächsischer und protestantischer Sicht – eher auf Distanz bleibt und mehr in der Rolle des Polizisten gesehen wird, hat das durchaus seine positiven Früchte für das Sozialleben.

Es gab schon immer eine Art von Alltagskatholizismus, der das Evangelium nicht wirklich ernst nahm, ja es nicht einmal las. Er nahm auch die Lehren Jesu nicht ernst, sondern erging sich lieber in schnulzigen Herz-Jesu-Novenen. Aber trotzdem brachte er oft sehr einfühlsame und verzeihende Menschen hervor. Er bewahrte sich eine Art Mystik, wie sie anderswo verloren ging. Der Protestantismus dagegen schien vorzugsweise Menschen hervorzubringen, die alles zu richten und zu kritisieren pflegten, sich zugleich jedoch der konkreten Lehre Jesu näher fühlten und meiner Ansicht nach sozial verantwortlicher handelten: die Mennoniten mit ihrem einfachen Leben, die Quäker mit ihrer Ablehnung des Kriegsdienstes, die Lutheraner mit ihrer Betonung der Gnade, die Pfingstler mit ihrer Offenheit für den Heiligen Geist, die Congregationalisten und Presbyterianer mit ihrer Betonung des Gemeinschaftslebens, die Freikirchen mit ihrer spontanen Freude in Gott.

Die analogische Vorstellungskraft bringt in ihrer besten Form sehr geduldige, tolerante und weniger hart urteilende Menschen hervor. Ich denke, sie fühlen sich auch selbst weniger hart von Gott beurteilt und neigen dazu, mit anderen versöhnlich zu sein. Ihre Denkungsart ist die des „Vergib uns, wie auch wir vergeben". Vielleicht kommt dies nirgends plastischer zum Ausdruck als in Graham Greenes Roman *Die Kraft und die Herrlichkeit*. Greene war mit seinem Weltbild ein großer Katholik, genau wie Walker Percy, Victor Hugo, François Mauriac und Flannery O'Connor. Sie lebten und schrieben aus der analogischen Vorstellungskraft heraus. Vielleicht erinnern Sie sich an die Hauptfigur in Greenes Roman, den „Schnapspriester", den Säufer. Greene macht aus ihm einen guten Menschen, einen Heiligen, einen Jedermann. „Auch mit ganz menschlicher Zunge konnte er immer noch Gott verkünden": Das war der schockierende Grundgedanke. Gott bedient sich der Sünder, das heißt unser aller. Der Schnapspriester ist immer noch der Mittler zwischen Gott und den Menschen, mochte er betrunken sein oder nicht. Die Menschen küssten ihm immer noch die Hände, obwohl sie um seine Sünde wussten; denn sie wussten auch, dass Gott alle Sünden vergibt und sie alle Sünder sind. Ein aufrechter Protestant hätte dieses Buch nie schreiben können. Der Sünder gleicht ihm zu wenig Gott, als dass ihn Gott brauchen könnte oder man sich ihn gar als eine Art Held vorzustellen vermöchte.

Wenn man die Vergebung nicht begreift, entgeht einem das gesamte Geheimnis und lebt weiterhin in einer Welt des Sammelns von Verdiensten, des Verhaltens nach dem Schema: „Ich gebe dieses im Tausch gegen jenes", also in einer auf Leistung und Wohlverhalten ausgerichteten Welt, die sich damit einen Preis einhandeln will. Vergebung stellt das große Auftauen aller Logik und Vernunft und Würdigkeit dar. Sie bedeutet das Hineinschmelzen in das Geheimnis Gottes dank unverdienter Liebe und Gnade, in die Demut und Ohnmacht eines göttlichen Liebhabers. Soweit ich sehe, ist Vergebung der Anfang, die Mitte und das Ende des gesamten Evangeliums.

Ohne radikale und alle Regeln brechende Vergebung – die man empfängt und schenkt – lässt sich nichts wieder aufbauen. Nur sie durchbricht unsere höchst fragwürdige Welt, in der wir versuchen, Gnade zu kaufen und zu verkaufen. Die Gnade ist das einzige Geschenk, das immer kostenlos, völlig kostenlos gewährt wird und wirkt. Ohne Vergebung gibt es keine Zukunft. Wir haben einander zu oft auf die vielfältigste Weise verletzt, wie es historisch unzählige Male dokumentiert ist. Der einzige Ausweg aus dem derzeit in vielen Fällen scheinbar gerechtfertigten Hass in dieser Welt sind Vergebung und Gnade.

Was steckt hinter dem Hass?

Ich will noch einmal auf dieses Thema aus dem 2. Kapitel zurückkommen: Hass gibt es noch immer auf der Welt und wird offenbar auch gebraucht. Er schweißt eine Gruppe zusammen, er vermittelt Menschen eine Identität, wenn auch nur eine negative, und vor allem behebt er Zweifel und Ängste. Er verleiht einen Standpunkt, von dem aus man sich als Herr der Lage fühlt. Hass ist weit häufiger anzutreffen und wirksamer als Liebe. Wie wir gleich noch sehen werden, hält Hass die Welt in Gang.

Man kann wirklich sagen: Jesus ist gekommen, um das menschheitlich zentrale Problem des Hasses zu lösen. Solange wir nicht von unserer Neigung zum Hass befreit sind, gibt es keinen Weg, uns vor uns selbst und voreinander zu schützen, zu „erlösen". Wir haben idealistische Vorstellungen von Jesus und von Liebe entwickelt und dabei übersehen, dass Jesus die Liebe zunächst noch nicht zu seinem großen Thema machte. Zuerst wollte er das Phänomen Hass entlarven. Als er die Lüge und die

Illusion des Hassens ans Licht gebracht hatte, konnte sich die Liebe klar und deutlich zeigen – und sie tat es dann auch.

Doch der Hass als Grundmuster menschlichen Verhaltens ist bis heute am Werk. Jesus hat den schockierenden Spruch getan: „Satan ist der Herrscher dieser Welt" (vgl. Johannes 12, 31). Liebe dagegen stellt die vermeintlich unsinnige *Abweichung* von der Tagesordnung der Menschen dar.

Jesus nimmt das religiös und sozial begründete Hassurteil gegen sich an und erträgt öffentlich dessen Konsequenzen, jedoch auf eine so völlig neue Weise, dass er alle gängigen Reaktionsmuster, mit Hass umzugehen, umwandelt. Seit zweitausend Jahren ist er diesbezüglich der faszinierende Inbegriff eines neuen Verhaltens. Sein Tod brachte wie nie zuvor die Lüge und den Hass ans Licht. Sein auferstandenes Leben ist die Botschaft, dass auch unser Leben eine ganz andere Richtung einschlagen könne. Er gab nicht aus der Ferne irgendeine Drehbuch-Antwort, sondern machte persönlich den Prozess durch und sagte: „Folgt mir nach."

Ich glaube, hinter dem Hass steckt fast immer eine Angst. Nicht selten macht ein Hassender den Eindruck, als wolle er auf diese Weise alles fest im Griff behalten; dahinter steckt gewöhnlich die Angst, etwas zu verlieren. Ja, fast immer ist es Angst, was den Hass zu rechtfertigen scheint, eine Angst, die man selber kaum als solche erkennt. Die Boten der Finsternis müssen sich immer als Boten des Lichtes tarnen (vgl. 2 Korinther 11, 14). Die beste und überzeugendste Tarnung der Angst ist der Anschein der Tugend. In dieser Gestalt kommt man ihr nicht auf die Spur.

Oder: Um sich behaupten zu können, muss Angst zudem aussehen wie Vernunft, Klugheit, gesunder Menschenverstand, Intelligenz, Moral, Religion, Gehorsam, Gerechtigkeit oder sogar Spiritualität. Wie könnte man Rachegelüste besser tarnen, als sie als „Gerechtigkeit" auszugeben? Oder wie könnte man Hab- und Machtgier besser bemänteln, als sie verantwortungsbewusste Leitung zu nennen? Nur Menschen, die über ihr (ängstliches) Ego hinausgekommen und nicht mehr darauf versessen sind, alles im Griff zu haben, nur die im Loslassen Geübten erkennen die wahre, trügerische Natur der Angst. Angst muss man eigentlich nur davor haben, in seinem eigenen kleinen Ego gefangen zu bleiben.

Wenn es niemanden außer sich selbst gibt, dem man meint trauen zu können, ist es schier unvermeidlich, auf Kontrolle versessen zu sein. Daher gibt sich gesunde Religion alle Mühe, den Menschen von der Tyrannei seines kleinen, misstrauischen Ich zu befreien. Sie weist auf eine größere Identität, die wir das göttliche Selbst nennen, das wahre Selbst, das „mit Christus in Gott verborgene" Selbst (vgl. Kolosser 3,3), den vertrauenswürdig Liebenden. Wahre Religion sagt einem, wie es Jesus tat, dass es in Wahrheit jemanden gibt, dem man absolut vertrauen kann. Man muss sich nicht selber verlässliche Strukturen schaffen und sich nicht vor allen Möglichkeiten des Versagens hüten. Was anderes könnte den von Hass und Angst freien Frieden einleiten?

Wenn das kleine Ego nicht auf das göttliche Selbst hin umgewandelt wird, bedarf es unvermeidlich einer es stützenden Struktur. Angst wirkt zu sehr destabilisierend und beunruhigend, als dass das kleine Ich sie allein ertragen könnte; es muss sie entweder verdrängen oder auf etwas anderes projizieren. Die „beste" Methode, seine Ängste und Hassgefühle zu verdrängen oder auf andere zu projizieren, besteht darin, „Sündenböcke" ausfindig zu machen, wie im 2. Kapitel erörtert worden ist. Die Bezeichnung „Sündenbock" stammt von dem alten jüdischen Ritual, seine Sünden auf einen Ziegenbock abzuladen und diesen dann in die Wüste zu jagen (vgl. Leviticus 16). Das Objekt unseres Zorns ist oft wie dieser arme Bock völlig willkürlich gewählt. Die Wahl hat nichts mit Wahrheit oder Vernunft zu tun, sondern entspringt der Angst vor der Wahrheit, vor Selbsterkenntnis, vor Versagen, ja auch vor Vergebung und Liebe. Menschen finden aus der Angst heraus immer eine plausible Projektionsfläche für ihr eigentlich kleines Drama, lenken so von sich selbst ab und zeigen mit dem Finger auf andere oder einen anderen (ohne zu bedenken, dass dabei drei Finger auf sich selbst zurückweisen!). Erstaunlich daran ist, wie gut es scheinbar funktioniert. Wir projizieren unsere Ängste einfach auf andere Menschen, andere Probleme, andere Orte, andere Zeiten.

René Girard und Gil Bailie haben eindrucksvoll gezeigt, dass die effektivste und üblichste Art, sozialen Hass in soziale Harmonie umzuwandeln, darin besteht, jemanden zum Sündenbock zu stempeln. Das funktioniert derart gut und vereint die Gemeinschaft derart schnell, dass es die ganze Menschheitsgeschichte hindurch immer praktiziert wurde. Inzwischen ist es so normal, dass wir es kaum mehr erkennen. Es wird verdrängt und unsichtbar und unbewusst weiter praktiziert.

So verrennen wir uns in immer neue Formen des Hasses. Man hat gesagt, das Beste, was wir in den letzten vierzig Jahren zustande gebracht hätten, sei, dass es uns gelungen sei, den Hass auf immer höhere Stufen raffinierter Argumentation und subtiler Verschleierung zu heben. Feministinnen hassen Männer, Progressive hassen Konservative, Kämpfer um soziale Gerechtigkeit hassen Reiche, Vertreter bürgerlicher Familienideale hassen Homosexuelle, Opfer hassen Verbrecher. Wir sagen das nur nicht mehr so direkt, sondern kleiden es in feinere Worte, damit es intelligenter und unverdächtiger klingt. Dieser sozusagen destillierte Hass wird dann scheinbar legitim, notwendig und sinnvoll, also: perfekt getarnt! Jesus würde sagen, man treibe hier „den Teufel mit Beelzebub aus" (vgl. Mattäus 12, 27); denn man hasst das angeblich Böse und wird selbst zum Hass, verbirgt es allerdings gekonnt vor sich selbst, sodass es kaum mehr zu entlarven ist. Dann hasst man unter dem Banner Gottes oder des Gutseins oder der political correctness. Dies sind ganz die Verkleidungen Beelzebubs, des obersten der Teufel, der fast unmöglich noch auszutreiben ist.

Der Pharisäer Saulus musste buchstäblich vom Pferd zu Boden stürzen und Schuppen mussten ihm von den Augen fallen, damit ihm aufging, dass er im Namen seiner Religion zur Verkörperung des Hasses und sogar zum Mörder geworden war. Und bis Petrus endlich erkannte, dass er genau das tat, was *niemals* zu tun er geschworen hatte, musste mehrmals der Hahn krähen. Und doch stehen gerade diese beiden Gestalten als die zwei Säulen der größten Kirche der Christenheit da. Sie wurden nicht dank späterer frommer Definition zu Heiligen, sondern dank ihrer exemplarischen Umwandlung von Menschen des Hasses und der Angst in Menschen des Glaubens. Das ist nicht eine seltene Ausnahme, sondern Norm und Ziel für jeden Menschen.

Es gibt Erfahrungen, die man nur durch Verlieren und Finden macht. Würde man immer nur sicher und bequem leben, könnte man sie nie machen. Die größten Liebenden sind nicht selten die Gleichen, die vormals leidenschaftlich hassten oder furchtbare Angst hatten. Tugend ist nicht einfach Willenskraft, sondern in Wirklichkeit besiegtes Laster.

„Heilige" Gewalt

C. G. Jung erkannte im Einzelmenschen das gleiche Muster, das Girard in der Gesellschaft und Kultur aufzeigte: Das, wovor man Angst hat, was man leugnet und meidet, projiziert man mit hundertprozentiger Sicherheit auf irgendetwas anderes! Mit anderen Worten: Es gibt einen inneren Zusammenhang zwischen Angst, Hass und Gewalt. Zudem übt man dabei Gewalt straffrei aus und sogar mit dem Gefühl, etwas Großartiges zu tun. Dies ist die geläufigste Form und die Sakralisierung von Gewalt. Auf diese Weise kann man hasserfüllt sein und sich dabei nicht im mindesten schuldig fühlen, vielmehr gegenüber dem Sündenbock moralisch sogar noch höherstehend!

Dieses Manöver, Gewalt heilig zu sprechen, wirkt offenbar derart gut, dass es inzwischen Menschen als festes Programm eingespeichert ist. Wie schon Thomas von Aquin sagte: Tut niemandem vorsätzlich Böses, sondern findet immer eine Möglichkeit, eine gute Absicht zu unterstellen. – Ich finde es traurig, das sagen zu müssen, aber historisch gesehen war Religion immer wieder ein guter Vorwand für Angst, Hass und Gewalt.

„Heilige" Gewalt ist die gängigste Form von Gewalt. Wie seltsam, dass auch Christen es je so weit bringen konnten, nachdem Jesus doch gesagt hat, er sei „zur Vergebung der Sünden" gekommen und die Liebe treibe alle Angst aus! Kein Wunder, dass er während eines Großteils seines öffentlichen Wirkens versuchte, die Religion seiner Zeit zu reformieren. Religion ist paradoxerweise der sicherste Platz, um sich vor Gott zu verstecken! In ihren gesunden Formen ist sie der Ort, wo man ihn finden kann. Die Theologen des Mittelalters brachten das auf den Spruch: „Das Schlimmste ergibt sich, wenn das Beste verdorben wird."

Den Angst-Hass-Gewalt-Mechanismus sehen wir bereits am Werk, als Adam Eva beschuldigt und Kain seinen Bruder Abel tötet. Das ist die Ursünde, die pausenlos bis heute weitergeht. Man nennt sie „Menschheitsgeschichte" und weithin ist es die Geschichte davon, wer wen tötet, einsperrt, foltert, unterdrückt, beherrscht, versklavt, vergewaltigt, manipuliert, ausbeutet, exkommuniziert. Die Reaktionen, auf die all das unweigerlich dann hinausläuft, sind Rache und Vergeltung. Diese uralte Geschichtslinie setzt sich scheinbar endlos fort und wir sind heute an einem Punkt, wo wir absolut genug davon haben. Wir brauchen endlich ein neues Drehbuch, in dem mehr vorkommt als das Thema, „die Bösen aufs Kreuz zu legen".

Ein grundsätzlich neues Drehbuch zeigen uns die Mystiker und Seher aller großen Religionen: Sie zeigen uns die Geschichte vom erlösenden Leiden statt der nichts lösenden Gewaltanwendung. Sokrates, Jesus, die Mutter der makkabäischen Brüder, Buddha, Gandhi und Oscar Romero – sie alle halten das alternative Drehbuch bereit, weil sie die ichbezogene Lüge des Hasses ans Licht bringen und einen ganz neuen Weg eröffnen. Allzu viele andere verzögern nur die Auferstehung des Menschseins und der Menschheit.

Wenn wir erst einmal die Lüge des Karfreitags entlarvt und ihr damit die Kraft entzogen haben, wird sich die Auferstehung für uns so ruhig und friedlich wie ein Sonntagmorgen offenbaren. Als Jesus sich mit seiner ganzen Lebensenergie auf diesen Freitag einließ und ihn auf sich nahm, schien Gott ihn verlassen zu haben. In Wahrheit kümmerte er sich um den Ostersonntag. Im österlichen Evangelium heißt es: „Plötzlich entstand ein gewaltiges Erdbeben ... die Wächter ... fielen wie tot zu Boden" (Matthäus 28,2.4). Das Spiel von Angst, Hass und Gewalt war beendet, der Durchbruch geschafft – aber die Nachbeben des alten Gewaltsystems sind bis heute erschütternd ...

Ansteckende und freie Liebe

Als Christ glaube ich, dass der Tod Jesu ein historischer Durchbruch und es kein Zufall ist, dass die Christen ihre Zeitrechnung mit seiner Geburt beginnen. Nach ihm vermochten sie nie mehr alles ganz auf die alte Weise zu sehen. Der „Virus" des Evangeliums war für immer in die Menschheitsgeschichte hineingepflanzt, im archetypischen Bild des aus dem Gekreuzigten fließenden Blutes. Doch es war auch immer nur eine Minderheit von Christen, die den springenden Punkt wirklich begriffen. Dennoch: Wie man Zahnpasta nicht mehr in die Tube zurückschieben kann, so lässt sich auch das Ausfließen des neuen Lebens nicht mehr wirklich rückgängig machen.

In schrecklichem Widersinn verehrten die meisten Christen sonntags Jesus als den göttlichen Sündenbock, und während der übrigen sechs Wochentage stempelten sie Juden, Moslems und Anhänger anderer christlicher Konfessionen sowie Häretiker, Sünder, Heiden, die Armen und fast jeden, der nicht wie sie war, zu verachtenden Sündenböcken ab. Man hätte erwarten können, dass Christen, die „auf den schauten, den sie durchbohrt hatten", die Botschaft endgültig begriffen hätten, wie falsch es sei, sich in Konfessionen, Gewalt und Hass zu verrennen. Der Gekreuzigte hatte diesen lebensfeindlichen und lieblosen Mechanismus als Sünde entlarvt, aber sie beteiligten sich weiterhin an ihm. Ich vermute, sie schauten nicht lange genug „auf den, den sie durchbohrten", und ließen sich nicht wirklich berühren.

Viele Anhänger anderer Religionen scheinen mehr als viele nominelle Christen vom Christus-Virus angesteckt worden zu sein. Gírard sagt, das christliche Abendland sei vom Virus des Evangeliums „am stärksten destabilisiert" worden und habe aus diesem Grund überreagiert; denn es habe seine Angst und sein Hassbedürfnis kaschieren müssen, entgegen der Anweisung des von ihm erwählten Gottes. In Wirklichkeit hätte die zentrale Botschaft Jesu von der Feindesliebe, der Vergebung und der Sorge um all die Menschen ganz unten das Schaffen von Sündenböcken praktisch unmöglich und undenkbar machen sollen.

Der Sündenbockmechanismus beruht auf einer ziemlich komplizierten, aber rasch zu erlernenden Fähigkeit zum Einteilen in Schubladen, zum Trennen und Aufspalten der Welt in Reines und Unreines. Anthropologisch gesehen beginnt jede Religion mit der Definierung von „Unreinem", worauf recht rasch ein ganzes Moralsystem entsteht mit Tabus, Strafen, Ängsten und sogar einer Priesterschaft, die all das einschärft. Das schenkt Gläubigen ein Gefühl der Ordnung, der Kontrolle und Überlegenheit, d. h. genau das, was das Ego liebt und das kleine Selbst begehrt. Man sollte allerdings nicht allzu vorschnell die alten Religionen deswegen verachten, sondern daran denken, dass wir das ja bis heute fortsetzen: Heute sind Patriarchat, bürgerliche Werte, Institutionen, sexistische Sprache und in mancher Hinsicht das Christentum selbst und noch vieles andere zu neuen „unreinen" Gefäßen geworden … Wie gesagt, es wird nur immer raffinierter und dem Anschein nach gerechtfertigter!

Der absolut göttliche Genius Jesu zeichnet sich dadurch aus, dass er alle Strafkodexe, Reinheitsvorschriften, religiösen Tabuzonen und das Verfolgen von Sündern rundweg ablehnt. Er weigert sich, diesen Ansatzpunkt auch seiner elterlichen Religion zu übernehmen. Er weigert sich, die Welt in rein und unrein aufzuteilen, sehr zum Verdruss fast aller, damals wie heute.

Jesus ist auf schockierende Weise *nicht* entsetzt über Sünder. Das ist so schockierend, dass die meisten Christen es bis heute ablehnen, es überhaupt zur Kenntnis zu nehmen. Er ist nur entsetzt über Menschen, *die glauben, sie seien keine Sünder*: Diese Menschen, die Angst vor dieser Wahrheit haben und sich etwas vormachen, sind der eigentliche Hemmschuh der Heilsgeschichte. Bei ihnen ist die Wahrscheinlichkeit größer, dass sie hassen und keine Reue darüber empfinden. Früher hielt man es für die Aufgabe der Religion, „Sünde und Böses aus der Stadt zu vertreiben". Mit Jesus müssten wir wissen, dass die Sünde im Akt des Vertreibens selbst steckt. Es gibt keinen Ort, wohin man sie vertreiben könnte. Wir sind dem Feind begegnet und der Feind sind *wir selbst*. Entweder tragen wir das Böse der Geschichte der Menschheit als unser eigenes Problem mit und wandeln es um oder wir steigern wiederum nur seine Wirksamkeit und Kraft, indem wir es „da drüben" hassen und bestrafen. Paulus brachte das neue Drehbuch, nach dem Jesus vorging, treffend auf den Punkt: „Gott hat den, der keine Sünde kannte, für uns zur Sünde gemacht, damit wir in ihm Gerechtigkeit Gottes würden" (2 Korinther 5, 21). Ich gebe zu, das ist starker Tobak. Nur Mystiker und Sünder scheinen ihn verkraften zu können.

In der berühmten Geschichte Jesu vom barmherzigen Samariter kommt ein Mann im Straßengraben wieder zu sich; er liegt im Feindesland und merkt, dass sich ausgerechnet jemand liebevoll um ihn kümmert, der ihn eigentlich hassen und vor dem er Angst haben sollte. – Könnte nicht jeder Mensch so aufwachen? Könnte das nicht ein treffendes Bild dafür sein, wie man Gott entdeckt, die Wahrheit entdeckt? Der fremde Samariter wird hier eindeutig als Bild Gottes vorgestellt. Jesus beschließt das frappierende Gleichnis mit der Aufforderung: „Geh und handle genauso!" (Lukas 10, 37). Die Aufgabe des Menschen besteht von da an also darin, „Gott nachzuahmen", was fast undenkbar ist. Gott, der, den man in der Geschichte zu fürchten gelernt hat, ist in Wirklichkeit die Güte schlechthin, die uns mit uns selbst versöhnt und für uns ein sicheres, nicht mehr bedrohliches Universum erschafft, ein erneuertes Liebesuniversum, das wir jetzt an andere weitergeben können.

Für Jesus gibt es keine ultimativ vorgeschriebenen Haltungen, keine konfessionellen Gruppenmitgliedschaften, keine allein gültigen Gebetsrituale, keine Speisevorschriften, keine asketischen Praktiken oder sozialen Schwerpunkte, die uns aus sich heraus umwandeln oder erleuchten, erlösen oder höher stellen. Es gibt für ihn auch nichts, was uns von außen her unrein machen könnte, und niemanden, den wir verachten oder ausschließen müssten. Je mehr sich die Güte durchsetzt, desto deutlicher zeigt sich von selbst, dass manches einfach nutzlos wird.

Wenn dies nicht göttliche Botschaft ist, die von Kalvaria her ertönt, dann weiß ich nicht, wie sie sonst lauten sollte.

Es gibt keine erlösende Gewalttätigkeit. Es gibt nur ein erlösendes Leiden. Doch Hass ist auch in unserer Zeit die Norm; aber Hass ist nie die Zukunft. Er strickt an einer alten toten Geschichte weiter.

11 Grenzen sind gute Lehrmeister

Das Thema, das ich jetzt in nüchterner Prosa zur Sprache bringen möchte, sei zunächst in Gedichtform vorgestellt. Dieses Gedicht trägt die Überschrift „Dankgesang für alle Grenzen" und fasst das Thema eindrucksvoll zusammen. Es stammt von einer geistlichen Begleiterin aus meiner Heimatstadt in Kansas.

Ehre sei dir, Gott, für alle Bande und Grenzen

Dank sei dir gesagt für Zäune, Stacheldrähte, Koppeln, Schlösser, jähe Sackgassen, für Haltesignale, Bollwerke, Eisengeländer, Umfassungen, Ränder, Konturen, Begrenzungen, Rahmen, Hecken und Umrandungen, Ufer, Böschungen und Kanten.
Gelobt seist du für alle „Du sollst" und „Du sollst nicht", für alle „Man müsste und sollte", für alle Verbote, Einschränkungen und Gebote.
Ich preise dich für jede Einfriedung und Umfassung, jeden Hof, jedes umzäunte Feld, jedes Behältnis, jede Koppel und jeden Weidezaun, jede Hürde, jede Balustrade und Schranke, jede Kammer, Hütte und Krippe, jeden Laufstall, jede Box und Palisade, jede Brustwehr, jedes Geländer, jedes Spalier, jede Abschirmung und Mauer.
Sei auch gepriesen für alle Schnüre und Verpackungen, Windeln und Decken, Zudecken, Steppdecken und Betttücher, für alle Deckel, Dächer, Zelte, Höhlen, Schalen und Hülsen und alles, das Heiliges von Profanem abgrenzt.
Dank dir, gütiger und zärtlicher Gott, für Ecken und Abstände und die anmutige Schönheit von feinen Grenzen, die dieses von jenem trennen: Das Ja vom Nein, die Haut vom Saft und dich, teure Dreifaltigkeit, von mir.
Lobpreis und Dank für immer dir, denn du bist der herrliche Baldachin, unter dessen Hut die Jungfrau sicher und frei zu schlummern vermag. Alle Geschöpfe groß und klein halten sich behutsam daran.

(Loretta Ross-Gotta)

Wie ich bereits dargelegt habe, ist eine der fatalen Auswirkungen des Fortschrittsdenkens, dass es einer Gruppe der Menschheitsfamilie freigestellt hat, ohne jegliches Gespür für angemessene und notwendige Grenzen aufzuwachsen. Im Zeitalter angeblich grenzenlosen Fortschritts haben wir allzu viel voneinander erwartet. Wenn Loretta Ross-Gotta Gott für sinnvolle Grenzen dankt, bringt sie für mich genau dies zum Ausdruck. Alles Irdische hat einen Anfang und ein Ende, ein Hier und Dort, ein Du und Ich. Dies ist Natur- und Lebensgesetz. Paradoxerweise schenkt ein Einswerden allen Beteiligten klarere Konturen, statt sie ineinander zu verschmelzen. Das ist eines der größten und oft nicht begriffenen Paradoxien.

Als ich aufwuchs, lasen wir so anregende Bücher wie Josef Goldbrunners *Heiligkeit und Gesundheit* (1949), auf Amerikanisch (1955) *Holiness Is Wholeness* („Heiligkeit ist Ganzheit"). Ich sah, dass da etwas Wesentliches zur Sprache kam; aber das Problem war, dass wir erwarteten, *alles* müsse ganz, vollkommen sein! Diese Erwartung führte unvermeidlich zur Enttäuschung. Wir wuchsen mit viel zu großen Erwartungen an Institutionen und auch an die Kirche auf, erwarteten zu viel voneinander und ebenso von uns selbst. Wir dachten, unser kleines Ich werde zur Großartigkeit Gottes heranwachsen.

Inzwischen gibt es für viele junge Menschen die bittere Erfahrung, sich selbst nicht mehr zu mögen. Wenn man allen Ernstes glaubt, das kleine Ich könne aus sich heraus ganz werden, oder wenn man versucht, seinen Selbstwert daran zu messen, wie man von anderen eingeschätzt wird, steuert man unvermeidlich ins Verhängnis. Bestenfalls sind einem dann kurzfristige Phasen des Glücks beschieden, episodische Erlebnisse der Wertschätzung seiner selbst, die aber binnen kurzem wieder verpuffen. Auf Dauer tragen solche Erlebnisse nicht, es sei denn durch die Sucht nach ständig „höherer Dosierung", was schließlich zur süchtigen und destruktiven Persönlichkeit führt. So lebt man in völliger Abhängigkeit vom Urteil und der Kritik anderer. Erscheint es da noch verwunderlich, dass in den letzten Jahrzehnten das Wort *Abhängigkeit* so häufig vorkommt, mit absolut negativem Beigeschmack? Säkular behauste Menschen können nirgendwo anders mehr leben als in einem um sie selbst sich drehenden Spiegelsaal, in dem sie nur mehr von anderen Spiegeln gespiegelt werden. Ist das nicht erschreckend fatal?

Ein gesundes Selbstwertgefühl stellt sich jedoch ganz natürlich ein, wenn ich mich nach dem ausrichte, was ich in Gott bin. Dagegen bleibe ich unruhig und besorgt, wenn ich mich beispielsweise nur auf meine eigene Veranlagung, mein Image oder meinen Bekanntheitsgrad stütze. Das kleine Ich, das sich selbst überlassen ist oder seine Bedeutung aus der Wertschätzung durch andere bezieht, findet nie genügend soliden Grund. Denn jeden Tag fragt es sich erneut: „Was muss ich heute tun, um bedeutsam zu sein, um die Anerkennung anderer zu finden?" Wenn sich so nichts Positives, Wertvolles erreichen oder durchhalten lässt, wenden sich solche Menschen oft Negativem zu, um sich doch noch wichtig zu machen – erinnern Sie sich: „Wenn ich jemanden in der Schule umbringe oder einen Menschen erschieße, steht immerhin mein Name in den Zeitungen, bin ich Thema in den Nachrichten." Das kleine, vermeintlich autonome Ich, d.h. die vom Weinstock abgetrennte Rebe, bleibt fruchtlos (vgl. Johannes 15, 4 f). Das ist das eine.

Und das andere: Unsere Sehnsucht nach *Ganz*werden ist schon richtig; das Vertrackte ist, dass wir meinen, wir könnten es unabhängig von irgendjemandem oder irgendetwas erreichen. Das ist die ewige Lüge des Ego. Das Ego weigert sich, seine eigenen Grenzen und Mängel zu sehen und zuzugeben – und die Folge ist, dass es dadurch immer destruktiver wird. Es bläht sich entweder im Stolz auf oder verliert angesichts seiner Unzulänglichkeiten seine Selbstachtung.

Anspruchsdenken ist ein schlechter Lehrmeister

Ein Gespür für Grenzen verhilft uns zu einer realistischen Einstellung gegenüber dem, was wir vom Leben erwarten können. Erwarten wir zu viel voneinander, von der Welt, von Institutionen, provoziert dies angesichts unvermeidlicher Enttäuschungen in uns Wut und negatives Urteil. Es geht hier um die Anspruchshaltung so vieler Menschen in den hoch entwickelten Ländern sowie all der Jüngeren, die in diese neue Welt hineingeboren sind, in der man unablässig auf „Rechte" pocht. Unsere Eltern und Großeltern wuchsen noch in einer Welt auf, von der sie sich in die Pflicht genommen wussten. Wir suchen – so hoffe ich – nach der gesunden Mitte zwischen beidem.

In der so genannten „Dritten Welt" lernen die Menschen in der Regel viel früher, ein Gespür für Grenzen zu entwickeln. Da ich viele solcher Menschen kenne, wage ich so zu sprechen, wie ich es hier tue. Die Menschen in der „Dritten Welt" sind gewöhnlich in Not und haben ein natürliches Recht auf mehr Güter dieser Erde und auf Gerechtigkeit, aber *sie haben auch eine viel realistischere Erwartung gegenüber der Wirklichkeit*. Ihr Ego ist wesentlich realitätsnaher. In ihr Leben sind auch das Tragische, das Gebrochene, das Begrenztsein des Lebens mit eingewoben. Jeder, der bei ihnen war, wird mir bestätigen, dass die Armen in der „Dritten Welt" dennoch mehr zum Lächeln und Frohsinn neigen als Menschen unserer Mittelschicht oder die Reichen in den Wohlstandsländern.

Halten wir uns vor Augen: Das Kreuz weist darauf hin, dass *der gesamten Wirklichkeit ein kreuzförmiges Grundmuster eigen ist*, d. h. dass immer auch Gegensätze aufeinander prallen, wie wir es im 2. Kapitel bedacht haben. Unsere Welt ist voller Widersprüche, die miteinander versöhnt werden wollen, voller Unzulänglichkeiten in uns selbst und im Kontakt mit anderen. Das Leben ist weder vollkommen harmonisch und vernünftig noch ein unheilbares Chaos, jedoch ständig voller Widersprüche, Ausnahmen und blinden Flecken.

Das ist die zunächst schockierende und enttäuschende Offenbarung des Kreuzes, die uns eine schwere Last aufbürdet. Wenn es gut geht, lernen wir dadurch Geduld und Demut, enthalten uns vorschneller Urteile, leiden aus Liebe und verfügen wir über ein gutes Gespür für Verhältnismäßigkeit, für Grenzen und realistische Erwartungen. Wissen wir um das kreuzförmige Grundmuster unseres Lebens und unserer Person, dann enthalten wir uns utopischer Vorstellungen, sind immun gegen Ideologien und „Endlösungen" jedweder Art wie Zynismus oder fruchtlose Mutlosigkeit und nehmen alles realistisch und in Bescheidenheit wahr. Dann sind wir fähig, aus dem „Glauben" (dass Gott selbst mitten in den Widersprüchen uns nah ist!) zu leben statt aus grandiosen Erklärungen.

Wo Menschen sich um einen einfachen, anspruchslosen Lebensstil bemühen, geht es im Grunde genau darum. Ein einfacher Lebensstil könnte vielleicht sogar die radikalste Form sozialer

Gerechtigkeit sein, die man sich überhaupt denken kann. Ziel ist es, auf anspruchslose Weise außerhalb des lieblosen Systems von Habgier, Konsum und Ungerechtigkeit zu leben. Einfachheit wird dann auch bei jeder Art von Erneuerung und Veränderung mit im Spiel sein, um sein Ich etwas bescheidener einzuschätzen.

Das grandios aufgeblähte Ich ist wie ein haltloser riesiger Gummiball, der im Zimmer umherhüpft; je straffer man ihn aufbläst, umso härter wird seine Haut. In der postmodernen Welt blasen sich Menschen oft so stark wie möglich auf, um sich unverletzlich zu fühlen und alles an sich abprallen zu lassen. Diese Selbstaufblähung begründet zugleich ihr Anspruchsdenken. Doch unser eigentlicher, wahrer Wert gründet in Gott, nicht in uns selbst. Wenn mein Name „im Himmel verzeichnet" ist, dann werden alle anderen Titel, auf die ich mich berufen könnte, in Wahrheit überflüssig, ja lästig.

Ken Keyes sagt: „In die Welt kommt unendlich mehr Leiden dadurch, dass Menschen sich beleidigt *fühlen,* als dass Menschen andere *beleidigen.*" Wir sind äußerst empfindliche Menschen geworden und der Auffassung, uns stünde ungeheuer viel zu, ja, wir hätten sogar ein Recht darauf. Daher bläht sich das kleine Ich, fern von Gott, gewaltig auf; denn es ahnt, dass hinter ihm nichts wirklich Ansehnliches steckt.

Eine mir bekannte Stewardess erzählte, Stewardessen stritten sich manchmal darüber, wer im Abteil der ersten Klasse Dienst tut. Niemand wolle das gern, sagte sie mir. In der Economy-Klasse seien die Menschen viel freundlicher und dankbarer.

Bei den Anonymen Alkoholikern und in anderen Selbsthilfegruppen ist das Anspruchsdenken ein wichtiges Thema. Viele ehemalige Alkoholiker haben in ihrem Leben so manches entbehrt, sodass sie nicht selten das Gefühl haben, die Welt schulde ihnen noch einiges. Dies ist eine Form von Narzissmus, die weit über den Kreis der Alkoholiker hinausgeht. Der gleiche Narzissmus hat uns Amerikaner (und/oder auch euch Europäer?) so weit gebracht, dass wir/ihr zu einer Gesellschaft endlos gegeneinander prozessierender Menschen geworden sind/seid. Ständig verklagen wir andere, weil sie uns nicht geben, wovon wir meinen, uns stünde es zu und wir hätten Anspruch und Recht darauf. Jemand hat mir gesagt, in Amerika gebe es siebenmal so viele Anwälte wie in Japan und weit mehr als in den meisten anderen Ländern. Wir fordern mittels Gericht, Gesetz und Geld ein, was uns Gericht, Gesetz und Geld nie werden geben können: unsere Selbstachtung. Nur Gott kann dem Menschen letztlich seine Würde schenken. Vielleicht deshalb schärfte Paulus den frühen Christen ein, sie sollten nie Prozesse gegeneinander führen (vgl. 1 Korinther 6, 7 f).

Das wahre Selbst ist unantastbar

Das wahre Selbst kann nie verletzt werden und wurde es auch noch nie. Der einzige Schmerz, den es kennt, ist die Sehnsucht nach Gott und die vermeintliche Abwesenheit Gottes. Nur das kleine Ich leidet und fühlt sich verletzt. Man kann nur hoffen, dass es von allen seinen Leiden dazu bewegt wird, sich zugunsten des wahren Selbst zurückzunehmen. Das kleine Ich fühlt sich seiner Natur nach immer unsicher und verletzt. Das wahre Selbst ist unzerstörbar und kann nicht beleidigt werden. Es steht nicht sehnsüchtig herum und wartet, bis man es liebt, um erst dann selber zur Liebe fähig zu sein. Es wartet nicht auf Lobhudelei oder äußeren Erfolg, bis es an sich selbst glauben kann. Es weiß in aller Ruhe um sich selbst.

G. K. Chesterton sprach vom „mystischen Minimum", das er als *Dankbarkeit* definierte. Wer aus der unermesslichen Fülle des wahren Selbst lebt, dem bleiben weder Gedanke noch Zeit noch Raum, sich verletzt zu fühlen. Er weiß sich immer in Sicherheit und Ruhe und zutiefst dankbar. Ein Beispiel: Ignatius von Loyola sagte, falls der Papst seine „Gesellschaft Jesu", seinen Orden, verbieten sollte, würde er fünfundzwanzig Minuten brauchen, den Schmerz darüber zu bewältigen. Dies ist das Wort eines aus der Fülle schöpfenden, dankbaren Selbst. Das kleine Ich versteht so etwas überhaupt nicht und hält es für albern und mittelalterlich.

Um allem Vorgegebenen gegenüber dankbar sein zu können – um also zu sehen, dass das Glas noch halb voll ist –, bedarf es völlig anderer Augen als der, die nur sehen, dass das Glas schon halb leer ist. Ich glaube, man kann ohne Vereinfachung sagen, dass Menschen grundsätzlich entweder aus einer Grundhaltung der Dankbarkeit oder einer Grundeinstellung des Grolls leben.

Dankbarkeit stellt das „mystische Minimum" dar: Sie anerkennt, dass alles Gegebene – selbst die Tatsache, dass ich atme – reines Geschenk ist. Niemand von uns hat es sich verdient, niemand hat ein Recht darauf. Uns bleibt einzig niederzuknien und den Boden zu küssen – irgendwo, gleich wo, überall.

Ich bejahe selbstverständlich die Menschenrechte und möchte sie auf keinen Fall verharmlosen, muss aber doch anmerken, dass die Bibel nie von „allgemeinen Menschenrechten" spricht. Die einzigen Rechte, von denen sie spricht, sind die Rechte der Witwen, Waisen und Armen. Die Kleinen haben Rechte, die respektiert werden müssen; das Wort Gottes schützt Menschen, die ganz unten und ungeschützt sind. Aber Menschen des typisch westlichen Narzissmus haben Gott immerzu benutzt, die Leute ganz oben zu schützen, die Elite, jene, die ohnehin bereits viel zu viel haben. Sogar das katholische Kirchenrecht schützt die Rechte des Klerus viel stärker als die der meist dienenden Laien oder der „Waisen und Witwen".

Es ist dringend notwendig, dass sich das allgemeine Bewusstsein von einer ausschließlichen Versessenheit auf Rechte und Ansprüche umorientiert auf ein Bewusstsein, das sich durch ein starkes Gespür für Verantwortung und soziale Verpflichtung auszeichnet. Derzeit schlägt das Pendel offensichtlich zu weit auf die eine Seite aus. Wenn eine Zivilisation reifer wird, betont sie auch das Thema Verantwortung und formuliert deutlich, was ich meiner Familie, meinem Volk, meinem Land, der Erde, Gott *schulde*. Das heutige undankbare Sich-Beschweren und all das Anklagen bringen uns menschheitlich überhaupt nicht weiter. Wenn wir die Opferrolle spielen und zunehmend in einen juristischen Sprachjargon verfallen oder fälschlicherweise behaupten: „Ich gehe ja bloß vor Gericht, weil ich nicht möchte, dass es anderen genauso geht", obwohl wir nur auf unseren eigenen Vorteil bedacht sind, ist das in Wirklichkeit nur eine besonders gut getarnte Selbstbehauptung und genau das Gegenteil von dem, wie Jesus mit seinem Opfersein umging. Er nahm es an und lebte es, um andere zu befreien. Wir aber setzen es dazu ein, uns Macht zu verschaffen und andere zu ächten.

Wir haben tatsächlich Rechte. Wer würde nicht Gott dafür danken wollen, dass heute nachdrücklich die Rechte und die

Würde des Menschen betont werden, im politischen mehr als im kirchlichen Raum? Aber es muss auch jemand die Rechte des *Ganzen*, des Gemeinwohls vertreten! Wer dies tut, gilt als Moralist, Dogmatiker oder als jemand, der anderen Zwänge auferlegen will. In dieser Hinsicht sind die konservativen den meisten progressiven Denkern weit voraus, die aus der Individualität und der persönlichen Freiheit/= Willkür einen Götzen gemacht haben. D. h. es muss auch das Recht geben, die Gesellschaft sowie ihre Institutionen und Gruppen zu schützen. Wenn wir nur individuelle Rechte haben, reißen wir uns vor lauter Konflikten gegenseitig in Stücke.

Ich denke, wir haben uns heute eine Mentalität zu Eigen gemacht, die es uns verbietet, noch irgendeine „höhere Macht über uns" anzurufen. Wir möchten so leben, als ob uns nie jemand sagen dürfte, was wir zu tun hätten. Wir tun so, als seien wir die letzte Instanz für alles, was wir entscheiden, was wir wählen oder was wir anderen Menschen oder Institutionen nicht gestatten, von uns zu verlangen – manches Mal nicht einmal unseren Ehepartnern. Die freie Entscheidung und Wahlmöglichkeit sind unser höchstes Idol geworden. Die neue Formel lautet frei nach Descartes: „Ich wähle aus, ich entscheide, also bin ich." Ich fürchte, diese Art „Freiheit" läuft schließlich darauf hinaus, dass wir die Freiheit eines jeden von uns letztendlich zerstören. Dann bleibt nur noch als einzige Möglichkeit, eine solche Gesellschaft zusammenzuhalten, mehr und mehr Gesetze sowie Mittel zur Durchsetzung dieser Gesetze zu definieren. Und dann kommen die zahllosen Gefängnisse, in die wir meinen alle einsperren zu müssen, die sich nicht daran halten, nachdem wir ihnen das Ideal absoluter Wahlfreiheit vorgegaukelt haben.

Pflichten und Grenzen werden in unserer Gesellschaft als „UnTugend" erachtet – allerdings: Die Armen und für kriminelles Verhalten Anfälligen sollen sich gefälligst daran halten! Ich denke, beides können wir nicht gleichzeitig haben.

Tugend ist kein isolierter Wert, sondern eine Beziehung zwischen mehreren Werten.
Wenn die persönliche Freiheit abgekoppelt wird von Liebe, Maßhalten und Gemeinwohl, verkommt Tugend zum Dämon. Echte Tugend bezeichnet man auch als Sophia oder heilige Weisheit.

Weisheit ist eindeutig mehr als bloße Intelligenz, Faktenwissen oder Information. Weise Menschen anerkennen Grenzen, gerechtes Gleichmaß und auch die Tugend und Weisheit anderer. Weisheit ist eher Synthese als Analyse, eher paradox als linear, eher ein Tanz als ein Marsch. Weise Menschen vermeiden die ideologische Hysterie, die behauptet: „Das ist die ganze Wahrheit, die einzige Wahrheit, die einzig richtige Sichtweise", und dies allzu oft im Namen eines verleugneten, kaschierten, selbstsüchtigen Eigeninteresses.

Wenn uns eine neue Einsicht oder eine neue Erfahrung zuteil werden, neigen wir dazu, diese Erfahrung zu verabsolutieren und alles Bisherige abzuwerten. Ich beobachte das sehr deutlich in Amerika, seit wir zu einer Gesellschaft geworden sind, die nur noch im „Jetzt" lebt. Wir lesen ein neues Buch, es spricht uns an und wir sind der Auffassung, was wir darin finden, sei die einzige Möglichkeit, alles zu erklären – und so werfen wir die ersten dreißig, vierzig oder fünfzig Jahre unseres Lebens weg und mit ihm alle anderen Erklärungsmodelle. Kein Wunder, dass Leute immer mehr in Einzelteile zerfallen.

Jeder Erklärung, die sich als die „einzig wahre" ausgibt, kann man gewöhnlich von vornherein misstrauen. Man hat es in der Regel mit einer idealisierten, vorfabrizierten Wirklichkeit (einer falschen Religion) zu tun und nicht mit einer inkarnierten, kreuzförmigen Wirklichkeit (wahren Religion). Genau in diesem Sinn ist das *Christentum wahre Religion*.

Echtes Christentum kennt den *Prozess* der Demut, des Abwartens, der Hingabe des Ich, der Geduld und des Vertrauens und liefert nicht vorfabrizierte Inhalte, die es zu verteidigen oder zu beweisen gilt. Manche Hindus und Buddhisten bezeugen solch wahre Religion weit besser als manche Katholiken. Viele von Letzteren lieben es nämlich mehr, einen vorgefertigten Inhalt geliefert zu bekommen, als sich auf einen Prozess der Umwandlung einzulassen.

Erasmus der Wiederaufbauer

Gegen Ende des Mittelalters, als die Reformation die alten Erklärungsmuster mittels neuer Denkungsarten und Beziehungsformen herausforderte, entwarf Erasmus von Rotterdam (1466–

1536) einen Weg zum religiösen Wiederaufbau. Vermutlich wäre es zu der schmerzlichen Spaltung Europas durch die Reformation gar nicht gekommen, wenn man auf Erasmus statt einerseits auf den Papst und andererseits auf Luther gehört hätte. Das dualistische Denken jedoch gewann, und darum verloren wir alle. Das Entweder/Oder-Denken lässt nie Raum für das wunderbare „Dritte". Erasmus war ein Mann dieses Dritten.

Erasmus stand geduldig in der Mitte und vertrat: Sowohl in dem, was der Papst sage, als auch in dem, was Luther sage, stecke ein Stück Wahrheit. (Erst vierhundertfünfzig Jahre danach, 1999, erklärten die Katholiken und Lutheraner in Augsburg, sie hätten tatsächlich über das Gleiche geredet!) Aber Erasmus wurde im Großen und Ganzen nicht gehört. Er äußerte sich in aller Ruhe und versuchte, bei beiden Seiten Verständnis für die Sicht des Gegenübers zu wecken; aber beide blieben in ihrer ideologischen Verbohrtheit befangen. Es ist genau das gleiche Muster, das wir auch heute bei so vielen Gruppen beobachten. Der aufgespaltene Geist führte zu einem aufgespaltenen und sich bekriegenden Europa, und die Spaltung der Christenheit dauert bis heute an.

Erasmus betonte, das Handeln sei wichtiger als die formale Theologie und Theologie solle auf ein absolutes Minimum beschränkt bleiben. Darin erkenne ich eine Ähnlichkeit zu dem Ansatz des Franziskus, der einfach praktisch und elementar wieder aufbauen wollte. Echte Spiritualität braucht keinen großen Verwaltungs-Mittelbau. Grundsätzlich geht es nur darum, den Leuten nahe zu bringen, wie sie richtig sehen können, und dann werden sie selbst sehen. Gewiss ist es nicht leicht, jemandem das richtige Sehen nahe zu bringen, weil es dabei immer um die Kunst geht, *wirklich bis auf den Grund zu sehen und alles zu sehen*. Es kommt einer gewaltigen Operation gleich, das Ego und alle seine privaten Wünsche und Vorlieben aus dem Weg zu räumen, um klar zu sehen. Erasmus betonte stärker die Epistemologie als die Metaphysik, also mehr die Art, *wie* man hinsieht, als die Frage, *was* man sieht.

Der beste Verbündete Gottes ist die Realität – nicht die Theologie, nicht die Ideologie, nicht das, was sein *sollte*, sondern vielmehr das, was *ist*. Erasmus sagte: „Kein Christ – vor allem kein Kind – muss oder kann auch nur den gesamten ausgeklügelten Katechismus mit seinen Antworten auf jede nur erdenkliche

Frage verdauen. Die vorgefertigte Antwort würde seinen eigenen Weg überflüssig machen."

Erasmus spürte, dass es genau diese Einstellung war, die die Kirche während der meisten Zeit ihrer bis dahin fünfzehnhundertjährigen Geschichte in Schwierigkeiten gebracht hatte und dann auch Martin Luther: die Auffassung, der Katechismus könnte und sollte alles und jedes erklären. Erasmus stellte die Frage: „Ist es nicht möglich, dass jemand in Gemeinschaft mit dem Vater, dem Sohn und dem Heiligen Geist wäre, ohne in der Lage zu sein, philosophisch den Unterschied zwischen ihnen erklären zu können?" Er sagte schon damals, was derzeit Befreiungstheologen vertreten: Jesus habe eindeutig eher eine Ortho*praxie* (richtiges Handeln) als eine Ortho*doxie* (richtige Lehre) gepredigt.

Ich denke, die Kirche muss so weit kommen, dass sie die Grenzen des menschlichen Verstehens und auch die Grenzen ihres eigenen Verstehens des Geheimnisses Jesu besser als zuvor respektiert. Merkwürdigerweise lehrt sie das Erstere, leugnet jedoch das Letztere. Die institutionell verfasste Kirche soll und muss ihr systemisches Bedürfnis überwinden, für jedes denkbare Szenario Antworten und theologischen Schlüsse parat zu haben. Zumal doch gerade sie es ist, die gern den Begriff des Geheimnisses gewahrt haben möchte! Ich glaube nicht, dass man beides haben kann. Wir sollten die Schützer, nicht die Erklärer von Geheimnissen sein. Vermutlich unterliegen wir immer noch dem Einfluss des griechisch-römischen Organisationsmodells, von dem wir so stark geprägt worden sind. Die Ostkirche scheint sich mit dem Geheimnis leichter zu tun.

Zyniker sind oft jene, die zu viel erwartet haben. Aber wenn man alle seine Eier in einen einzigen Korb packt, also ausnahmslos alles von dieser Institution erwartet, dann muss man auch auf eine gewaltige Enttäuschung gefasst sein. Ich denke, das steckt hinter einer Menge von Enttäuschungen, die so viele Katholiken in den letzten Jahren erlebt haben. Wir sollten dennoch die Institution Kirche ernst nehmen, genauso wie Jesus die Institution des Judentums ernst genommen hat. Mein Punkt ist, dass wir sie nicht *zu* ernst nehmen. Jesus kritisierte das Judentum radikal. Wie überall im Leben sollten wir zu etwas ja sagen, um damit die Freiheit zu erlangen, auch zu etwas nein sagen zu können. Jedoch müssen wir im Bedarfsfall auch wirklich nein sagen oder wir verfallen in den Götzendienst, in die Hauptsünde der hebräischen Bibel.

Die Enzyklika zur Geburtenkontrolle

Ich möchte noch ein schwieriges, unbeliebtes Beispiel ansprechen. Eines der am meisten kritisierten päpstlichen Lehrschreiben ist die Enzyklika *Humanae vitae* (*Über das menschliche Leben*) Papst Pauls VI. von 1968. Die Medien pickten sich daraus das Verbot der künstlichen Empfängnisverhütung heraus und übersahen weithin alles Übrige. Viele ihrer Kritiker haben sie nie wirklich gelesen. Die Theologie von *Humanae vitae* ist ausgezeichnet; aber die Progressiven unterstellten, sie enthalte nichts Brauchbares, und die Konservativen verneigten sich vor ihr, noch ehe sie gelesen zu haben. Das alles ist nicht jener konstruktive „dritte Weg", um den es geht, sondern lässt uns alle in unserer geistigen Aufspaltung verharren.

Tatsächlich ist das meiste, was in dieser Enzyklika über den guten Sinn von Grenzen, Zielen und Werten gesagt wird, ausgezeichnet. Ich wette: 95 % der Leser dieses Buches würden das Gleiche sagen, wenn sie sie tatsächlich läsen. Aber wir scheinen nie über die westliche Schizophrenie hinauszukommen, entweder aller Autorität zu misstrauen oder einem ideologischen Autoritätsdenken zu verfallen.

Jesus kam, um uns eine Wahrheit anzuvertrauen, die uns frei machen sollte, und nicht eine Autorität, die alle unsere Hausaufgaben für uns erledigen würde.

Institutionell auftretende Religion tut Gott keinen guten Dienst, wenn sie eine professionelle Lehrzentrale einrichtet, die an Stelle der Werte des Evangeliums oder neben ihm zur wichtigsten Instanz wird. Es geht sonst mehr darum, ob wir uns auf diese Lehrzentrale verlassen oder sie ablehnen, was uns nie zu „Gerechtigkeit, Barmherzigkeit und Treue" (Matthäus 23,23) bringen wird.

Statt nachdenklich und kritisch zu sein, verhalten wir uns, wie es in unserer Gesellschaft üblich ist. Ein Beispiel: Wir lehnen entweder einen Computer ab oder wir kaufen uns einen samt allem Zubehör. Entweder sind wir pauschal gegen etwas oder wir übernehmen unkritisch alles – statt zu sagen: „Werden hier Werte vorgestellt, die man erst einmal ernsthaft in Augenschein nehmen müsste? Enthält *Humanae vitae* vielleicht doch wichtige Wahrheiten über eheliche Liebe, Treue, Kommunikation und Beziehung?"

Das ist übrigens der zentrale Punkt in *Humanae vitae*: die Kommunikation zwischen Mann und Frau, der gegenseitige Respekt, das ausgewogene Miteinander. Es sind genau die gleichen Themen, um die sich mit Recht auch Feministinnen bemühen.

Für Christen ist der höchste Wert immer die Liebe. Jeder, der grundsätzlich das jüdisch-christliche Erbe als sinnvoll anerkennt, muss zugeben, dass Liebe das Erste und Höchste überhaupt ist. Das bringt uns auf eine ganz bestimmte Spur und zwingt zu einem eigenen Katalog von Fragen. Die tiefsten Fragen sind nicht die um Rechte und Macht und um das Problem, ob ich alles bekomme, was die Gesellschaft mir schuldet, oder nicht. Die tiefsten Fragen kreisen darum, wie Liebe um sich greifen und verstärkt werden kann. Wie kann sich bei uns „einer dem andern unterordnen in der gemeinsamen Ehrfurcht vor Christus" (Epheser 5, 21)?

Dies ist ein dritter Weg, etwas wunderbar anderes, Neues. Ein dualistisch oder nur politisch denkender Geist wird das nie verstehen. Er sieht alles mit der Brille von Gewinner-Verlierer, Gut-Schlecht, Entweder-Oder, Oben-Unten. Nur der kontemplative Geist, ein dank der Gotteserfahrung und des Gebetes ermöglichtes neues Bewusstsein kann die Realität auf panoramische und wirklich weisheitliche Weise betrachten (vgl. diesbezüglich 1 Korinther 2, 12–16). Die Welt kennt nur den rechnenden Geist, die egozentrische Sicht. Den Menschen ist jedoch von Gott ein neuer Geist mit neuen Möglichkeiten geschenkt.

12 Leben mit Finsternissen

Spirituelle Erneuerung stellt man sich oft als Bewegung aus der Finsternis hinaus ins Licht vor. In einem gewissen Sinn stimmt das, aber in einem anderen ist es grundfalsch. Wir vergessen, dass es zusammen mit dem Licht immer auch Finsternis gibt. Reines Licht macht blind; nur die Mischung aus Finsternis und Licht lässt uns sehen. Einzig Gott lebt in einem vollkommenen Licht (vgl. Jakobus 1, 17).

Man könnte auch sagen, dass wir das Licht am besten als Kontrast zu seinem Gegenteil, der Finsternis, erkennen. Die christliche Theologie hat in ihrer Tradition von der „glücklichen Schuld" gesprochen, d. h. von der Vorstellung, dass, wenn Christus nicht gekreuzigt worden wäre, er auch nicht die Auferstehung erfahren hätte. Auch hier wird also davon gesprochen, dass es etwas gibt, das man nur erkennen kann, wenn man die „Nachtmeerfahrt" Jonas im Bauch des Wals durchmacht, aus dem man dann an ein völlig neues Ufer ausgespieen wird.

Die abendländische Zivilisation hat die Fähigkeit verlernt, die dunkle Seite des Lebens zu ertragen. Christen evangelisierten die Menschen nicht mittels der lebendigen Ikone Christus. Stattdessen führten sie ein System von Gewinnern und Verlierern ein, was mit Jesus nicht viel zu tun hatte. Da wir den Menschen aber nicht nahe gebracht haben, wie man dem Ostermysterium begegnet, schlägt das jetzt auf uns selbst zurück. Oder: Nur wenige Katholiken verfügen über die Fähigkeit, auch die dunkle Seite des Papsttums anzunehmen und die des Klerus. Immer ist entweder alles gut oder alles schlecht, aber nie „zugleich gekreuzigt und auferstanden", wie es Christus ist. Oder: Katholische Politik ist weltweit nicht gerade dafür bekannt, dass sie Leute mit Geschick und Feingefühl für Verhandlung und Kompromiss, dass sie geduldige oder gar demütige Vermittler und Friedensstifter ins Feld schickt. Seien wir demütig genug, dies zuzugeben und

Versäumtes zu beweinen. Noch sind wir nicht wirklich die Hoffnung der Welt!

Dies ist in vieler Hinsicht das ständige Dilemma der Kirche. Sie möchte in vollkommenem Licht ein Leben, in dem es nur Gott gibt. Sie liebt nicht das Land der Schatten namens Erde, die doch ihre Heimat ist. In der Geschichte des Christentums gibt es die Ostkirchen, die himmlische Liturgien pflegen und wenig Sinn für soziale Gerechtigkeit entwickelt haben, sowie Luthers Abscheu gegen seine eigene Finsternis; da gibt es die Reformatoren in der Schweiz, die die Finsternis zu verbannen versuchen; die Puritaner, die sie verdrängen wollen; die römische Kirche, die beharrlich ihre Unfähigkeit und mangelnde Bereitschaft pflegt, ihre eigenen Schatten zu sehen; da gibt es den typischen Frommen, der Angst vor der Finsternis hat, sowie die neuen Fundamentalisten, die alles Dunkle als Teufelswerk abspalten. Der Pendelausschlag in die andere Richtung ist hier vorhersehbar: Schließlich kommt die postmoderne Welt und verliebt sich in die Finsternis! – Wir scheinen alles zu versuchen, uns nach Möglichkeit vor dem auch dunklen Geheimnis des Menschseins zu drücken, statt zu lernen, es in Geduld auf uns zu nehmen, so wie Jesus es getan hat.

Es gibt keine perfekten Strukturen und keine perfekten Menschen. Es gibt nur das Ringen, Jesus einigermaßen nahe zu kommen. Es ist seine Passion, sein „Erleiden der Wirklichkeit", was die Welt erlöst. „Wenn ihr standhaft bleibt, werdet ihr das Leben gewinnen", heißt es bei Lukas (21, 19). Der Weg Jesu ist das erlösende Leiden, nicht die erlösende Gewalt. Geduld besteht darin, eine immer disparate Wirklichkeit zusammenzuhalten, statt eine vollkommene Wirklichkeit zu erwarten oder zu fordern. Falls wir Letzteres tun, verfallen wir dem Ärger und Verurteilen, was allzu häufig ein Merkmal der Geschichte des Christentums gewesen ist.

Mir geht es wie Bischof Spong, der gesagt hat: „Fromme Menschen mag ich nicht besonders." Wer mag schon Menschen, die sich nie geduldig mit Finsternis und Schatten auseinander setzen können, was doch beides so gut wie in allem und jedem steckt? Friedrich Nietzsche sagte, ein Grund, weshalb er den Christen nicht trauen könne, sei der, dass sie so voller Ärger seien. Wo Menschen falsche Erwartungen hegen, enden sie unvermeidlich im Ärger darüber, dass diese sich nicht erfüllen. Hat man dagegen ein realistisches Weltbild, in dem auch das Dunkle vorkommt, kann man dankbar sein für Lichterfahrungen.

Unser Versäumnis, die Dunkelheiten anzunehmen und zu ertragen, hat sich auf unsere Welt insgesamt ausgewirkt. Wir weigern uns, die dunkle Seite von Institutionen, Gruppen, Nationen und Geschichtsperioden zu ertragen. Wir klagen Rassen und Nationen an, statt zuzugeben, dass wir alle gemeinsam an der Schwäche des Menschen leiden. Meiner Überzeugung nach tragen jede Kultur, jedes Volk, jede Institution und jeder Mensch eine Mischung aus Finsternis und Licht in sich.

Es führt zu nichts, diesbezüglich genaue Prozentanteile ermitteln zu wollen oder wie Kinder darüber zu streiten, wer wen zuerst geschlagen hat. Man muss sich gut erinnern, um zu sehen, wie wir alle schon einmal andere unterdrückt haben und selbst unterdrückt worden sind. Auf keiner Lebensbühne gibt es einen moralisch höher stehenden Punkt, auf den wir uns zurückziehen könnten. Wer auch immer an der Macht ist, er unterdrückt und verfügt über die, die keine Macht haben. Das kann man als allgemein gültige Regel nehmen, auch für Ureinwohner, für Juden, für Schwarze oder Frauen. Sobald sie oben sind, tun sie das Gleiche.

Jesus packte genau die Machtfrage an, nicht die der ethnischen Zugehörigkeit oder des Geschlechts. Er verließ diesen Kreislauf radikal, indem er damals in die Stadt der Menschen, Jerusalem, „auf einem Esel" ritt, dem Symbol der Ohnmacht. Vielleicht meiden wir die Finsternis deshalb, weil es dabei um eine Tiefenerfahrung unserer Machtlosigkeit geht.

Niemand von uns möchte zudem zu einer unvollkommenen Gruppe oder Institution gehören. Wenn wir das Problem des Unvollkommenseins nicht für uns persönlich gelöst haben, sind wir auch nicht in der Lage, damit auf der Ebene der größeren Geschichte umzugehen. Wir sehnen uns immer noch nach einem Podest der Vollkommenheit, auf das wir uns stellen, nach einem Ort, an dem wir sauber und rein und über alles erhaben sein können.

Noch einmal: Institutionell verwaltete, nicht mit Herz und allen Sinnen gelebte Religion erschafft unvermeidlich unreine, finstere Bereiche. Jesus machte mit Religion, wie wir sie kennen, für immer Schluss.

Von der Finsternis lernen

Finsternis ist eine gute und Not wendende Lehrmeisterin. Man sollte sie nicht meiden, leugnen, vor ihr davonlaufen oder sie wegerklären. Zunächst müssen wir wie der Prophet Ezechiel die Schriftrolle essen, die „innen und außen mit Klagen, Seufzern und Weherufen beschrieben" ist (2, 10). Erst im Lauf der Zeit wird sie in unserem Mund süß wie Honig (vgl. Ezechiel 3, 1–3). In der Finsternis sein heißt, Sinn und Motivation zu verlieren. Wenn Menschen in die Lebensmitte kommen, haben sie meist Tage erlebt, an denen sie sich gefragt haben, was das Leben überhaupt soll, und keinerlei Freude mehr darin gesehen haben. Solche depressiven Gefühlen kommen in irgendeiner Form fast für jeden, irgendwann. In ihrer extremen Form bedürfen sie ärztlicher Behandlung. Aber wir reden hier nicht von der klinischen Depression (obwohl die „normale" Depression dazu werden kann, wenn wir in ihr Gott nicht mehr finden).

Es gibt eine Art Dunkel, in die wir durch unsere Dummheit, unsere eigene Sünde, unsere Selbstsucht oder durch die Aufblähung unseres kleinen Ich geraten. Daraus müssen wir durch rücksichtslose Ehrlichkeit, offenes Bekenntnis, demütige Kapitulation, Vergebung und oft auch durch irgendeine Wiedergutmachung und Entschuldigung herauswachsen. In altem Sprachgebrauch hätte man dies als Reue, Buße oder Selbstentäußerung bezeichnet. Jedenfalls geht es um eine ernsthafte Operation, und diese fühlt sich erst einmal wie Sterben an (zugleich aber auch wie eine ungeheure Befreiung). In solchen Situationen brauchen wir meist Hilfe von außen. Das 12-Schritte-Programm der Anonymen Alkoholiker scheint dafür sehr geeignet zu sein, auch für Nichtalkoholiker.

Doch es gibt auch eine andere Art von Finsternis, in die wir von Gott und seiner Gnade geführt werden und die sich aus der Natur des geistlichen Weges ergibt. In vielerlei Hinsicht ist hier der Sinnverlust sogar noch stärker, gelegentlich auch der Motivationsverlust, aus ihr auszubrechen. Zudem können Orientierung, Grenzen, Richtungen noch viel radikaler abhanden kommen. Das fühlt sich tatsächlich wie tiefste Finsternis an, weshalb die Heiligen dieses Lebensdunkel als die „dunkle Nacht" bezeichnet haben. Aber der Unterschied zur erstgenannten Form der Finsternis ist der, dass wir trotzdem spüren, in sie irgendwie mit einer Absicht hineingeführt worden zu sein. Wir wissen, dass wir uns in einem „Schwellenbereich" befinden, im Niemandsland, auf der Kippe – und wir müssen darin bleiben, bis wir zutiefst Wesentliches gelernt haben. Das fühlt sich alles andere als gut an und bringt Zweifel und „Dämonen" jeder Art mit sich. Aber es ist eine Finsternis, die von Gott kommt.

Indes können auch Finsternisse, in die hinein wir uns selber durch Unachtsamkeit und Sünde verlaufen, zum Dunkel Gottes werden. Es gibt eine „fruchtbare Finsternis" und eine „fruchtlose Finsternis", was einzig davon abhängt, ob wir Gottes Wirken in ihr erkennen. Unsere Wunde kann zur heiligen Wunde werden oder einfach eine sinnlos blutende Wunde bleiben, mit einem Schorf, der niemals heilt. Nach biblischer Tradition meint Erlösung, Sünden zu überwinden, von ihnen befreit zu werden, und nicht, Sünden zu vermeiden. Dadurch wird Sünde zu einem Weg ins Heil.

In Zeiten der Finsternis hat man gewöhnlich das überwältigende Gefühl, nicht dazuzugehören, nicht dazu zu passen. Wer hat nicht schon solche Tage erlebt, an denen er das Gefühl hat, nichts auf der Welt könne einen trösten und alles Altgewohnte trage nicht länger? Man weiß dann auch nicht mehr, an wen man sich wenden könnte, der von diesem Schmerz befreit. Das ist die Situation, die uns eigentlich ins Gebet treiben sollte. Entweder finden wir dann Gott oder wir vergraben uns in der Tiefkühltruhe.

Wenn Letzteres geschieht, empfindet man gerade dann ein Widerstreben, mit hilfreichen Menschen oder mit solchen, denen man bisher vertraute, zu reden. Man macht dicht. Dazu kommt womöglich: Wir haben mit ansehen müssen, wie sich unsere Vaterfiguren allzu sehr dem Streben nach Karriere und Besitz, nach äußerem Erfolg verschrieben haben. Wir haben kein Vertrauen mehr aufbringen können, in ihnen Leitbilder für Spiritualität und Weisheit zu sehen. Wie sollten wir noch irgendeinem Politiker, Priester oder Präsidenten trauen können? Sie haben gezeigt, dass sie keine glaubwürdigen Führer sind. Damit haben wir jedoch nur zur Hälfte Recht. Denn es gibt auch noch die ganz andere Hälfte.

Oft rebellieren wir gegen unseren eigenen inneren Priester, unseren eigenen inneren Propheten, der vielleicht den Weg für uns wüsste. Wir bevorzugen eher das Hocken im Dunkeln. Vielleicht muss es ja so sein. Normalerweise wird man in der Finsternis rastlos, geht sozusagen innerlich auf und ab. Dieses ständige Vor und Zurück auf ein und demselben Wegstück ist ein treffendes Bild dafür, wer man ist: Man möchte gar nicht allen Ernstes in irgendeine Richtung gehen, sondern kehrt dauernd wieder um, als suche man die Antwort dazwischen. Vielleicht brauchen wir diese Verwirrung, bevor wir auf dem Fundament des wahren Selbst Neues aufbauen können.

In dieser Rastlosigkeit kann man nicht beten und will es auch gar nicht. So lässt man die einzige innere Autorität verfallen, über die man vielleicht noch verfügt, oder die einzige Weisheit, der man vielleicht noch vertrauen würde. Man möchte dann nicht einmal Gott vertrauen; denn Gott könnte ja eine Antwort bereit haben und man müsste dann etwas tun. Aber man möchte doch gar nichts tun. Das Tragische, die Lähmung, das Selbstmitleid verfügen über eine ganz eigenartige Anziehungskraft.

Wenn man an diesen Punkt gelangt ist, fängt man gewöhnlich an, sich nach jemandem umzuschauen, dem man die Schuld dafür geben könnte. Der Unfug solcher Schuldzuweisung besteht darin, dass man sich davon freispricht, selbst das Problem zu lösen. Vorwürfe an andere bewirken in der Seele nichts Fruchtbares, sondern lassen den *Eustress* (den konstruktiven Stress), die Energie der schöpferischen Angst verpuffen. Das Mutigste, das man je zustande gebracht hat, könnte jedoch darin bestehen, dass man im *Eustress* bleibt und es sich versagt, Gutes und Schlechtes, Licht und Dunkel in jeweils zwei getrennte Schubladen zu packen.

Wer dies jedoch nicht tut, bringt ungeheuren Mut auf, weshalb manche gesagt haben, Mut gehöre zu den Grundtugenden des Menschen. Das englische Wort für Mut, *courage*, kommt vom lateinischen *cor-agere*, „aus dem Herzen handeln", und wir wissen heute, dass dies eine eigene Art von Intelligenz ist (vgl.: *The Heart Math Solution* von Doc Childre / Howard Martin mit Donna Beech, 1999).

Wenn man einen starken Sinnverlust erlebt hat, kann es sehr schwierig sein, sich selbst wieder Mut zu machen; dann sollte Hilfe von außen willkommen sein. Man schaue in seiner Umgebung nach Anzeichen, dass das Leben für jemand anderen einen Sinn hat, und öffne sich, so gut es geht, für eine positive Ansteckung. Manchmal suche man einfach nach einem Lächeln. Ich selber habe Ermutigung erfahren, wenn Verkäuferinnen in einem Geschäft liebenswürdig waren oder wenn mir jemand bei der heiligen Messe einen herzlichen Friedensgruß gegeben hat; da hat mir jemand beim Friedensgruß in die Augen geschaut und seinen Friedenswunsch tatsächlich so gemeint, wie er ihn gesprochen hat, und ich bin als ein anderer an den Altar zurückgegangen. Daraus möchte ich schließen, dass uns die Kraft einer schlichten Zuneigung aus dem Gefühl der Sinnlosigkeit herauszuführen vermag. Das klingt vielleicht naiv und zu einfach, aber auch die kleinen Zeichen der Liebe sind eine starke heilende und umwandelnde Kraft und die beste Sinnstifterin.

Doch in dunklen Zeiten sperren wir uns paradoxerweise gegen solche Zeichen und machen sie fast unmöglich, als sagten wir: „Ich beweise dir, dass auch das mir nicht helfen kann. Ich werde niemand an mich heranlassen." Da ist eine geradezu dämonische Kraft am Werk. Das ist die wirkliche Dunkelheit finsterer Phasen. Aus eigener Kraft gibt es daraus kaum einen Ausweg.

Fruchtbarer Zweifel

In der Finsternis sind wir gegenüber allem argwöhnisch. Bei den meisten Menschen fangen große Veränderungen damit an, dass sie Alltägliches in Zweifel ziehen. Dann schreiten sie weiter fort zu mentalen Zweifeln, hierauf zu ethischen Zweifeln darüber, wer Recht hat und wer nicht, und schließlich landen sie im absoluten Zweifel oder totalen Zynismus.

Wer sich wirklich ändern will, muss den Weg bis nach ganz unten gehen. Und wenn man am Punkt absoluten Zweifels angelangt ist, sieht man sich hoffentlich nach neuem Sinn um (manche Menschen allerdings bleiben dort und machen aus der grundlegenden Skepsis einen Lebensstil). Es gibt viele Anzeichen dafür, dass unsere Zeit in manchen Bereichen im absoluten Zweifel verharrt. Ein solcher Zustand ist nur als Durchgangsphase hilfreich, als Schwelle zu etwas ganz Neuem, nicht aber als ständiger Aufenthaltsort.

Aus Chaos erwächst oft größte Kreativität. Und nur Glaube kann ganz tiefen Zweifel ertragen. Ohne einen starken Glauben lässt man sich erst gar nicht auf die tieferen Schichten des Zweifels ein. Damit bin ich vom genauen Gegenteil von dem überzeugt, was viele Menschen meinen, wenn sie sagen, Zweifel seien gottlos und Sache Ungläubiger. Diese Sicht hat ihre Wurzeln in einer Tradition, die uns immer gesagt hat, Zweifel seien etwas Schlechtes, Sündhaftes. Doch meiner Erfahrung nach sind Menschen, die starke Zweifel ausgehalten haben, gerade die, die sich zu einem ungemein starken Glauben durchzuringen vermochten. Immer wenn der Glaube wieder eine Phase des Zweifels und Scheiterns durchmachen muss, geht er daraus geläuterter hervor und fragt sich neu: „Warum glaube ich? Glaube ich überhaupt wirklich? Worauf gründe ich mein Leben tatsächlich?" In diesem ständigen Auf und Ab des Glücksrads wird so gut wie alles geläutert: das Bild meiner selbst, mein Gottesbild, die Art und Weise, wie ich das Leben und die Welt sehe.

Wenn jemand bei seinen ersten Bezugspersonen – in der Regel sind es die Eltern – Mitempfinden und Vergebung erlebt hat, stehen für ihn die Zeichen gut, auch an einen Gott des Mitempfindens und der Vergebung zu glauben. So haben Menschen, die in einer Atmosphäre des Mitgefühls und der Liebe aufgewachsen sind, besonders gute Startbedingungen, zu einem wirklich wahren Gottesbild und einem freiheitlichen Zugang zur Wirklichkeit zu finden.

Bis man dagegen von Erfahrungen eines gestörten Familienlebens, des Missbrauchs, des Manipuliert- und Beschämtwerdens, negativer Einstellungen gegen alles und jedes, totalitärer oder aburteilender Haltungen geläutert ist, braucht es nicht selten viele Lebensjahre. Und es bleiben einem dann verzweifelte, dunkle Phasen nicht erspart, in denen die alten Götter, das alte Selbst und alte Einstellungen kläglich versagen.

Der große Mystiker Johannes vom Kreuz sagte, unsere Götter müssten so lange tagtäglich neu sterben, bis wir endlich den wahren Gott finden. Oder Meister Eckhart sagte: „Ich bete zu Gott, er möge mich Gottes ledig machen." Das Sterben jedes alten Gottes bringt jedes Mal zuerst eine Finsternis und ein Sterben mit sich. Darum sprechen vermutlich die großen Mystiker immer wieder von ihrer selbst erlebten Finsternis, von Nacht und Dunkelheit.

Finsternis und Krise der Kultur

Ich denke, sowohl unsere gesellschaftliche Kultur als auch die Kirche befinden sich derzeit wieder in einer Art von Exil. In einer solchen Phase vermutet und empfindet man um sich herum eine Menge Feindschaft und reagiert dieses Empfinden auf andere ab, indem man ihnen die Schuld an der eigenen Krise gibt. Oft bedarf es jedoch stattdessen eines neuen inneren Ansatzes, um sie zu meistern.

Ich entsinne mich, wie ich einmal mit einer Familie zusammensaß, die gerade vom Sonntagsgottesdienst heimgekommen war. Fast alle sprachen ziemlich abfällig über diese Messe und den Priester. Ich vermutete, die Liturgie oder die Predigt waren nicht besonders gut. Aber der Vater der Familie brachte etwas anderes zur Sprache. Er sagte: „Hört mal, ich habe auch meine schlechten Tage. Geben wir dem Pfarrer doch auch das Recht dazu. Wahrscheinlich hatte er heute seinen schlechten Tag." Damit veränderte sich der ganze Ton, nachdem der Vater in aller Ruhe sich selbst und seine Sicht eingebracht hatte. Stellen wir uns vor, wie sich dieses Gespräch in fruchtlosem Schimpfen verrannt hätte, wenn auch er nur über den Priester hergezogen hätte. Ich will damit nicht sagen, dass es keinen Platz für Kritik geben darf; aber es gibt eine Art Kritik, die neue Möglichkeiten eröffnet, und eine Art, die nur geifert und negative Energie nutzlos verstärkt.

Es offenbart zudem ein hohes Maß an Freiheit, wenn man so wie dieser Vater in einer Gruppe etwas genau Entgegengesetztes zu dem sagen kann, was alle sagen. Man muss in sich selbst gereift sein, um anderen einen weiteren Raum öffnen zu können. In diesem Fall eröffnete der Vater jenem Priester und auch seiner eigenen Familie einen solchen Raum, in dem ein Weiterwachsen möglich wurde. Vielleicht ist diese innere Weite auch eine gute Umschreibung für das, was Mitempfinden meint und bewirkt.

In Zeiten der Finsternis liegt die Versuchung nahe, sich von anderen zurückzuziehen und sich in ein selbst gewähltes Exil zu verkriechen. Das Dunkle eitert dann weiter und weiter; denn immer, wenn Menschen sich vom Lebensstrom abschneiden, kann nichts mehr heilen. Dies ist übrigens auch mein großer Kritikpunkt am derzeitigen Gefängnissystem. Wenn man Menschen bloß in einen Zustand der Entfremdung einsperrt, schwärt das Übel weiter, statt sich zu bessern. Gleiches gilt, wenn wir uns in unsere privaten Gefängnisse, unsere selbst gemachten Exile verkriechen. Oder: Unzählige Ehen scheitern daran, dass die Partner sich weigern, weiter miteinander im Gespräch zu bleiben. Das Wort *diábolos* für „Teufel" heißt: der „Auseinanderwerfer", der

„Durcheinanderwirbler". Dies entspricht der verhängnisvollen Natur des heutigen Individualismus: Er wirft die Menschheitsfamilie in lauter Einzelteile auseinander. Wir sollten aus keiner Not eine Tugend machen, indem wir uns in uns selbst zurückziehen, obwohl das in einer so verworrenen Zeit wie der unsrigen freilich eine starke Versuchung darstellt.

Bei all diesen Formen des Sich-Zurückziehens handelt es sich nicht um das fruchtbare Bemühen, besser hören zu können, wie wir es von Jesus kennen, als er in die Wüste ging. Weit häufiger zieht man sich aus Angst zurück, manchmal auch aus Verachtung. Vielleicht zieht sich mancher aus der Kirche zurück, weil sie ihm nicht viel zu geben hat. Ich frage mich auch, ob Menschen, die etwas oder jemanden ablehnen, nicht im Grunde sich selbst ablehnen. Es scheint mir manchmal so, als lehne niemand stärker den Katholizismus ab als die Katholiken. Niemand beklagt, verrät und zerrüttet die eigene Tradition mehr als die Christen. Menschen aber, die sich selbst nicht leiden können, können auch andere genauso wenig leiden. Ist es nicht so?

Wenn wir in unserem persönlichen Leben nicht bestimmte existentielle und spirituelle Fragen zu lösen vermögen und wenn wir das Mitempfinden nicht in unserem eigenen Lebensbereich praktizieren, kommen wir dahin, dass wir die Gruppen und Gemeinschaften, die Geschichte und die Vorfahren, denen wir angehören, schlussendlich nicht mehr ausstehen können. Wir reagieren dann im Übermaß gegen sie. Auch hier ist wieder die Weigerung mit im Spiel, die dunklen Seiten in unserem Lebensbuch zu tragen, dieses Mal die dunklen Seiten unserer eigenen Herkunft. Die Katholiken unter uns haben ja wahrhaftig eine lange Herkunftsgeschichte zu tragen: zweitausend Jahre voller großer Dummheiten einerseits – und zweitausend Jahre voller großartigster Menschen andererseits.

Wir sind sowohl von der „rechten Hand Gottes" geformt als auch von der „linken Hand Gottes". Seine rechte Hand ist immer die schenkende, die staunen lässt, die bewundernd „Ah!" und „Oh!" weckt. Seine linke Hand birgt das schmerzliche Geheimnis, das in allem wohnt. Aber diese dunkle Hand Gottes ist genauso wichtig für unser Wachsen und Reifen wie seine rechte. Mit der linken verteilt er Kopfnüsse, damit wir aufwachen und aufmerken. Sie sind gut, wirklich hinzuhören, zu verstehen, nach Neuem und Gutem zu hungern und zu dürsten – und nicht der Versuchung zu erliegen, in den „Schlaf der Gerechten" zu fallen.

Der Weg mitten durch diese göttliche Schocktherapie hindurch ist freilich wesentlich schwieriger als der Weg um sie herum. Billige Religion weist den Weg darum herum. Echte Religion führt mitten hinein.

Raffinierte innere Strategien

Wer sich auf das Spiel von Vorwürfen und Schuldzuweisungen einlässt, wozu wir wohl alle neigen, solange wir im kleinen Ich befangen sind, wird zum Meister von Projektionen. Wir wissen, dass starke Abneigung gegen andere durchweg eine Projektion unseres eigenen Zustandes ist: Wir lehnen etwas ab, das es in uns selbst gibt. *Daher* sagte Jesus, wir müssten um *unserer* Seele willen unsere Feinde lieben. Der Feind trägt deine dunkle Seite. Schau dir die Menschen, die du nicht magst, besonders genau an; denn sie spiegeln dir zumindest ein Stück weit etwas von dem, was du an dir selbst ablehnst oder leugnest. Jesus war ein guter Psychologe, als er sagte: „Warum siehst du den Splitter im Auge deines Bruders, aber den Balken in deinem Auge bemerkst du nicht?" (Lukas 7, 3).

Wir lassen es zu, dass sich unsere dunklen Gefühle und unser eigener Schatten gegen diese Gruppe oder jene Gemeinschaft abreagieren, statt zu erkennen, dass es an der Zeit wäre, sich vom göttlichen Meister etwas sagen zu lassen. Wir sollten in solchen Augenblicken bedenken: „Wahrscheinlich ist das, was ich empfinde, eine Lektion für mich. Was will sie mir sagen?" Gewöhnlich brauchen wir an diesem Punkt einen guten, vielleicht auch geistlichen Freund; es ist fast unmöglich, sich am eigenen Schopf aus dem Sumpf zu ziehen. Jemand anderer muss uns „das Evangelium verkünden". Als Prediger weiß ich nur zu gut, dass ich mir nicht selbst predigen kann.

Auch aus einem noch anderen Grund brauchen wir dann einen Begleiter: Wir befinden uns hier in einem nicht kartierten Gelände. Da wir nicht sogleich wissen, wie wir aus der alten Finsternis herauskommen, ist die Versuchung groß, darin zu verharren und dies vor uns selbst zu rechtfertigen. Dazu gesellt sich irgendwann die Neigung, uns Freunde auszuwählen, die unsere

Lage bejammern und uns bestätigen, dass wir uns zu Recht verletzt fühlen. Dies ist die Situation des Ijob, der auf dem Misthaufen sitzt und dem seine Freunde manche „guten" Gründe dafür liefern, darauf zu bleiben. Erinnern Sie sich? Ijob schabte sich seine Wunden mit einer Scherbe (vgl. Ijob 2, 8). So lassen wir immer wieder die gleichen alten Bänder abspielen und knabbern am gleichen verdorbenen Futter. Und wie Ijob und seine Freunde bleiben wir auf diese Weise „sieben Tage und sieben Nächte" fruchtlos auf dem Misthaufen hocken (2, 13).

Nicht jede Kritik freilich ist blind und negativ. Daraus, dass man ein Problem klar sieht und durchschaut, können Hoffnung und Vision erwachsen. Wenn man erkennt, dass man Komplize des Bösen und zugleich auch Mittäter des Guten ist und für beides die Verantwortung übernimmt, d. h. wenn man nicht nur „die da", sondern auch „ich" und „wir" sagen kann, kommt man dem Geheimnis der Dinge eine gutes Stück näher. Kritik kommt dann aus Liebe, nicht aus Abneigung.

Zwei Seiten der Wahrheit

Ich traue nur solchen Menschen echte Aufbauarbeit zu, die schmerzlich den Verfall erfahren haben. Wenn jemand nie im Stande war, sich auf die dunkle Seite der eigenen Psyche und des Lebens einzulassen, hat er nicht das Recht, von Aufbau oder Wachstum zu reden. Man muss die dunkle Seite gesehen, das dumpfe Gefühl im Magen erlebt haben und mit einem neuen Wissen „aus dem Bauch des Wal" hervorgekommen sein. Mit ahnungslosen Menschen oder solchen, die alles Dunkle verdrängen, kann man nicht viel anfangen. Wir brauchen Menschen, die das Dunkel er-lebt haben, die Probleme kennen und lebend wieder herausgekommen sind.

Ein Bündel von Problemen schleppt mit sich, wer nur kritisiert und mit dem Finger auf die dunklen Stellen da draußen zeigt. Das lässt weder die Gabe der Hoffnung noch positive Energie erkennen, sondern lähmt nur. Wie bereits gesagt, war es ein Zeichen der Reife, als in den 1960er Jahren während des Zweiten Vatikanischen Konzils die katholische Kirche sich selbst zu kritisieren vermochte. Oder: Eine intakte Familie kann, ja muss ihre schmutzige Wäsche selber waschen. Bei den Anonymen Alkoholikern heißt es: „Wir sind so krank wie unsere Geheimnisse." Und wir sind so gesund, wie die Art unserer Kritik beschaffen ist.

Was immer man über die 1960er Jahre sagen mag, in denen mit dem bis heute andauernden Verfall begonnen wurde, es war jedenfalls auch eine gesunde Phase der Selbstkritik in Gesellschaft und Kirche. Welcher Unterschied zum Götzendienst der 1980er Jahre, als weder der Papst noch der amerikanische Präsident (Reagan) Kritik zuließen! Amerika galt als das gelobte Land und die katholische Kirche stellte sich wieder als einzigen Weg zum Himmel vor. Es ist ganz besonders seltsam, dass ausgerechnet diese Kirche, die auf dem Grundsatz besteht: „Sünden können nur vergeben werden, wenn sie in der Beichte nach Art, Zahl und Absicht genannt werden", hierzu selbst nicht fähig war. Gott sei Dank, dass Papst Johannes Paul II. damit anfing, in seinen öffentlichen Bekenntnissen der Fastenzeit 2000 dieses eingefleischte Muster von Stolz und Unbußfertigkeit zu durchbrechen.

Die Dunkelheit ist auch ein heiliger Ort. Ich vertraue darauf, dass der Gott, der uns in das gegenwärtige Dunkel hineingeführt hat, uns auch durch es hindurchführt. Unsere Zeit ist in der Phase einer Sinnfinsternis, die zweifellos die Möglichkeit und Chance zur Umwandlung, zu einem wesentlichen Aufbruch in sich birgt. Ein ganz bedeutsamer Wesenszug des biblischen Gottes lautet: Jahwe und sein Knecht Jesus sind die, die immer wieder „die Toten lebendig machen und das, was nicht ist, ins Dasein rufen" (Römer 4, 17, nach Deuteronomium 32, 39).

Während materielle Güter abnehmen, wenn man sie gebraucht, nehmen spirituelle Güter durch Gebrauch zu. So sollten wir die in uns wohnende, immense spirituelle Kraft nutzen. Besonders aufregend ist, dass viele dieser Kräfte derzeit außerhalb der verfassten Glaubensgemeinschaft entdeckt und gelebt werden, da Christen sie wohl zu sehr vernachlässigt haben. Ich glaube, für Gott sind hier Gruppenzugehörigkeiten nicht so wichtig. Auf jeden Fall bin ich sicher: Er ist am Werk. Wenn beispielsweise bei Seminaren wie *Ein Kurs in Wundern* („Course in Miracles" – einem Kurs zum Selbststudium spiritueller Psychologie) oder bei den Anonymen Alkoholikern, bei Sozialarbeitern und Umweltschützern spirituelle Energien zum Zuge kommen, vermehren und verbreiten sie diese Energien, worüber ich mich nur freuen kann. Vielleicht hatte Jesus seine eigene Glaubensgemeinschaft im Auge, als er davor warnte, sein Talent vor lauter Angst zu vergraben (vgl. Lukas 19, 21), statt mit ihm zu wuchern.

Die religiöse Weltsicht wird grundsätzlich von Hoffnung getragen. Jede Erfahrung der Gnade sagt uns, dass es in der Geschichte nicht allein um uns selbst geht. Ja, auch mein eigenes Leben dreht sich nicht nur um mich selbst. Die Geschichte insgesamt ist mehr als nur eine Menschheitsgeschichte; sie ist die große Geschichte Gottes, die Geschichte unseres Planeten, die Geschichte des Lebens und Sterbens Gottes in allem. Wer wollte allen Ernstes nicht daran Anteil haben? Zuweilen begegne ich Archäologen, Krankenschwestern, Meeresbiologen oder einfachen Hindufrauen, die sich vertrauensvoller auf dieses große Geheimnis einlassen als jene, die offiziell darauf getauft worden sind.

Propheten und Priester

Wenn wir der inneren eigentlichen Wirklichkeit näher kommen, entsteht Widerstand, genau wie es auch bei Jesus geschah. Vor allem denjenigen, die sich tief im Alten eingerichtet haben, macht es Angst, wenn jemand eine neue Synthese, ein neues Deutungsmuster entwickelt. Sie spüren, dass sie viel zu verlieren haben, wenn sie sich darauf einließen. Sie sind nicht unbedingt schlechten Willens, aber leben in einer Welt, über die hinaus sie sich keine andere vorstellen können.

Wer neigt nicht dazu, innerhalb seiner von ihm selbst eingerichteten Sicherheitszone zu leben? Man setzt sein ganzes Vertrauen auf Sicherheit mittels Institutionen, Jobs, Erklärungen und sogar mittels für heilig gehaltener Gruppen wie der Familie. So wundert es nicht, dass Jesus seine ersten Jünger nicht von „bösen" Dingen wegberief, sondern von vermeintlich nur „guten" wie ihrer Familie und ihrem Beruf (vgl. Markus 1, 19–20).

Die Rolle des Propheten besteht darin, einen überfälligen, notwendigen Abbau in die Wege zu leiten, d. h. den Abbau bzw. die Ablösung dessen, was ich als das falsche Selbst bezeichnet habe. Der Weg des Propheten ist ein Weg des Abstiegs, der nie beliebt und einfach ist. Dabei geht es darum, Illusionen loszulassen und Götzen vom Sockel zu stürzen. Ein Prophet wie Jesus wird daher aus dem (eingefahrenen) Weg geräumt. Er stört gewaltig.

Menschen empfinden es zu allen Zeiten so: Wenn man ihnen ihre verkehrte Welt demontiert, wird man als Feind betrachtet und erfährt entsprechenden Widerstand und Ablehnung; denn ihre Welt, ihr Denken, ihre Lebensweise sind das Einzige, was sie haben. Wenn man sein ganzes Leben auf die Fundamente seines Berufslebens oder Ansehens gebaut hat, möchte man sich diese unbedingt bewahren und keineswegs aufgeben. Man kämpft, als wolle einem jemand das Leben nehmen. Doch auf lange Sicht wirken die Analyse und die Entlarvung des falschen Selbst zutiefst befreiend. Das allerdings ist ein unbequemer und oft langer Lernprozess.

Im spirituellen Leben gibt es zwei Wege: den des Abreißens und den des Aufbauens. Der Weg des Abreißens wird von prophetischen Menschen gewiesen und begleitet, die uns lehren, wie man sich auf kreative Weise dem eigenen Schatten, d. h. lebensfeindlichen Denkmustern, unbarmherzigen Vorurteilen, erstarrter Religiosität, stellt und erst einmal alles aufbrechen und auseinander fallen lässt. Sie unterweisen uns in der Kunst, mit Würde zu verlieren und ohne Angst loszulassen. Sie sind Gottes Dekonstrukteure.

Der andere Weg ist der Weg des Neu-Erbauens. Diese Rolle kommt den Priestern zu. Priesterliche Menschen unterweisen in Einssein, Gemeinschaft, Solidarität, Liebe, Transzendenz, Religion; sie verbinden die irdische Welt mit der höheren und erschließen einen alles umgreifenden Sinn. In der Regel sind Priester in fast allen Kulturen allgemein willkommen.

Meiner schlichten Überzeugung nach hatten wir über lange Zeit viel zu viel Priestertum und nicht genug Propheten. Das Ergebnis war dann allzu oft eine Religion um der Religion willen, immer nur der Weg des Aufbauens und nie des Abreißens. Wie jedoch kann man je eine neue Welt ins Auge fassen, wenn man immer nur an einer alten weiterbaut und sie nie in Frage stellt? Priester erzählen allzu oft selbstzufriedenen Menschen von der Gemeinschaft mit Gott; aber ihr Gott und auch ihr Bedürfnis sind sehr kleinkariert oder sogar falsch. Wie kann man vom Licht wissen, wenn man sich noch nie der Finsternis gestellt hat?

13 Heutige Menschen des Wiederaufbaus

Dieses Buch möchte ich abschließen mit dem Blick auf einige Menschen, die im 20. (und jetzt 21.) Jahrhundert den Wiederaufbau auf praktische, jedoch unideologische Weise in Gang gebracht haben. Als Amerikaner kenne ich vor allem Menschen meines Landes und stelle diese kurz vor. Was man zum Beispiel bei Dorothy Day findet, macht auch das Merkmal der meisten anderen prophetischen Personen aus: ein geradezu simpler Traditionalismus. Als Dorothy Day alle ihre Energie in die Veränderung der Gesellschaft steckte, fand sie gar nicht die Zeit dazu, die Traditionen der Kirche in Frage zu stellen. Das ist verständlich: Jemand hat mir gesagt, man könne nicht völlig einer Gruppe hingegeben sein und zugleich versuchen, sie radikal zu verändern. Theoretisch wohl schon, aber in der Praxis funktioniert das selten. Wenn man energisch etwas anpackt, muss der Boden, auf dem man steht, solide sein; wäre er durch und durch problematisch, könnte er einen nicht tragen.

Ich habe dies immer wieder in den Gruppen erlebt, denen ich angehörte, auch in Laienkommunitäten und in meiner eigenen franziskanischen Kommunität. Regelmäßig kam jemand an den Punkt, wo er derart ernsthafte Zweifel bekam, dass er sich entschloss, auf eine wesentliche Veränderung der Gruppe hinzuwirken. Dann war es immer nur eine Frage von Monaten, bis er ging. Will man eine Gruppe kritisieren, muss man sich erst einmal auf sie ganz und dauerhaft einlassen. *Man muss zuerst sein volles Ja gesprochen haben, bevor man es wagen kann, nein zu sagen; sonst stirbt man in der Gruppe.* Folglich können nur Leute effektiv irgendetwas kritisieren, die sich zunächst einmal hingegeben haben – die Gläubigen. Ich finde Kritiker zu häufig in den Reihen jener, die zum Aufbau der Gruppe noch keinen Beitrag geleistet haben, sodass es fast scheint, als sei ihre Kritik eine Ausrede für mangelnden Einsatz. Diesen wollen sie erst bringen, wenn „alles so ist, wie ich es haben möchte". Das funktioniert nicht! Echte Propheten setzen sich immer von *innerhalb* der Gruppe her ein und werfen nie von außen Steine, d. h. von einem Platz, an dem sie sich jeder Verantwortung für die Trümmer entziehen könnten.

Der heutige Nihilismus bringt viele Kritiker hervor, die an gar nichts glauben. Sie geben sich an nichts hin, sondern schießen aus der Hecke auf alles, was ihnen vor die Flinte kommt. Sie fühlen sich keiner Gruppe gegenüber verantwortlich. Sie geben auch keinem persönlichen Gott Rechenschaft, sondern warten nur auf Gelegenheiten, von sich selbst aus die Welt zu richten. In vielerlei Hinsicht verbirgt sich dahinter ein Mangel an Mut, d. h. jener Tugend, von der wir sagten, sie sei wohl die grundlegendste von allen. Bei diesem Mangel handelt es sich um die Weigerung, den großen Sprung des Glaubens zu tun.

So will ich hier jetzt an einige zeitgenössische Menschen erinnern, die jene Art hingebungsvoller Wiederaufbauarbeit leisten, um die es heute geht. Es ist nur eine kleine Auswahl; aber diese Menschen können inspirierend für alle sein, die eine sinnerfüllte Lebenskultur aufbauen möchten, zwar in der Tradition verankert, jedoch offen für die Zukunft, geprägt von dem, was ich bereits als „umwandelnden Traditionalismus" bezeichnet habe. An ihre Geschichten will ich zum Schluss ein „Credo für Wiederaufbauarbeiter" anfügen, in der Hoffnung, dass es viele inspiriert, sich auf diese Arbeit einzulassen.

Dorothy Day

Dorothy Day ist in den USA als die Gründerin des „Catholic Worker Movement" (New York) bekannt geworden. Sie war Journalistin und kam zum Schluss, die Lehre der Kirche über die Solidarität mit den Armen müsse ganz konkret umgesetzt werden. So gründete sie ihr Hilfswerk für die Armen. Ob bei Streikposten ausgebeuteter Arbeiter oder in Suppenküchen, immer blieb sie treu und ganz nah bei den Menschen, denen zu dienen sie sich vom Evangelium berufen fühlte; zugleich blieb sie auch immer eine treue Gläubige innerhalb der Kirche. Für sie bildete ihr in der Kirche gelebter Glaube die Grundlage für ihren radikalen Einsatz, soziale Umbrüche herbeizuführen.

Dorothy zahlte dafür durchaus ihren Preis. Ich möchte sie zitieren: „Ich liebe die Kirche um der von Christus eröffneten Vision, nicht um ihrer selbst willen. Denn gewöhnlich ist sie für mich ein Skandal." Da haben wir also eine stark und kritisch Liebende. In der ersten Hälfte des 20. Jahrhunderts sagte Romano Guardini fast das Gleiche – ich habe ihn schon zitiert: „Christus wird immer wieder an das Kreuz der Kirche geschlagen. Man kann Christus nicht von seinem Kreuz trennen. Man kann Christus auch nicht von seiner schrecklich schmerzlichen Kirche trennen, sondern muss in einem Zustand ständiger Unzufriedenheit mit der Kirche verharren." Welche Worte eines durch und durch soliden Theologen!

Kardinal Joseph Bernardin

Mir war das Privileg beschieden, den späteren Kardinal Bernardin persönlich kennen zu lernen, als er Erzbischof von Cincinnati war und ich die Kommunität „New Jerusalem" leitete. Er war schon damals ein eindrucksvoller Mann des Glaubens und sein Leben lang bemühte er sich mit immer größerer Hingabe darum, Brücken über trennende Klüfte zu schlagen.

Er arbeitete unermüdlich daran, die Brüche zwischen Juden und Christen, Konservativen und Progressiven, Reichen und Armen, Militaristen und Pazifisten zu überwinden und, wo immer er war, an der Einheit innerhalb der Christenfamilie zu bauen.

Als er 1997 starb, trauerte Chicago drei Tage lang, während derer sein Leichnam in der Kathedrale aufgebahrt war. Vorsteher der meisten christlichen Konfessionen hielten begleitend zu seinem Begräbnis Gedächtnisgottesdienste für ihn. Zum ersten Mal in der Geschichte hielt sogar die jüdische Gemeinde in der Kathedrale, in der Bernardin aufgebahrt war, für einen Kardinal der katholischen Kirche eine Trauerfeier! Er verkörperte den alles überspannenden weiten Geist Christi.

Drei Jahre zuvor war er fälschlicherweise einer sexuellen Beziehung bezichtigt worden und hatte sich zu diesem Thema offen und ohne falsche Scham den Medien und seinen Mitbischöfen gestellt und sich zur Wahrheit bekannt. Schließlich gab sein Ankläger zu, die Geschichte sei erfunden, und Joseph Bernardin flog nach Philadelphia, um mit diesem Mann, der inzwischen sterbenskrank war, zu beten. Wie muss es ihn verletzt haben, dass manche Leute – sogar einige Kollegen – eindeutig die falsche Anschuldigung geglaubt hatten!

Mich überraschte es nicht, dass er in seinen letzten Jahren so große innere Stärke an den Tag legte, werden mir doch immer die Risiken unvergesslich bleiben, die er für mich einging, sowie seine über lange Jahre andauernde Sympathie, die er mir entgegenbrachte. Ich war ein junger Aufsteiger und eindeutig dazu angetan, ihn vor den Kopf zu stoßen; aber er behandelte mich trotzdem immer wie einen Sohn. Nie rügte er mich, sondern sprach mit mir in aller Einfachheit über die vielen Beschwerden, die er über mich bekam, die Nachschriften der „häretischen" Vorträge, die ich hielt, die Berichte über gelegentliche Verstöße gegen kirchliche Vorschriften um dessentwillen, was ich für Werte des Evangeliums hielt. Nie verbot er mir etwas oder drohte mir etwas an, wie das später andere Bischöfe taten, sondern er pflegte immer zu sagen: „Wenn du dich dazu berufen fühlst, das wieder zu tun, dann lass uns aber vorher noch einmal miteinander darüber reden"; oder bezüglich meines spontanen Stils in der Liturgie sagte er einmal: „Ich weiß, du hast ein sicheres Gespür dafür, wie eine gehaltvolle Liturgie beschaffen sein sollte. Du hast mein volles Vertrauen; aber bitte lass deine Messe nicht auf Video aufnehmen!" Er gab mir nicht einfach alle Zügel frei, sondern bemühte sich, mir zum weiteren Reifen und verantwortungsvollen Verhalten zu verhelfen.

Schließlich erkrankte Joseph Bernardin an Krebs. Doch lernte er diesen Todesboten als seinen „Freund" zu sehen. Als die Krankheit schlimmer wurde, legte er alle Verwaltungsgeschäfte nieder und begann, Kranke zu besuchen, weil er sie jetzt wirklich verstand. Monat für Monat stellte er sich vor die Fernsehkameras und ließ die Welt zuschauen, wie er schwächer wurde und dennoch seiner Aufgabe treu blieb. Er sagte, sein Seelsorgedienst sei nur ein Nachahmen des Guten Hirten, der das verlorene Schaf suche, statt die anderen Schafe in der Hürde eingesperrt zu halten.

Einmal sagte er mir unter vier Augen: Das Einzige, an was man sich von ihm einmal erinnern werde, sei wohl sein spontaner Spruch von der „seamless garment theology" (etwa: „Theologie als nahtloser Rock", d.h. ganzheitlich; d.Ü.). Doch während der dreitägigen Gedenkgottesdienste unmittelbar nach seinem Tod standen die Leute zeitweise fünf Häuserblocks weit in Schlangen an, um ihm und dem, wofür er gestanden hatte, ihren Respekt zu zollen. So erinnern wir uns bei ihm an noch wesentlich mehr. Er arbeitete bis zuletzt daran, „eine konsistente, widerspruchsfreie Ethik des Lebens" zu schaffen und mehr noch: diese zu leben.

Vjeko Curic OFM

Im Blutbad von Ruanda in den 1990er Jahren wurde dieser Franziskanerbruder zum Märtyrer für den Frieden. Curic selbst war Kroate. Sein eigenes Land wurde nach dem Auseinanderfallen Jugoslawiens und durch den ethnischen Konflikt und Völkermord zwischen katholischen Kroaten, Muslimen und orthodoxen Serben zerrissen.

Weithin der gleiche Hass nährte das, was sich im Missionsgebiet in Ruanda abspielte, in dem er von 1983 bis zu seinem Tod 1997 in einer Pfarrei arbeitete. Als sich der Rassenkonflikt zwischen den Stämmen der Hutu und Tutsi zuspitzte, begannen die meisten westlichen Kirchenmitarbeiter ihre Koffer zu packen. Aber Curic bestand darauf dazubleiben und sich ganz dafür einzusetzen, dass die Menschen friedliche Mittel zur Lösung ihrer tief greifenden Differenzen fänden. Er half selbstlos den Opfern beider Lager. Außerdem brachte er zahlreiche Weiße (Bischöfe, Priester, Ordensleute und andere) in Sicherheit. Am 31. Januar 1997 wurde er in seinem Pfarrheims in Kigali erschossen. Curic erinnert uns an den gekreuzigten Jesus, der seine Arme nach beiden Richtungen ausstreckt, die Gegensätze umfasst und zusammenhält. Kein von Hass erfüllter Verfall erträgt die Anwesenheit von Menschen, die aufbauen und Gegensätze versöhnen wollen.

Paula Gonzalez SC

Sie ist eine Frau mit der Mission, die Erde zu retten – buchstäblich. Schwester Paula studierte Biologie, wurde dann katholische Ordensschwester und wandte sich in ihren reifen Jahren vollberuflich der Aufgabe zu, Menschen zu ökologischem Bewusstsein sowie zur Umweltfreundlichkeit im Sinne des Recycling zu erziehen.

Sie durchreist die gesamten USA und beschwört die Leute, Sinn für ihre ökologische Verantwortung zu entwickeln; denn sie sieht, dass die westliche Zivilisation auf dem Weg ins ökologische Desaster ist. Und sie weiß, dass die Sorge um die Schöpfung eine urmenschliche Aufgabe ist, die jeden persönlich angeht.

Seit Jahren ist sie eine Ruferin in der Wüste, wie es Menschen des Wiederaufbauens oft sind. Sie bleibt hartnäckig und erfindet immer wieder ganz einfache Dinge wie etwa ihren regelmäßigen Flohmarkt (im Lauf von zwanzig Jahren hat sie „Abfall" im Wert von 160 000 Dollar verkauft!), um den Leuten beizubringen, nicht einfach immer alles wegzuwerfen. Alljährlich zu ihrem Geburtstag bringen ihr die Leute als Geschenke alle möglichen recycelten Dinge, sehr zu ihrem Entzücken!

Auf einer aufgegebenen Farm, die ihrer Ordensgemeinschaft gehörte, organisierte sie eine Gruppe von Freiwilligen, die den früheren Hähnchenmastbetrieb in ein Wohnanlage umbauten, die nun ganz mit Solarenergie betrieben wurde. Das Material dafür war weithin recycelt. Sie und eine andere Schwester leben seither dort.

Einige Jahre später gründete sie die Organisation „Earth Connection", ein Erziehungsprogramm zu Umweltbewusstsein, bei dem die Teilnehmer ins Verständnis der destruktiven Auswirkungen der Industriegesellschaft eingeführt und zu praktischen Schritten angeleitet werden, sich für den Erhalt der Schöpfung zu engagieren.

Paula Gonzalez fühlt sich aufs engste mit der Natur verbunden und pflegt mit den überlieferten Kenntnissen ihrer Herkunftsfamilie in New Mexico einen großen Garten. Als Kind des „Land of Enchantment" (des „Landes der Verzauberung") liebt sie vor allem die Sonne. Sie findet bei ihr nicht nur die beste Möglichkeit, ihr Haus zu heizen, sondern bezieht darüber hinaus – wie der heilige Franziskus – ihre Lebensenergie aus der Schöpfung.

Die Natur regeneriert und baut sich selbst fortwährend wieder neu auf. Diese rekonstruktive Energie versucht Schwester Paula ihren Mitmenschen als wunderbares Lebensgesetz zu erschließen. Mit den Worten ihres Vaters gesprochen, der sie im Gartenbau unterwiesen hat: *„La tierra es bendita"* – „Die Erde ist gesegnet, ist heilig."

Wir haben das einmalige Glück, dass das Gästehaus unseres „Center for Action and Contemplation" im South Valley von Albuquerque, Tepeyac, ursprünglich das Haus der Familie Gonzalez war. Der Hauptteil wurde in originaler Lehmbauweise errichtet; hier kam Paula zum ersten Mal mit vielen unsere Erde betreffenden Fragen in Berührung. Wir hoffen, dass wir ihr Werk und ihre Vision in Tepeyac fortführen können, das jetzt ein Zentrum für Ganzjahres-Anbau, für Experimente im einfachen Lebensstil ist und oft auch der vorübergehenden Unterbringung von Flüchtlingsfamilien und Obdachlosen dient.

Bestimmte Orte und Stellen verfügen tatsächlich über eine ganz eigene „Energie"! Es grenzt an ein Wunder, dass wir unter all den vielen Häusern in Albuquerque ausgerechnet in ihrem Haus landeten! So ist es uns eine Verpflichtung, ihre wunderbare Wiederaufbauarbeit fortzuführen, auch wenn wir nicht die Hälfte der Energie haben, über die sie verfügt.

Tom und Molly Carew

Tom Carew und Molly Barrett kamen zum ersten Mal in den frühen 1970er Jahren als Studenten zu einem freiwilligen Arbeitseinsatz in die Appalachen-Berge von Ost-Kentucky: Tom aus Queens (New York) und Molly von St. Paul (Minnesota). Schon bald entdeckten sie einander und zugleich eine gemeinsame Vision des Glaubens, der Hoffnung und der Liebe – mit offensichtlich unerschöpflicher Energie. Sie heirateten und schlugen in Morehead (Kentucky) Wurzeln.

Tom hatte bereits „Frontier Housing" gegründet, eine gemeinnützige Gesellschaft, die seit 1974 in einer Gegend, in der warme, trockene Häuser für Tausende von Menschen unerschwinglich waren, mehr als vierhundert Häuser baute und zweihundert renovierte. Molly als ausgebildete Krankenschwester leitete all die Jahre einen ambulanten häuslichen Pflegedienst, konzentrierte jedoch ihre Energie auf ihren eigenen Haushalt, als ihr erstes Kind geboren war und bis ihr viertes und jüngstes in die Schule kam. Jetzt ist sie praktizierende Krankenpflegerin und betreut einen ländlichen County, der ohne ihre kleine Klinik bar medizinischer Versorgung wäre.

Molly und Tom zeigen, wie man verheiratet sein, Kinder aufziehen und trotzdem mit Hingabe die Welt in der eigenen Umgebung zu neuem Bewusstsein aufbauen kann. Das eigene Heim, das Christen als „Hauskirche" zu bezeichnen pflegen, ist der Ort, an dem schon in den Kindern die Energie zum Wiederaufbau geweckt werden kann (siehe darüber ausführlicher das 3. Kapitel über Familienrituale).

Genau wie Tom Häuser für zahlreiche Familien baute, sorgte Molly für die medizinische Betreuung von Familien. Mitten in der Entfaltung dieser konstruktiven Energie standen beide vor schwierigen persönlichen und familiären Entscheidungen. Tom bot sich die Gelegenheit, den Posten des nationalen Leiters von „Habitat for Humanity" zu bekommen. Er lehnte das Angebot ab, weil er und Molly überzeugt waren, zum derzeitigen Zeitpunkt bekäme ein Umzug ihren Kindern nicht gut. Molly ihrerseits schlug interessante berufliche Möglichkeiten aus, weil sie sich mit einem klaren Ja dafür entschied, als Mutter ganz für ihre Kinder da zu sein. Rückblickend sagen sie beide, ihre Entscheidungen seien ihnen zwar schwer gefallen, aber doch richtig gewesen und hätten ihrer aller Leben am besten gefördert.

Bei all dem fanden die Carews immer Zeit, Gemeinschaft mit Menschen außerhalb ihrer Familie zu pflegen, wobei sie eines der sympathischen Themen der Kultur des Appalachen-Gebietes aufgriffen: Hochzeiten von Freunden wurden zu großen Pot-luck-Events (jeder bringt etwas zum Essen mit; jeder isst, was es so gibt). Immer war Zeit für Geplauder im Schaukelstuhl auf der Veranda, für eine Fahrt durch mehrere Counties zu einem Wochenendbesuch oder einfach zu einer hilfreichen schlichten Handreichung in einer bedürftigen Familie.

Credo eines Lebensarchitekten

Schließen wir mit Sätzen der Hoffnung. Lasst uns, wie der heilige Franziskus sagte, wieder an den Wurzeln anfangen. Vielleicht kann Sie das folgende Credo zu persönlichen Bemühungen inspirieren.

Wir glauben an den einen Gott; an einen Leib und einen Geist und eine gemeinsame Hoffnung ... einen Herrn, einen Glauben, eine Taufe, einen Gott und Vater aller, der über allem und durch alles und in allem ist (vgl. Epheser 4, 4–6).
Wir glauben, dass wir vor allem anderen ein einziges Volk sind, Gottes Bewegung in der Geschichte.
Wir glauben, dass unser individuelles Leben und unser persönliches Reifen der kommenden Generation zum Wohl gereichen sollen und auf dem Glauben und Leben derer aufbaut, die uns vorangegangen sind.
Wir glauben, dass wir das Leben auf alles Positive aufbauen müssen, auf das, was wir lieben. Die Energien zum Leben und Schöpferischsein erwachsen aus Glauben und kreativem Engagement. Wer kritisieren will, muss zunächst ein Glaubender sein, der es gelernt hat, wie man ein ganz verlässliches Ja spricht.
Wir sind bereit, die Last und die Gnade unserer Vergangenheit zu tragen. Wir sind bereit, das, was ist, zu respektieren. Dazu gehören auch die gebrochenen Elemente unseres Lebens: Kirche, Staat und alle Institutionen. Die dunkle Seite jedes dieser Elemente ist auch ein guter und notwendiger Lehrmeister.
Wir sind entschlossen, uns dem Aufbau einer Welt voller Sinn und Hoffnung zu widmen. Wir anerkennen, dass es unerlässlich ist, alle Formen des Götzendienstes, die die Anbetung Gottes unmöglich machen, prophetisch zu entlarven und abzuschaffen. Auf diesen vorübergehenden, wenn auch notwendigen Verfall muss ein echter Aufbau folgen.

Wir glauben an ein personales Universum, in dem das Bild Gottes aus allen Geschöpfen hervorleuchtet. Daher ist es ein „verzaubertes Universum", in dem wir allzeit in Ehrfurcht und sogar Anbetung allem Guten, Wahren und Schönen begegnen können.

Gemeinsam mit dem heiligen Paulus glauben wir als Christen, dass Jesus das klarste Ebenbild des unsichtbaren Gottes ist (vgl. Kolosser 1, 15–20) . In ihm ist alles miteinander verbunden, werden alle Gegensätze überwunden. Er ist das Haupt des lebendigen Leibes, in dem alles versöhnt und überwunden ist.

Zum Schluss

„Ihr seht selbst, in welchem Elend wir leben: Jerusalem liegt in Trümmern ... *Gehen wir daran und bauen die Mauern Jerusalems wieder auf! So machen wir unserer Schande ein Ende ... Wir wollen ans Werk gehen und bauen.* Und sie nahmen die gute Sache in die Hand" (Nehemia 2, 17 f).

„Brüder, lasst uns wieder anfangen; denn bis jetzt haben wir noch nichts getan" (Franz von Assisi kurz vor seinem Tod).

Wege zu einem erfüllten Leben

Jean Vanier
Einfach Mensch sein
Wege zu erfülltem Leben
192 Seiten, Paperback
ISBN 3-451-27404-3

Jean Vanier öffnet das Tor zur Spiritualität, indem er Erfahrungen des Alleinseins, der Zugehörigkeit, der Freiheit, der Vergebung, der Offenheit für andere und für den eigenen Weg eindrucksvoll darlegt.

Willi Lambert
Die Kunst der Kommunikation
Entdeckungen mit Ignatius von Loyola
256 Seiten, Paperback,
ISBN 3-451-26862-0

Willi Lambert versteht es meisterhaft, Schätze des Lebenswissens und der Lebenshilfe bei Ignatius zu entdecken und dem modernen Menschen ganz praktisch nahe zu bringen.

Anton Rotzetter
Spirituelle Lebenskultur für das dritte Jahrtausend
224 Seiten, Paperback
ISBN 3-451-26140-5

Anton Rotzetter stellt große Gestalten und Bewegungen mitten in unsere Zeit, so dass sie wie Propheten unserer Tage erscheinen. Durch die brillante Tiefenschärfe der Darstellung begreifen wir, was Spiritualität bedeuten und wie sie heute zur Erfahrung werden kann.

Erhältlich in allen Buchhandlungen!

HERDER